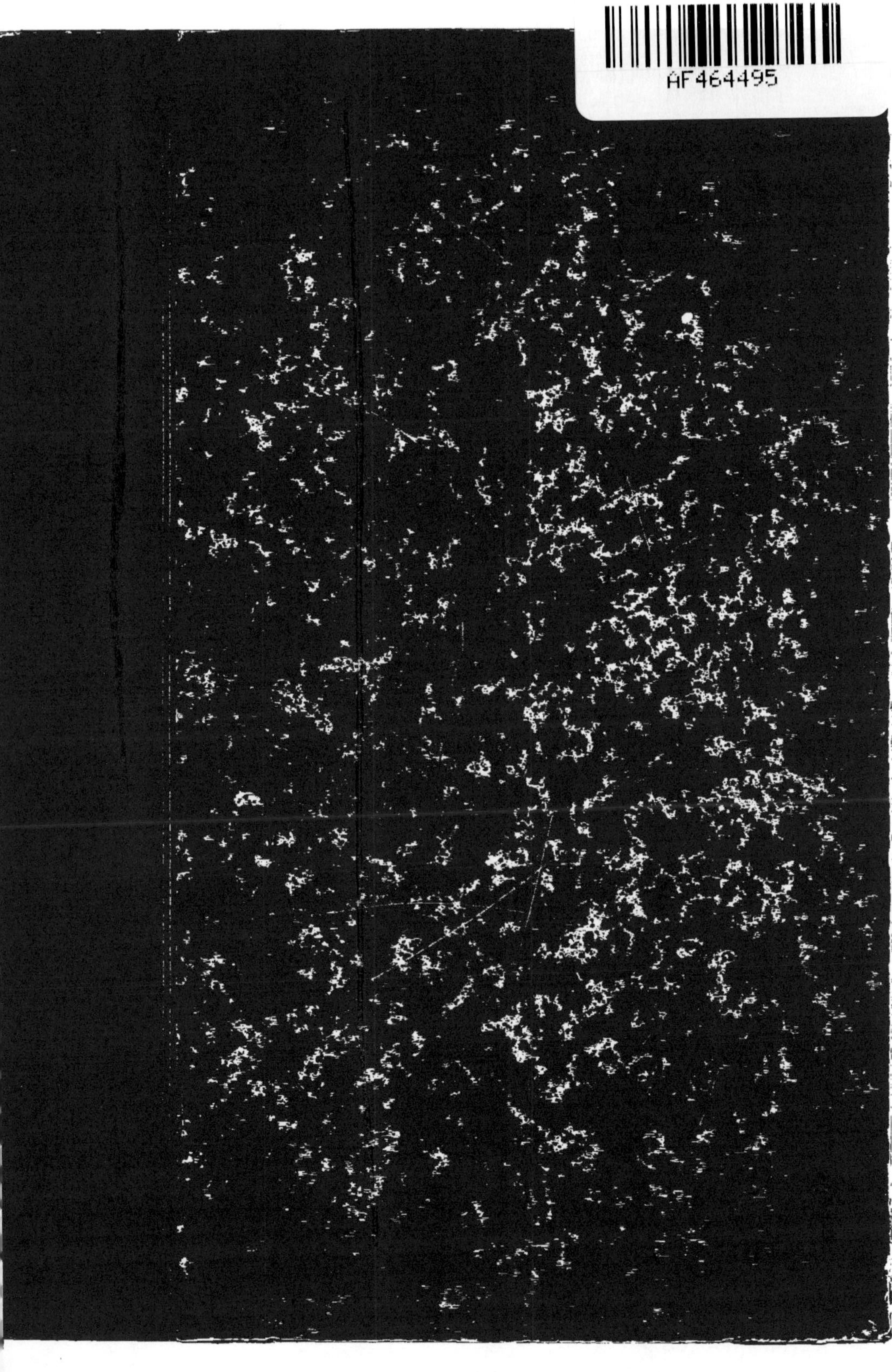

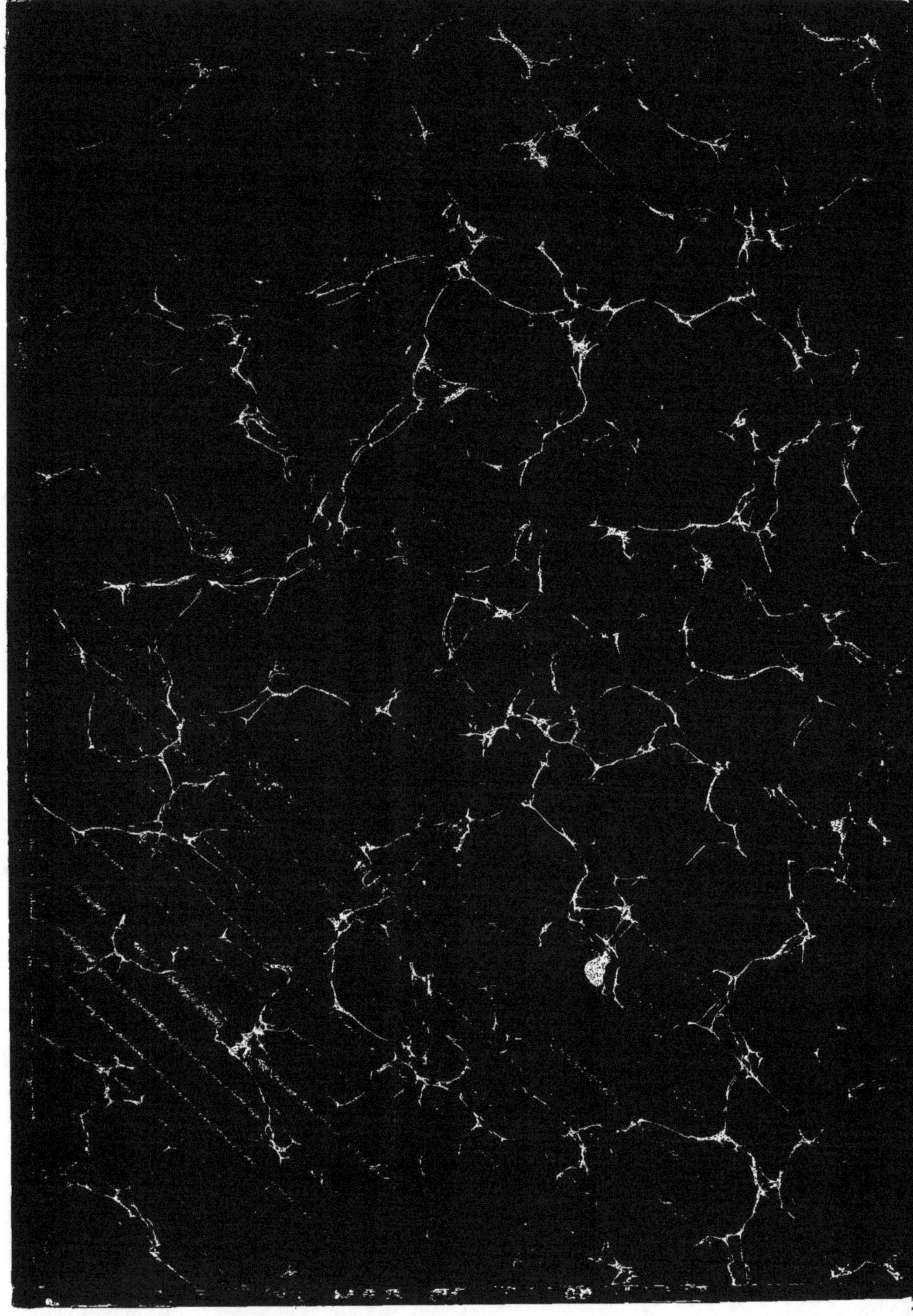

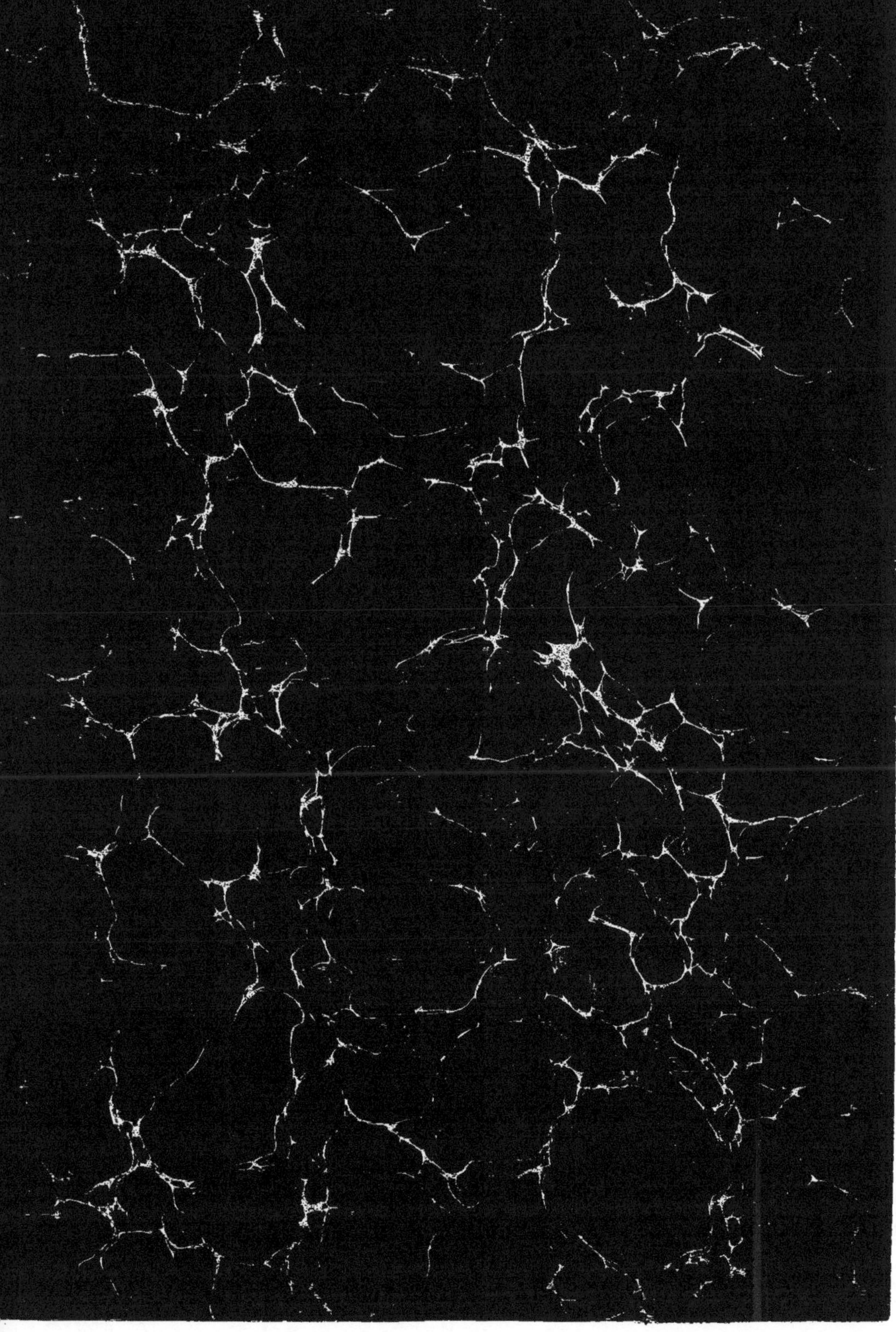

DOCTEUR ÉDOUARD HOCQUARD

L'EXPÉDITION DE MADAGASCAR

JOURNAL DE CAMPAGNE, PAR M. LE DOCTEUR ÉDOUARD HOCQUARD, MÉDECIN PRINCIPAL DE L'ARMÉE, ATTACHÉ A L'ÉTAT-MAJOR DU CORPS EXPÉDITIONNAIRE, ILLUSTRÉ DE CENT CINQUANTE-SEPT DESSINS GRAVÉS D'APRÈS LES PHOTOGRAPHIES DE L'AUTEUR.

Reddition de Tananarive: le Parlementaire Hova se présentant devant le Général Duchesne

Hachette & Cie

1897

L'EXPÉDITION
DE MADAGASCAR

PARIS. — IMPRIMERIE LAHURE
9, RUE DE FLEURUS, 9

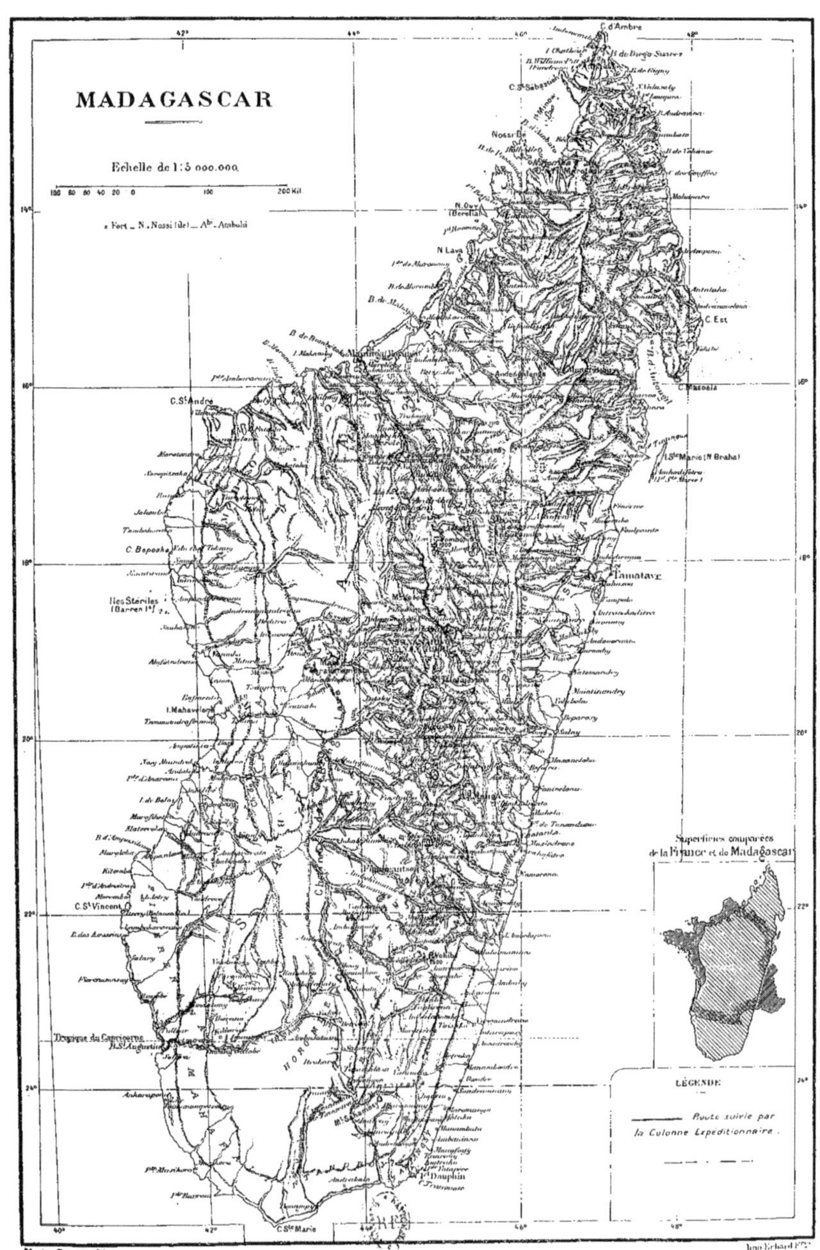

Marius Chesneau del.

Imp. Erhard Fres

DOCTEUR ÉDOUARD HOCQUARD

L'EXPÉDITION DE MADAGASCAR

JOURNAL DE CAMPAGNE, PAR M. LE DOCTEUR ÉDOUARD HOCQUARD, MÉDECIN PRINCIPAL DE L'ARMÉE, ATTACHÉ A L'ÉTAT-MAJOR DU CORPS EXPÉDITIONNAIRE, ILLUSTRÉ DE CENT CINQUANTE-SEPT DESSINS GRAVÉS D'APRÈS LES PHOTOGRAPHIES DE L'AUTEUR.

Reddition de Tananarive: le Parlementaire Hova se présentant devant le Général Duchesne

Hachette & Cie

1897

MAJUNGA : DÉBARQUEMENT D'UN BATAILLON. — DESSIN D'A. PARIS.

L'EXPÉDITION DE MADAGASCAR

(JOURNAL DE CAMPAGNE)

CHAPITRE I

Brusque départ. — Le canal de Suez. — Obock. — Aden. — Zanzibar. — Mayotte : Pamanzi. D'zaoud'zi et la Grande Terre. — La rade de Nossi-Bé. — La baie de Diégo-Suarez. — La colonie de Diégo. — Antsirane : ses ressources et son avenir.

COULI KABYLE. — DESSIN DE RONJAT.

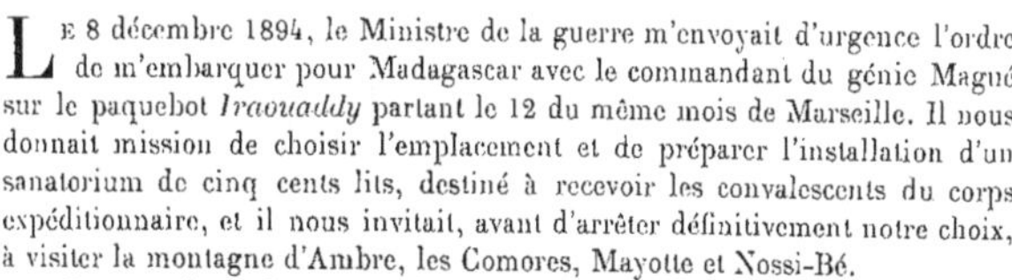

Le 8 décembre 1894, le Ministre de la guerre m'envoyait d'urgence l'ordre de m'embarquer pour Madagascar avec le commandant du génie Magué sur le paquebot *Iraouaddy* partant le 12 du même mois de Marseille. Il nous donnait mission de choisir l'emplacement et de préparer l'installation d'un sanatorium de cinq cents lits, destiné à recevoir les convalescents du corps expéditionnaire, et il nous invitait, avant d'arrêter définitivement notre choix, à visiter la montagne d'Ambre, les Comores, Mayotte et Nossi-Bé.

Nous touchons, le 18 décembre, à Port-Saïd, et le lendemain 19, à 1 heure du matin, nous nous engageons dans le canal de Suez. La traversée de ce canal coûte cher. Le droit d'entrée, pour chaque passager, est de 7 fr. 50, sans compter le droit de fret sur les marchandises. Le commandant de l'*Iraouaddy* a versé 30 000 francs pour son seul bateau à l'administration du canal.

23 décembre. — Ce matin, nous devons arriver à Obock, et dès la pointe du jour nous fouillons l'horizon pour tâcher de découvrir la terre. La voici qui apparaît comme une longue bande grisâtre battue par la mer. Bientôt nous distinguons, à l'extrême pointe, la maison blanche du gouverneur, les bâtiments de l'hôpital, un petit bois d'acacias, le pénitencier colonial, le village nègre, tout cela rangé sur une même ligne droite, face à la plage.

Presque tous les dessins de ce voyage ont été exécutés d'après les photographies du Dr Hocquard; les huit sujets suivants ont été dessinés d'après les photographies communiquées par M. Tinayre, l'illustrateur de talent, envoyé spécial du Monde Illustré *à Madagascar* : En colonne dans les grands marais, p. 53; Traversée de la rivière de Marovoay, p. 55; Canonnière fluviale remorquant des chalands, p. 62; Le lavoir des tirailleurs à Marololo, p. 65; Funérailles du caporal Sapin et du lieutenant Augey-Dufresse, p. 73; Petite vue de Mévatanana, p. 75; Tsarosoata, p. 76; Place de Mévatanana, Canons pris aux hovas, p. 77.

Dans le port, un stationnaire, peint en blanc de l'extrémité des mâts à la coque, vient d'arborer l'étroite flamme tricolore qui indique un navire de guerre et répond au salut de notre bateau avec son pavillon. Nous jetons l'ancre, et aussitôt des boutres arabes et de petits canots indigènes entourent le paquebot pour décharger les marchandises ou embarquer des provisions.

Le poste d'Obock est affreux. Sous ce soleil de feu, les Européens ont peine à vivre; aussi les relève-t-on tous les six mois. Nous arrivons pendant la saison fraîche : en juillet, le thermomètre monte à 45 et même à 48 degrés dans le milieu du jour.

Il y a en ce moment à Obock un gouverneur et 17 Français, non compris l'équipage du bateau stationnaire. Ce port va être abandonné : les navires iront mouiller à Djibouti, à 20 milles plus loin. Djibouti possède, paraît-il, une rade meilleure, et les communications y sont plus faciles avec les caravanes venant d'Abyssinie. Il n'y a d'ailleurs à Obock aucune curiosité qui puisse tenter le voyageur, à part les timbres, dont le gouverneur a fait éditer une collection des plus variées, que les amateurs s'arrachent. Il en est qui valent de 50 à 100 francs. Ce commerce rapporte tous les ans un joli revenu à la colonie.

24 décembre. — Je me réveille en rade d'Aden, à 6 heures et demie du matin. Une tasse de lait avant de descendre à terre; il faut profiter des heures fraîches : quand le soleil est déjà haut à l'horizon, il n'est pas prudent de s'aventurer au milieu des rochers arides et surchauffés.

Nous avons maintenant le costume des pays chauds : pantalon, veste, casque, ombrelle, tout est blanc. Déjà les Somalis nageurs entourent notre bateau et encombrent l'échelle. Ils nous assourdissent de leurs cris : « A la mer! à la mer! » pour qu'on leur jette dans l'eau les menues pièces de monnaie qu'ils iront se disputer sous les vagues en plongeant comme des marsouins, malgré les requins qui pullulent dans ces parages. Ils sont venus dans leurs petites pirogues faites d'un seul tronc d'arbre, si légères qu'ils n'ont besoin pour les faire évoluer que d'une seule pagaie formée d'une longue perche, avec une rondelle de bois fixée à chaque bout. Ils passent partout; ils grimpent partout, en s'aidant de la moindre saillie : le bateau en est envahi. Il y en a une douzaine assis sur la tente qui recouvre le pont; d'autres sont couchés dans les embarcations hissées aux porte-manteaux de bâbord et de tribord. Ce sont de vrais singes : on les chasse d'un côté à coups de balai; ils font la grimace, et reviennent de l'autre.

Le transport à terre coûte une demi-roupie par personne. La roupie, monnaie anglaise en usage dans toute l'Inde et l'Afrique, a une valeur qui varie suivant le change local. A Aden, elle vaut actuellement 1 fr. 40 environ.

Avant de nous embarquer, nous avons dû nous approvisionner de roupies près des changeurs juifs, qui sont venus jusqu'au bateau nous faire leurs offres de service. Ces juifs d'Aden sont parfaitement reconnaissables à leur coiffure : ils portent les cheveux très courts, sauf deux petites mèches longues et généralement bouclées, qui leur descendent de chaque côté de la tête sur les oreilles et qui leur donneraient une vague ressemblance avec des épagneuls, n'étaient leurs nez droits et busqués. Malgré leurs efforts, nos rameurs mettent assez longtemps pour nous conduire à terre, à cause du vent contraire qui souffle le matin. A quelques encablures du débarcadère, ils nous font faire la halte obligatoire qui va leur permettre de s'habiller : pour ramer, ils se sont mis à peu près nus, mais ils veulent débarquer avec tous leurs avantages; l'un passe une vieille culotte de matelot à laquelle il ne manque que le fond, un autre une vareuse qui n'a plus qu'une manche, et ainsi de suite.

Les navires qui viennent du large ne jettent pas l'ancre devant Aden, mais devant *Steamer-Point* (la pointe des bateaux), où se trouvent la ville anglaise, les hôtels et la plupart des maisons de commerce. Steamer-Point s'étend tout le long de la baie, qui forme comme un arc de cercle bordé de maisons blanches; les maisons sont adossées à une ceinture de rochers rouges, nus, brûlés, qui entourent la ville d'une haute et imposante muraille. Sur ces rochers sont construits un phare, des casernes, enfin quelques confortables cottages anglais où, leurs affaires terminées, les grands négociants de l'endroit vont se reposer de la chaleur du jour en respirant la brise de la mer.

Vite une voiture, nous avons juste le temps de faire une promenade aux citernes. Il y a à Steamer-Point des stations où l'on trouve de petits véhicules à quatre roues, munis d'un velum pour éviter les insolations. Ils sont traînés par des poneys indiens et conduits par des Malabars à turban rouge. Ces voitures sont tarifées, et moyennant 4 roupies elles mènent bride abattue les voyageurs à Aden et aux citernes. A l'heure où nous les prenons (7 h. et demie du matin), c'est une promenade charmante. Nous parcourons d'abord les quais de Steamer dans toute leur longueur, puis, laissant à gauche le port marchand, dont les appontements sont encombrés de balles de café, nous nous engageons dans les lacets d'une route qui monte au flanc du rocher, pour aboutir à la porte d'Aden. Cette porte, pratiquée en pleine roche et gardée par un poste de Cipayes, est, avec un étroit passage souterrain, l'unique brèche par laquelle on peut sortir de l'enceinte de rochers qui environne la ville anglaise. Partout ailleurs, les rochers sont reliés les uns aux autres par des travaux de terrassement ou par des forts, de sorte qu'il est impossible de les franchir sans l'assentiment des Anglais.

La route descend en pente douce l'autre versant des collines pour aboutir à une grande plaine dans laquelle sont construites les casernes de Cipayes et la ville nègre qui porte le nom d'Aden. Cette route est extrêmement fréquentée. A chaque instant nous rencontrons de nombreux indigènes qui vaquent à leurs affaires, des Malabars drapés dans des étoffes aux couleurs violentes, des Parsis coiffés de longs bonnets pointus, des Abyssins couleur de suie et des Somalis à la peau bronzée, conduisant de longues files de chameaux chargés de bois sec ou d'herbe tellement desséchée qu'elle a pris la couleur de la mousse artificiellement teinte en vert.

La voiture tourne à droite et, après avoir longé le champ de manœuvres, elle s'engage dans les rues d'Aden. Ces rues sont étroites et très fréquentées; les indigènes prennent le frais du matin devant leur porte, assis comme des tailleurs sur des espèces de lits en treillis de bambou. Beaucoup de Somalis ont les cheveux teints d'une couleur jaune filasse qui fait le plus drôle de contraste avec leur peau bronzée et leurs yeux très noirs. Ils obtiennent cette teinte en saupoudrant leur chevelure noire et crépue de chaux vive, et ils font cette opération soit par coquetterie, soit souvent pour débarrasser leurs cheveux des parasites qui y foisonnent. Sur une petite place entourée de murs à hauteur d'appui, un grand nombre de chameaux, accroupis sur les genoux, prennent leur repas du matin, devant leur gardien, qui leur tend d'une main un peu d'herbe desséchée.

Les citernes sont situées à l'extrémité de la ville d'Aden. Construites, dit-on, par Salomon et détruites par les Romains, elles ont été rebâties et réinstallées complètement par les Anglais. Il y a dix ou douze réservoirs qui sont séparés les uns des autres par des conduites en maçonnerie et qui peuvent contenir de 8 000 à 12 000 gallons d'eau chacun. Ils occupent le fond d'une vallée très étroite, bordée de rochers volcaniques presque à pic. Les anciennes coulées de lave ont sillonné la surface de ces rochers d'étroits canaux qui vont du sommet à la base, et comme le roc est imperméable, toutes les eaux de pluie doivent suivre ces canaux, qui les amènent jusqu'aux réservoirs des citernes. Seulement, il ne pleut pour ainsi dire jamais à Aden, si bien que les citernes sont toujours vides. A peine trouve-t-on dans les plus profondes une mince nappe d'eau croupissante, couverte de conferves. Si les Anglais devaient boire de cette eau, il y a longtemps qu'ils auraient quitté la place. Toute l'eau consommée à Aden par les Européens est de l'eau de mer, distillée à grands frais à l'aide de puissants appareils venus d'Europe. Ce manque d'eau complet fait qu'il n'y a aucune végétation possible sur la côte : la terre, horriblement nue, ne produit rien; l'herbe nécessaire aux animaux, le bois même qui doit servir pour la cuisson des aliments, viennent de fort loin à dos de chameau.

31 décembre. — D'Aden à Zanzibar il y a six grands jours de traversée, pendant lesquels nous n'avons vu ni un bateau, ni un coin de terre, sauf le cap Gardafui, aride et désolé. Aujourd'hui, nous allons faire escale à Zanzibar, et le pilote qui doit nous guider pour entrer dans la rade, d'un accès difficile à cause des récifs de coraux qui l'entourent, accoste l'*Iraouaddy* au petit jour, sur une barque indigène à balanciers faits d'un seul tronc d'arbre. Ces barques, en usage à Zanzibar et sur la côte de Madagascar, sont extrêmement étroites; elles n'auraient aucune stabilité sur l'eau sans les deux lourdes poutres maintenues de chaque côté, à près de 1 mètre des bords et au-dessus de l'eau, par des traverses en bambou reliées à l'embarcation. Par les temps de grosse mer, pour empêcher le bateau de chavirer, les indigènes sont souvent obligés de monter sur le balancier, dont ils augmentent ainsi le poids. Ils s'y cramponnent, accroupis sur les talons, tandis que le bateau file à toute vitesse, poussé par la petite voile quadrangulaire qu'ils ont hissée.

Pendant que nous avançons lentement, la côte d'Afrique se déroule devant nos yeux comme un panorama splendide. Le rivage est bas, couvert de superbes cocotiers et de manguiers énormes, qui abritent sous leur épaisse ramure les petites cases basses, recouvertes de chaume, des indigènes. De distance en distance, nous découvrons de jolies maisons blanches, bordées de vérandas spacieuses : ce sont ou des palais du sultan, ou des maisons de plaisance appartenant aux riches commerçants européens ou indiens de Zanzibar. Un de ces palais semble avoir été abandonné depuis longtemps; son toit est crevé en plusieurs endroits et ses murs s'écroulent sous l'effort des plantes parasites. Il appartenait, me dit-on, à l'ancien sultan; à la mort du souverain, toutes les portes et les fenêtres ont été fermées, et l'habitation entière, y compris les meubles et les tentures qu'elle contenait, a été abandonnée à l'effort destructeur du temps : ainsi le veut la coutume locale.

Nous approchons peu à peu; au loin, une grande ligne de maisons blanches semble émerger des flots : voici le palais du sultan surmonté de la grande tour, dite de l'Horloge, qui donne l'heure officielle, les maisons des consulats avec leurs pavillons; nous distinguons les détails des quais, qui s'étendent à perte de vue, limitant le port, les nombreux bateaux et la flotte innombrable de boutres arabes et des petites barques indigènes de toutes dimensions et de toutes formes.

Aussitôt l'*Iraouaddy* ancré à 500 mètres du débarcadère, nous nous rendons à terre par une petite barque indigène. A peine avons-nous touché le sol, que nous nous voyons soudain entourés par une foule de négrillons criant, hurlant, gesticulant, se chamaillant, qui veulent à toute force s'emparer de nos ombrelles, afin d'avoir un honnête prétexte pour nous réclamer le *bacchich* (pourboire) traditionnel. Nous nous débarrassons de ces fâcheux en faisant le moulinet avec nos cannes, et nous choisissons pour nous guider le nommé Ali, un grand Zanzibarite couleur de bronze, coiffé d'une chéchia rouge et vêtu seulement d'une chemise en calicot blanc qui lui emprisonne étroitement le cou et qui descend jusqu'au-dessus de ses pieds nus. Il est muni d'une baguette flexible. Nous pouvons être tranquilles, à présent; il ne laissera plus approcher personne.

Nous traversons la place du Sultan et nous nous engageons dans un dédale de rues étroites et tortueuses qui doivent nous mener au consulat de France. Ces rues sont bordées de grandes maisons à plusieurs étages, dont les murs, badigeonnés de chaux, nous renvoient brutalement les rayons du soleil brûlant qui nous poursuit depuis notre descente à terre. Les maisons sont percées d'étroites fenêtres, soigneusement fermées avec de petits grillages ou des volets de bois peint. Elles ont toutes de superbes portes, admirablement sculptées dans le goût indien et garnies de beaux clous de cuivre ciselés, à têtes pointues et saillantes. On dirait des portes de cathédrale ou de palais. Quelques-unes sont entr'ouvertes et nous laissent voir un grand vestibule garni de bancs et donnant sur une cour intérieure, ombragée de beaux palmiers. A l'entrée du vestibule se tient un nègre de haute stature, armé d'un bâton; sans doute le concierge du pittoresque hôtel.

Une foule bariolée, grouillante, affairée, se coudoie dans ces étroites ruelles, qu'elle encombre; toutes les races et toutes les couleurs de peau semblent s'y être donné rendez-vous. Presque tous ces gens sont vêtus de la grande gandoura blanche. Les Arabes riches sont coiffés d'un ample turban et passent par-dessus la gandoura une longue robe de drap noir, rehaussée de riches bordures en broderie d'or. Cette robe est ouverte sur le devant pour laisser à découvert une large ceinture de soie à grandes raies multicolores, dans laquelle est fixé un superbe poignard à lame recourbée, à long manche d'argent artistement travaillé. Les pieds nus sont chaussés de sandales, plus ou moins ornées, dont la semelle est fixée par une lanière transversale en cuir vert, passant sur le cou-de-pied, et une autre plus petite se reliant à la première entre le pouce et le deuxième orteil. Tous les Arabes de haute lignée, y compris le sultan, portent le même costume; les ornements en sont plus ou moins riches, suivant la fortune du propriétaire, mais la coupe est toujours identique. Ils vont gravement, majestueusement, par les rues, sans se hâter jamais, et leur allure compassée forme un contraste frappant avec celle des nègres de basse caste, qui sont toujours pressés et trottent du matin au soir.

Les négresses sont extrêmement pittoresques, avec leurs cheveux soigneusement tressés en une infinité de petites nattes, leur pagne blanc semé de grands dessins bleus. Ce pagne est fixé sous les aisselles, de façon à laisser à découvert les bras, les attaches des épaules et la poitrine jusqu'à la naissance des seins. Quelques-unes de ces négresses ont la figure à demi cachée par une sorte de masque formé de deux valves en cuir, rehaussées d'or et d'argent. Ces valves reviennent comme deux volets sur les joues et ne laissent entre elles qu'une légère fente à travers laquelle on n'aperçoit que le nez, la bouche et le milieu du front; les oreillères en cuir qu'on fait porter aux chevaux attelés rappellent assez bien leur forme, leur disposition et leur mode d'attache.

Les négresses et les Indiennes, couvertes de bijoux comme des châsses, sont les seuls représentants du sexe faible qu'on peut apercevoir en parcourant les rues. Les Arabes confinent leurs femmes dans des harems soigneusement placés, à l'abri des regards profanes, dans l'endroit le plus reculé de leurs maisons. Les grands murs blancs que nous longeons forment un rempart impénétrable que notre civilisation européenne n'a pu réussir encore à faire tomber. Le sultan actuel n'a qu'une seule femme, mais les ministres et les principaux dignitaires de sa cour en ont chacun un grand nombre, qu'ils gardent prisonnières au fond de leur palais, sous la surveillence de leurs nombreux esclaves. Les Anglais, qui se sont emparés du protectorat de Zanzibar sous le prétexte d'abolir l'esclavage, savent parfaitement que c'est impossible, et maintenant qu'ils sont arrivés à leurs fins, ils ferment les yeux.

Notre première visite est pour le consul de France, qui habite une grande maison arabe avec un joli jardin rempli de beaux arbres où caquettent des milliers de callats au plumage noir et au gros bec rouge, très communs à Zanzibar. Nous aurions bien voulu obtenir une audience du sultan, mais Son Excellence Mohamed Twenei ne reçoit que le matin. Le consul nous promet de demander pour nous au palais une voiture qui nous permettra de faire une promenade à la campagne quand la chaleur du jour sera tombée. Seul, le sultan possède des voitures à Zanzibar. Il les met à la disposition des étrangers quand les consuls lui en font la demande.

La voiture doit nous prendre à 4 heures chez le consul; en attendant, guidés par Ali, nous allons visiter la ville. Tout le commerce de détail est entre les mains des Indiens, qui occupent un des plus beaux quartiers. Les uns sont tailleurs, d'autres changeurs, d'autres vendent des curiosités, de jolies cannes en peau d'hippopotame ou des objets en argent repoussé d'un beau travail. Les objets d'argent se vendent au poids : on place l'objet dans le plateau d'une balance et on fait la tare de l'autre côté avec des roupies. On compte ensuite ces roupies, et l'on ajoute le quart pour le prix du travail.

En retournant chez le consul, nous passons près du marché, qui se tient dans un étroit carrefour, sur lequel donne une grosse tour, reliquat des anciennes fortifications de la ville. Les indigènes peuvent se procurer sur ce marché tous les légumes et les fruits du pays : mangues, mandarines, bananes, noix de coco, ananas, jaquiers, manioc, girofle, etc. Zanzibar est un des grands marchés du girofle. Je suis passé près d'un magasin qui en contenait plusieurs voitures. L'odeur s'en répandait fort loin dans la rue. A côté de ce magasin, il y en avait un autre où des indigènes étaient occupés à enfermer dans des sacs des défenses d'éléphant. J'en ai compté plusieurs centaines, qui sans doute avaient été amenées de l'intérieur par les caravanes.

La voiture est prête et nous attend à la porte du consulat. C'est un grand landau attelé de deux petits chevaux indous. Sur le siège prennent place un cocher malabar, à grand turban rouge, et le drogman du consulat, un beau nègre de Sainte-Marie-de-Madagascar, richement vêtu, comme un Arabe de grande caste. Nous faisons si bel effet en cet équipage, qu'en passant près du palais du sultan nous voyons sortir le poste, dont les soldats nous présentent les armes. Ces soldats sont vêtus à peu près à l'européenne : ils ont le pantalon blanc, la veste de même couleur et une petite calotte qui porte sur le devant un écusson brodé figurant deux drapeaux rouges entre-croisés.

Le chancelier du consulat qui nous accompagne donne l'itinéraire. Nous passons d'abord, au grand trot, à travers le dédale des étroites rues de la ville. C'est merveille qu'à cette allure nous n'accrochions pas à chaque coin de carrefour et nous n'écrasions pas les pieds de quelques passants : la voiture est presque aussi large que la rue. Notre cocher pousse à chaque instant une sorte de grognement rauque qui fait ranger prestement le populaire sur les côtés de la chaussée. Après avoir passé sur un pont de pierre, jeté sur la lagune, nous nous engageons dans un long faubourg bordé de chaque côté par des cases indigènes très basses. Les murailles en sont faites avec un treillis de bois dont les mailles, très larges, sont comblées avec de la terre gâchée ; la toiture est formée d'une couche épaisse de feuilles de cocotier. Tous les habitants de ces cases sont de petits marchands qui ont établi leurs étalages sous l'auvent de la façade donnant sur la rue.

Nous voici maintenant en pleine campagne. Le paysage est magnifique : des manguiers énormes couverts de fruits, des cocotiers mesurant 8 ou 10 mètres de hauteur, surmontés d'un bouquet de grandes palmes vertes, des plantations de manioc, de ricin, de girofliers, de canne à sucre. Partout devant les petites cases basses, éparpillées au milieu des champs, de vieilles négresses pilent dans des mortiers de bois le riz ou le sorgho qui doivent servir au repas du soir.

Nous nous arrêtons un instant, pour laisser souffler les chevaux, près d'une mosquée construite en pleine campagne, à l'ombre d'un énorme jaquier dont les fruits, semblables à de grosses citrouilles vertes couvertes de verrues, pendent du tronc même, à la naissance des grosses branches. A travers les grandes baies qui remplacent les fenêtres, je vois un vieil indigène, accroupi sur les talons, le nez armé de lunettes énormes, lisant attentivement dans un Coran crasseux. Plus loin, un grand Arabe aux yeux luisants, maigre comme un ascète, se tient debout, tourné vers le soleil couchant, dans une attitude de prière, immobile comme une statue.

Pour rentrer, nous prenons une autre route, qui nous conduit, en longeant des étangs où nègres et négresses font leurs ablutions du soir dans le plus simple appareil, jusqu'à la promenade la plus fréquentée de la ville. Nous croisons tout le long du chemin la partie *select* de la population européenne de Zanzibar : le ministre anglais, de grands commerçants allemands avec leurs femmes en amples robes toutes blanches, serrées à la taille par une ceinture ; elles portent, comme les hommes, le casque des colonies, qui leur donne un aspect peu banal.

2 janvier 1895. — Il a fallu trois jours à l'*Iraouaddy* pour aller de Zanzibar à Mayotte. Aujourd'hui, dès 6 heures du matin, nous distinguons à l'horizon l'île de D'zaoud'zi, couronnée par une série de petits mamelons verdoyants.

Le groupe de Mayotte comprend trois îles principales : Mayotte, appelée aussi la Grande-Terre, D'zaoud'zi, et Pamanzi. Toutes ces îles sont entourées d'une ceinture à peu près ininterrompue de coraux, formant de très longs bancs presque à fleur d'eau. Entre les coraux et la plage sont des criques spacieuses, mais d'un très difficile accès, attendu qu'elles ne communiquent avec la pleine mer que par des passes étroites bordées de récifs dangereux. Le bateau marche très lentement ; il pleut à torrents et la vue est forcément très bornée, à cause de cette pluie qui obscurcit tout. Au moment où nous jetons l'ancre, l'horizon s'éclaircit soudain et nous pouvons embrasser toute l'étendue de la rade, dont la vue est réellement fort belle. A bâbord, la Grande Terre avec sa couronne de montagnes couvertes de forêts, et sur la plage un village dont les cases en paille semblent se mirer dans l'eau. A tribord, la petite île de D'zaoud'zi, toute verdoyante, reliée à l'île de Pamanzi par une jetée étroite faite de main d'homme.

La majeure partie de la colonie française habite D'zaoud'zi, où se trouvent l'hôtel du gouverneur, l'administration des postes et l'hôpital. L'hôpital est un grand bâtiment en pierre très bien construit contenant des salles assez grandes et suffisamment aménagées. Il y a place pour soixante lits environ. L'administration pourrait en mettre facilement trente à la disposition du Corps Expéditionnaire ; seulement, à D'zaoud'zi, la fièvre paludéenne règne en permanence, et de plus on ne trouve pas d'eau. Le gouverneur a été obligé de faire construire des citernes qui recueillent l'eau des pluies ; elles sont bien pourvues en cette saison où la pluie ne tombe que trop, mais quand arrivera le période de sécheresse, de mai à septembre, il faudra envoyer chercher de l'eau à la Grande Terre dans des barques qui mettent une heure pour faire le trajet aller et retour.

Il y a à Mayotte des plantations de canne à sucre et de vanille très florissantes ; elles sont presque toutes situées sur la Grande Terre et elles offrent un séjour assez malsain à cause des marais qui les environnent. Chaque plantation exige un troupeau de 100 à 300 bœufs pour les charrois et un personnel très nombreux, variant entre 200 et 400 travailleurs.

Le gouverneur a fait bâtir, à 450 ou 500 mètres d'altitude, sur un des pitons les plus élevés de la Grande Terre, une villa assez spacieuse où, pendant les grandes chaleurs, il va se reposer avec sa famille des fatigues du climat débilitant de Pamanzi. Si Mayotte n'avait pas une réputation d'insalubrité, malheureusement trop justifiée par sa ceinture de marécages, on pourrait envoyer dans ce minuscule sanatorium, gracieusement mis à la disposition du Corps Expéditionnaire par l'administration locale, cinq ou six officiers convalescents tout au plus.

*

4 janvier. — Nous avons quitté Mayotte hier soir à 5 heures, et ce matin à 7 heures l'*Iraouaddy* jette l'ancre en rade de Nossi-Bé. Nossi-Bé, en malgache, veut dire la Grande-Ile. Sa rade, vue du large, est des plus pittoresques; elle forme un arc de cercle bordé de collines en majeure partie couvertes de beaux arbres. Devant nous, sur un petit promontoire qui se prolonge dans la mer par une jetée de pierres sèches, se trouve Hellville, la capitale de l'île, avec ses jolies villas perdues au milieu des manguiers. Plus à droite, au fond d'une crique limitée par les fourrés impénétrables de la forêt Loukoubé, le grand village d'Ambanourou montre ses maisons blanches recouvertes de tôle ondulée, habitées par une colonie importante d'Indiens qui entretient un florissant commerce avec toute la côte ouest de Madagascar. Plus loin encore, séparée de Nossi-Bé par un étroit bras de mer, s'élève l'Ile aux Makis (*Nossi-Comba*), qui a la forme d'un cône immense recouvert d'un chevelu de forêts.

5 janvier. — Au réveil, à 6 heures du matin, nous avons doublé le cap d'Ambre et contourné la pointe nord de la grande île de Madagascar sans tanguer ni rouler. Il paraît que nous avons été singulièrement favorisés. Généralement, à cette époque de l'année, la région du cap d'Ambre est assez dangereuse; le plus grand nombre des navires en bois qui composent notre escadre de l'océan Indien redoute ce passage et ne l'affronte qu'avec de grandes difficultés.

Je ne puis détacher mes yeux de cette terre de Madagascar que je contemple pour la première fois et sur laquelle je vais passer de longs mois. A la limite de l'horizon j'aperçois une chaîne de hautes montagnes profondément ravinées qui s'étend à perte de vue du nord au sud et à laquelle l'éloignement donne une teinte gris neutre. Plus près, un grand nombre de petites îles, couvertes de verdure, car nous sommes à la saison des pluies, sont entourées de coraux à fleur d'eau, contre lesquels le flot vient se briser. Bientôt apparaît à tribord l'étroit goulet qui donne accès dans la baie de Diégo-Suarez, entre les caps Tanifotsy et Andranomody. A l'entrée de la passe, un îlot, Nossi-Volana, diminue encore le chenal, déjà si étroit, de sorte que, du large, on a peine à reconnaître l'entrée de la baie, et l'on s'imaginerait volontiers que la côte ne possède aucune solution de continuité. La baie de Diégo est cependant l'une des plus grandes du monde; une escadre entière y pourrait trouver place et y serait parfaitement à l'abri en cas de mauvais temps. Une seule batterie installée sur la petite île de Nossi-Volana suffirait pour défendre l'entrée du goulet aux navires ennemis qui tenteraient de le forcer.

Nous jetons l'ancre à l'embouchure du cul-de-sac Gallois, dans le port de la Nièvre, entre Diégo-Suarez et Antsirane. Les établissements français de la baie de Diégo sont en effet installés sur deux points différents, séparés par le bras de mer qui constitue ce qu'on appelle le port de la Nièvre. L'un, Antsirane, est le plus important : il comprend plus de deux cents cases, placées au sud du cul-de-sac à la pointe dite de Corail; l'autre ne renferme guère qu'une douzaine de constructions appartenant presque toutes à l'hôpital : c'est le village de Diégo, situé à la pointe de ce nom, au nord du cul-de-sac.

A Antsirane se trouvent le siège du gouvernement, les directions civiles et militaires, les casernes et tous les établissements de commerce de la région. On y fait même de la politique : les premières barques qui accostent l'*Iraouaddy* nous apportent les deux journaux locaux, *le Clairon*, et *l'Avenir de Diégo*, publiés en français toutes les semaines ou tous les quinze jours, et où le gouverneur de la colonie est pris à partie de la plus belle façon.

La colonie de Diégo vient d'être mise en état de siège par le commandant Bienaimé, qui a reçu du gouvernement français tous les pouvoirs civils et militaires sur l'île de Madagascar, en attendant l'arrivée du Général en chef du Corps Expéditionnaire. Le gouverneur civil, M. Frogé, part par le paquebot que nous allons quitter pour Sainte-Marie-de-Madagascar, après avoir remis la direction des affaires au lieutenant-colonel d'artillerie de marine, major de la garnison d'Antsirane.

SANATORIUM DE MAYOTTE. — D'APRÈS UNE PHOTOGRAPHIE.

La ville comprend, outre les établissements militaires dont j'ai parlé, une importante agglomération de paillotes malgaches, situées sur le plateau, à l'ouest du quartier officiel,

LA PLACE DU MARCHÉ À HELLVILLE. — DESSIN DE BOUDIER.

et un quartier commerçant établi le long du rivage : ce dernier est habité par quelques Européens qui tiennent des maisons de gros et par des Indiens Malabars qui ont accaparé presque tout le commerce de détail. Depuis peu, une nouvelle rue s'est formée, près du village malgache, en face du marché; des créoles de Maurice et de la Réunion y vendent des spiritueux et des comestibles, et une colonie chinoise commence à faire une concurrence sérieuse aux Malabars, qui sont loin d'être satisfaits.

Malgré tout, je ne crois pas la colonie de Diégo appelée à un grand avenir au point de vue commercial. Située à l'extrême pointe de l'île de Madagascar, elle est trop éloignée des routes que suit le commerce de l'intérieur pour aller à la côte. Le pays environnant est extrêmement pauvre et dépeuplé. De plus, à part les bazars indiens, chinois, européens, créés pour les besoins de la garnison, Antsirane n'a pas de trafic local et surtout pas de commerce d'exportation. Les fameuses salines, dont on a beaucoup parlé en France, n'existent qu'à l'état de vagues projets; il y a bien, tout au fond de la baie, une grande fabrique de conserves de viandes de bœuf, dite *la Graineterie*, qui exportait des boîtes d'endaubage; mais jusqu'à présent l'établissement n'a pas réussi. On dit que la fabrication va reprendre avec de nouveaux directeurs; espérons qu'elle aura plus de succès. De l'aveu de ceux qui connaissent bien la région, elle pourrait être fructueuse, et cette industrie, atteignant les proportions qu'elle comporte, enrichirait le pays.

En attendant, la colonie vit dans un état assez précaire; ses habitants, n'ayant pas confiance dans son avenir, n'osent pas y engager leurs capitaux et ne font rien pour s'y fixer d'une façon définitive. Le voyageur est tout de suite renseigné sur cet état des esprits en parcourant les rues de la ville. Toutes les constructions ont l'air d'être provisoires; à part le gouvernement, les casernes, le commissariat de la marine et l'habitation du chef du génie, elles sont faites en planches ou en matériaux démontables, comme si leurs propriétaires s'attendaient à abandonner d'un moment à l'autre la colonie.

* *
*

Installation à Antsirane : l'hôtel de l'Univers. — En route pour la montagne d'Ambre; le fort de Mahatsinzo. — Départ pour Nossi-Bé. Excursion à l'île de Nossi-Comba. — Hellville. — La messe du dimanche. — Les carias.

J'habite à Antsirane avec le commandant Belin, de l'infanterie de marine, une case très originale : elle est construite tout entière avec des plaques de tôle boulonnées, montées sur une charpente en fer. Seul le plancher, élevé de 2 mètres au-dessus du sol, est en bois.

Nous mangeons, à raison de 2 fr. 50 par repas, dans l'unique hôtel de la ville. Il est installé dans une maison en bois à deux étages dont l'enseigne, visible de la rade, surprend singulièrement le voyageur qui arrive par le paquebot et qui lit en lettres longues de deux pieds : *Hôtel de l'Univers, service à l'instar des Bouillons Duval de Paris*. Les clients entrent par une petite porte à claire-voie donnant dans un jardin semé de tessons de bouteilles et de débris de toute sorte. La salle à manger n'a pas de fenêtres; elle est éclairée par trois portes qu'on laisse ouvertes en permanence; ses parois, en bois brut, sont garnies de rayons en planches non rabotées sur lesquels s'alignent des bouteilles et des boîtes de conserves. Trois quinquets fumeux descendent du plafond.

Le service est fait par un nègre de Sainte-Marie, les pieds nus, la taille serrée dans une pièce d'étoffe qui lui descend en forme de jupon jusqu'au-dessus des genoux. Dans les grandes circonstances, il revêt une livrée composée d'un jersey et d'une vareuse de matelot. Il répond au nom harmonieux de *Bé*, qui, en langue sakalave, veut dire « grand ». Il paraît intelligent et baragouine quelques mots de français; il comprend mieux cette langue qu'il ne la parle. Le restaurateur lui donne 30 francs par mois, ce qui est une grosse somme pour le pays.

Ce restaurateur est un ancien cuisinier de paquebot, échoué à Diégo à la suite de je ne sais quel concours de circonstances bizarres. Il est du Midi et ferait une cuisine passable s'il ne fourrait de l'ail partout, sous prétexte que ce condiment préserve de la fièvre et *tonifie la fibre*. Je l'ai prié de m'expliquer son enseigne, en lui avouant franchement que je ne voyais rien dans son établissement qui pût ressembler même de loin aux Bouillons Duval parisiens. Il m'a montré du doigt une négresse malgache, au nez épaté, aux cheveux crépus tortillonnés en petites boules suivant la mode du pays : « C'est la bonne, *instar Duval*, chargée de l'étage inférieur, où viennent les soldats de la garnison et les colons ».

J'ai mis mon costume à l'unisson de celui des officiers de la colonie. Je porte le pantalon blanc, le dolman blanc avec les galons et les boutons d'uniforme mobiles, le casque de liège et l'ombrelle. Chez moi, j'ai les pieds nus dans des babouches indiennes en cuir rouge dont les extrémités pointues se prolongent en un grand filament de cuir semblable à une longue queue de rat. Un pantalon flottant et une sorte de camisole à larges manches constituent mon costume. Pas de chemise; il fait trop chaud. J'ai été, pour acheter ce costume, chez le meilleur marchand de confections d'Antsirane, un Indien du nom de Charifou-Jewa, qui avait fait le voyage avec moi de Nossi-Bé à Diégo et qui, au cours d'une promenade sur le pont, m'avait discrètement glissé sa carte, comme un courtier européen. Charifou, qui n'avait rien à ma taille, m'a fait choisir l'étoffe, une cotonnade à grandes raies roses et blanches, dont la couleur causerait certainement quelque surprise en France; puis il m'a conduit chez une vieille Malgache. Celle-ci, après avoir pris mes mesures avec le cordon de son tablier, s'est installée sur une natte et a immédiatement taillé dans la pièce d'étoffe un complet qui me va comme un gant : coût 5 francs pour l'étoffe et la façon.

Il pleut presque chaque jour, une pluie chaude qui tombe comme une cataracte. Le soir ordinairement le ciel s'éclaircit et, vers 6 heures, il fait bon s'étendre sur la grande chaise longue en rotin, à l'ombre de la véranda. A travers les festons de lianes qui forment à ma case comme un beau rideau vert, je laisse errer mes yeux distraitement sur l'immensité de la rade. Au premier plan, j'ai mon petit jardin rempli d'arbres et de fleurs superbes : seul, un massif de zinias me rappelle les parterres de mon pays. Un caméléon gris, installé à cinq mètres de moi sur la rampe du balcon, roule ses gros yeux étranges; des petites maisons d'Antsirane éparpillées sans ordre sur le coteau, face à la mer, me viennent des sons d'accordéon, l'instrument préféré des Malgaches, tandis qu'au loin, dans les casernes, le clairon invite le troupier à prendre son repas du soir.

Depuis notre arrivée, nous nous occupons, le commandant Magué et moi, à préparer une excursion à la montagne d'Ambre, l'un des points que nous devons visiter en vue de l'installation du sanatorium. Cette montagne est éloignée d'environ 30 kilomètres d'Antsirane, et, comme l'ennemi tient la campagne, il nous faut organiser une véritable expédition.

Le 8 janvier, tout est prêt : l'artillerie nous donne des mulets pour porter nos bagages et nos personnes; le commandement, deux compagnies de tirailleurs sakalaves qui nous feront escorte; le service civil, des porteurs et des filanzanes. Nous décidons de voyager de nuit à cause de la grande chaleur du jour, et nous nous mettons en marche vers 8 heures du soir, par un beau clair de lune et un petit vent frais qui donnera des jambes à nos hommes.

La colonne prend, en passant à la Baie des Amis, le reste de l'escorte qui nous attend au camp des tirailleurs sakalaves. Ce camp est situé à quelques kilomètres d'Antsirane, dans une grande plaine herbeuse; il comprend deux agglomérations de paillotes, l'une pour les tirailleurs, l'autre, appelée le Camp des Femmes, réservée aux épouses de ces messieurs. Ici, comme au Tonkin, il serait impossible de recruter aucun indigène pour le service militaire si l'on ne tolérait ses femmes. Aux changements de garnison, elles suivent le bataillon, qu'elles rejoignent à chaque étape pour s'installer au campement auprès de leurs maris.

Au départ, notre colonne a fort bon air : en tête, un peloton de tirailleurs sakalaves, coiffés de la chéchia rouge ornée d'un gros gland bleu, vêtus d'une petite veste courte en calicot blanc taillée comme celle des zouaves, et d'un *lamba* ou jupon de même étoffe orné sur le bord inférieur d'une large raie multicolore; ils vont jambes nues. D'une taille généralement au-dessus de la moyenne, ils ont un air assez martial avec leurs grands yeux noirs et leur peau couleur de bronze poli; seulement, il y a quelques traînards. Ces tirailleurs ont la funeste habitude de s'enivrer en fumant du chanvre indien. Quelques-uns d'entre eux ont fumé outre mesure; ils marchent en zig-zag, s'affaissent de temps en temps sur leurs jambes et ont l'air hébété.

Nous venons immédiatement après l'avant-garde, montés sur de petits mulets. J'avais lu dans les ouvrages publiés sur Madagascar que les mulets et les chevaux peuvent difficilement vivre dans la grande île. Il n'en est rien : les artilleurs de Diégo ont 150 mulets qui leur rendent des services inappréciables pour les transports. Quelques-uns de ces mulets sont arrivés il y a dix ans à Madagascar, amenés par les troupes françaises qui y ont fait la guerre à cette époque. Ils se portent toujours admirablement.

Nous traversons de grandes prairies naturelles en suivant une piste tracée par les troupeaux de bœufs et semée de trous et de fondrières. La terre argileuse, détrempée par les pluies de la veille, est glissante; mais nos mulets ont le pied sûr et le flair nécessaire pour éviter les endroits dangereux. Cependant, par suite d'une fausse manœuvre d'un conducteur, un mulet porteur de bagages glisse et disparaît dans une mare de boue noirâtre dont on a toutes les peines du monde à le sortir. C'est justement celui qui porte nos vêtements de rechange; heureusement les caisses sont solides.

Vers 10 heures du soir, nous arrivons près d'une rivière encaissée connue sous le nom de rivière des

Caïmans à cause des sauriens qui fréquentent ses bords; nous la traversons sur un superbe pont de bois construit par le service local d'Antsirane et nous commençons aussitôt après à gravir les pentes abruptes qui doivent nous conduire à notre premier gîte d'étape, le fort de Mahatsinzo, à travers les cailloux roulants, les fondrières et les flaques d'eau. Le chemin est difficile et la colonne s'allonge de plus en plus. Pour comble de malheur, une pluie diluvienne nous assaille, et nous arrivons au fort vers 10 heures du soir, absolument trempés. Heureusement, les officiers des tirailleurs sakalaves qui tiennent garnison dans ce fort nous attendaient, prévenus de Diégo par le télégraphe optique. Ils se mettent en quatre pour nous bien recevoir et nous donner une hospitalité aussi convenable que le comportent les ressources assez pauvres du poste : il n'y a que quelques misérables cases en paille où logent les tirailleurs sakalaves et un grand *blockhaus*, sorte de phalanstère où sont réunis les magasins, les artilleurs et les sous-officiers européens, le capitaine et ses deux lieutenants.

Le capitaine nous offre sa chambre, la meilleure du blockhaus; c'est une petite pièce aux murs tout nus percés de meurtrières avec deux lits de camp, une table-bureau et une chaise boiteuse. Les officiers sont là depuis le mois d'août : pauvres gens!

9 janvier. — Toute la nuit, nous nous sommes battus avec les puces, les rats, les cancrelats et les moustiques. Réveillés à 3 heures du matin par le commandant Pardes, qui veut se remettre en marche, nous jugeons inutile de continuer plus loin. La route, qu'on nous disait être praticable aux voitures, est tout entière à faire sur une étendue de 35 kilomètres; elle coûterait 300 000 francs, exigerait dix mois de travail et au moins 400 terrassiers. Le sanatorium, pour rendre les services qu'on en attend, doit être installé en quatre mois au plus, et, dans cette région déserte, il ne serait pas possible de recruter, même à prix d'or, plus de 100 travailleurs. D'ailleurs, tant qu'on n'aura pas exploré la baie du Courrier par des sondages qui seront longs et difficiles, il faudra que les bateaux venant de Majunga doublent le cap d'Ambre pour aller mouiller dans la baie de Diégo; de l'avis du commandant de la division navale, la flotte de guerre ne possède pas plus de trois navires capables de franchir à coup sûr et sans danger ces passages difficiles pendant les moussons contraires qui soufflent de mai à novembre, c'est-à-dire dans la saison où le sanatorium sera en plein fonctionnement.

Nous absorbons une tasse de café chaud à la popote du camp en attendant le jour et nous nous mettons en route vers 7 heures du matin pour rentrer à Antsirane, refaisant en sens inverse le chemin de la nuit dernière.

Le 12 janvier au matin nous embarquons par une pluie battante sur la canonnière le *Gabès*, qui a reçu l'ordre de nous conduire à Nossi-Comba. C'est un petit bateau armé de pièces d'artillerie de gros calibre, qui possède 75 hommes d'équipage, mais qui n'est pas fait du tout pour recevoir des passagers. Le lieutenant de vaisseau Serpette, qui le commande, met à notre disposition sa chambre et les deux canapés de son salon; nos bagages sont sur le pont, abrités seulement par les toiles qui recouvrent les canons. Heureusement la traversée ne doit durer que vingt-quatre heures.

Au sortir de la rade, le *Gabès*, qui n'a rien dans ses cales et qui est très chargé sur le pont à cause de sa grosse artillerie, commence à rouler et à tanguer affreusement. Il fait une chaleur torride dans la chambre du commandant, qui n'est pas pourvue de panka. Nous préférons coucher cette nuit sur le pont, où l'on nous a fait installer une grande tente de toile. Des cadres ont été suspendus à une vergue; mais ils ont par les coups de roulis des mouvements vibratoires tellement désagréables que je me contente pour dormir d'une grande chaise de rotin, où je serai moins secoué.

Le *Gabès* file 6 nœuds à peine. Au lieu d'arriver à Nossi-Bé vers 10 heures du matin comme on nous l'avait annoncé, il est 2 heures de l'après-midi quand nous jetons l'ancre en rade d'Hellville, chef-lieu de la colonie de Nossi-Bé, dont dépend l'île de Nossi-Comba.

Nous descendons à terre aussitôt, heureux de quitter le pont mouvant du *Gabès*. Mais, à l'appontement, nous ne trouvons personne pour débarquer nos bagages. C'est aujourd'hui dimanche : les manœuvres du port ont congé et, à cette heure chaude, tout le monde fait la sieste. Heureusement nous recevons un accueil extrêmement cordial de M. l'administrateur principal François, qui donne immédiatement les ordres nécessaires pour que nous soyons installés dans une grande maison très confortable dépendant du gouvernement local. Une escouade de prisonniers indigènes, sous la conduite d'un agent de police, met la maison en état en un tour de main. Nous avons des lits, des draps, des moustiquaires. La même corvée va nous chercher nos bagages. Le soir même nous sommes complètement installés.

Hellville possède un très joli cercle civil et militaire où nous prendrons nos repas et un marché couvert très bien approvisionné où nos ordonnances, qui feront popote à la maison, pourront se procurer à bon compte tout ce qui leur est nécessaire : un beau poulet coûte 8 sous et la viande de bœuf vaut 30 centimes le kilo.

14 janvier. — Au cours d'une visite chez l'administrateur, nous décidons d'aller parcourir le lendemain l'île de Nossi-Comba, que nous devons examiner en détail au point de vue de l'installation du sanatorium. Le 15, à 6 heures du matin, nous nous embarquons, avec l'administrateur et le lieutenant de vaisseau Serpette, dans une grande baleinière remorquée par la vedette à vapeur du *Gabès*. En canot à vapeur, il faut quarante

minutes environ pour aller d'Hellville à Nossi-Comba. Dans une embarcation à rames, la traversée peut se faire facilement en une heure et quart par tous les temps.

Nous longeons d'abord l'île de Nossi-Bé en passant devant la grande maison allemande du Sud-Est Africain, puis devant le pittoresque village d'Ambanourou, enfin devant une autre maison allemande très importante aussi : la maison Oswald, de Hambourg. Ces Allemands font un grand commerce de caoutchouc avec toute la côte de Madagascar. Ils ont des navires qui viennent les ravitailler et prendre leurs marchandises à dates fixes, des comptoirs établis non seulement à Nossi-Bé, mais encore à Tamatave et à Zanzibar. La compagnie du Sud-Est africain, qui est subventionnée par l'empereur Guillaume, possède de gros capitaux. Les relations entre Allemands et Français sont bonnes dans la colonie de Nossi-Bé. L'administrateur déclare qu'il n'a jamais eu à se plaindre des procédés des Allemands.

Nous doublons la presqu'île Loukoubé, occupée par une montagne de 500 mètres environ d'élévation dont le sol disparaît sous des arbres immenses et des futaies impénétrables et nous abordons bientôt à Nossi-Comba sur une plage de sable fin, devant le grand village d'Ampangourine, ombragé par de magnifiques cocotiers.

Sur la plage même et au milieu du village malgache sont construites de grandes cases appartenant à des Européens en résidence à Hellville qui viennent en villégiature pendant la saison chaude se reposer à Nossi-Comba et prendre des bains de mer. Chose singulière : les requins, très nombreux dans la rade de Nossi-Bé, ne se montrent pas sur les plages de Nossi-Comba. Les habitants du village d'Ampangourine, qui passent tous les jours de longues heures dans l'eau à pêcher ou à se baigner, ne se souviennent pas d'en avoir aperçu.

La plus grande et la mieux construite des cases européennes appartient à l'administrateur; devant la véranda qui l'entoure sont réunis les bourjanes ou porteurs, qui doivent nous transporter en filanzane jusqu'au sommet de l'île.

Tout est prêt; nous nous asseyons dans nos chaises à porteurs, et en route au grand trot! Le chemin monte tout de suite à 45 degrés. Il est semé d'obstacles naturels, gros blocs de rochers, flaques d'eau, troncs d'arbres renversés, qui décourageraient tout autre que nos bourjanes.

Nossi-Comba est une petite île en forme de pain de sucre qui ne mesure certainement pas plus de 20 kilomètres de tour. Nulle part sur les plages de sable fin qui l'environnent on ne voit de palétuviers ni de marais. Son sol est de granit compact doublé d'une couche épaisse d'argile rouge; il est presque partout recouvert d'épaisses forêts. Au milieu d'essences inconnues pour moi, je remarque le palmier rafia, dont les feuilles, découpées comme celles du cocotier, mesurent jusqu'à 7 mètres de longueur et possèdent une nervure centrale tellement épaisse et solide que les indigènes s'en servent pour former la charpente du toit de leurs maisons et les brancards du filanzane spécial affecté au transport des femmes. Voici l'arbre des voyageurs, terminé en élégant éventail, le bananier sauvage, d'énormes cycas, des fougères arborescentes, la précieuse liane à caoutchouc et d'immenses fourrés de bambous dont les élégants panaches se rejoignent à droite et à gauche au-dessus du sentier. Il y a très peu de fleurs en cette saison; je ne rencontre guère qu'une fleurette jaune qui pousse le long du chemin et dont la forme rappelle un peu celle de la petite centaurée.

De jolis oiseaux-mouches volent dans les arbres en compagnie des pigeons verts, du cardinal aux ailes couleur de feu et du grand coucou malgache au cri bizarre.

Nous faisons halte à mi-côte pour laisser souffler nos porteurs, près d'une petite rivière aux eaux limpides, qui descend de la montagne sous un berceau de lianes et sur un lit de gros blocs de rochers. Nos bourjanes se sont vite déshabillés; ils se sont glissés sous les bambous pour aller prendre un bain dans une vasque naturelle creusée en plein roc, où l'eau tombe en cascade.

Après un quart d'heure de halte, nous repartons par un chemin beaucoup moins difficile et mieux tracé. Laissant sur le bord droit de la route une grande case où les Pères du Saint-Esprit de Nossi-Bé viennent en vacances pendant la saison chaude, nous atteignons bientôt un petit plateau ombragé de magnifiques manguiers, sur lequel est construite une confortable maison de campagne appartenant à un négociant français de Nossi-Bé, M. Rouvier. Devant l'habitation, un parterre de rosiers dégage une odeur suave. Les roses importées d'Europe viennent très bien en pays malgache, où elles conservent toutes leurs couleurs et tout leur parfum. Il en est de même des principaux fruits d'Europe, qui poussent à côté des produits des régions chaudes : à Madagascar le pêcher est voisin du caféier, le fraisier de la vanille; tous les légumes d'Europe se reproduisent avec une très grande rapidité : seulement, la plante dégénère vite et il faut recourir tous les deux ans aux semences venant de France.

Vers 8 heures et demie du matin, nous arrivons, toujours grimpant, au sommet du pic d'Anketsabé sur lequel est construite la maison d'été de l'administrateur. De la terrasse de cette maison, à 500 mètres d'altitude environ, nous découvrons un panorama splendide.

Nossi-Comba est très habité : à chaque pas nous rencontrons des hameaux de cinq ou six maisons perdus au milieu des arbres. Les femmes sont occupées à piler le maïs ou le riz dans de grands mortiers de bois placés devant les cases. Quelques-unes ont sur le dos un petit enfant à la mamelle fixé dans un des pans du lamba; il suit sans protester tous les mouvements de la mère. Une fillette qui manœuvre un des pilons a la figure complètement recouverte d'une poudre jaune adhérente, qui lui forme comme un masque dans lequel seraient ménagés des trous pour la bouche et pour les yeux.

Partout où nous passons, les indigènes que nous rencontrons s'inclinent à demi en portant la main à leur front pour nous souhaiter la bienvenue. Ils paraissent d'humeur fort douce. Ils adorent l'administrateur, qui les connaît presque tous et auquel ils font un accueil enthousiaste.

L'île de Nossi-Comba doit sa salubrité à ce qu'on ne découvre sur ses rives aucun marais, mais des galets et du sable fin. Du point où nous sommes, nous la dominons tout entière. C'est un grand volcan éteint, dont les pentes abruptes sont profondément ravinées et couvertes d'épaisses forêts. Les eaux de pluie rencontrant le granit ne peuvent s'infiltrer dans le sol; entraînées sur les pentes rapides, elles se collectent dans chaque ravin et descendent jusqu'à la mer en formant des ruisseaux d'eau vive qui deviennent en certains points de belles cascades. Très abondantes pendant l'hivernage, où la pluie tombe presque chaque jour, elles doivent diminuer considérablement pendant la saison sèche. Malgré cela, Nossi-Comba, balayé constamment par les brises du large, offre un séjour très agréable et très salubre.

Le soir, rentrés à la maison d'Anketsabé, nous devisons autour de la lampe en regardant voler d'énormes papillons de nuit attirés par la lumière. Un gros margouillat tout blanc court sur les planches de la cloison en quête de moustiques; des grillons chantent par milliers dans la nuit, et des coléoptères de toute nuance voltigent en bourdonnant autour de nous. C'est tout un problème pour arriver à se coucher : nous avons trois draps pour deux et une couverture. Je prends deux draps, le commandant Magué s'accommode du reste, et je m'endors enroulé dans mon caoutchouc, l'esprit un peu hanté par tous les animaux bizarres que j'ai vus courir au plafond et sur le plancher avant de souffler ma bougie.

16 janvier. — J'ai admirablement dormi, malgré mes craintes. Réveillés à l'aube, nous partons en exploration pour chercher la source d'une petite rivière qui coule au pied de la maison de l'administrateur et dont l'origine est importante à trouver pour nos projets. Il n'y a pas de chemin frayé, et les *boys* nous précèdent armés de hachettes de fabrication indigène pour abattre les broussailles et nous ouvrir la route. Nous dévalons au milieu de gros rochers dans un fourré épais, presque impénétrable. Jamais je n'ai vu une végétation aussi exubérante : c'est la forêt vierge dans toute sa beauté. Nous disparaissons sous les bambous, au milieu des cycas et des fougères arborescentes.

Il est étonnant que dans ce ravin étroit nous n'ayons rencontré aucun animal nuisible : ni serpent, ni scorpion; seuls quelques mille-pieds, longs de 5 à 6 centimètres, se montrent accolés aux blocs de granit gris du rocher.

Nous redescendons à la côte à 3 heures du soir par une pluie battante. Malgré les chemins extrêmement glissants et les obstacles de toute sorte, les porteurs vont d'un train d'enfer, tournant, comme en se jouant, toutes les difficultés.

19 janvier. — Nous voilà de retour à Nossi-Bé depuis trois jours, et nous voudrions partir le plus vite possible pour Anjouan, où nous avons ordre de nous rendre, mais le bateau promis par le commandant Bienaimé n'arrive pas et nous cherchons à mettre à profit notre temps en parcourant Hellville et en nous familiarisant avec les mœurs malgaches.

La colonie de Nossi-Bé est une vieille possession française; elle appartient à notre pays depuis 1841.

En 1839, le contre-amiral de Hell, gouverneur de Bourbon, envoya en excursion dans ces parages le brick de guerre le *Colibri* commandé par son officier d'ordonnance, le capitaine Passot. Les indigènes firent à notre compatriote l'accueil le plus chaleureux : c'étaient des Sakalaves du Boéni, que la marche envahissante des Hovas avait forcés de se réfugier à Nossi-Bé avec leur reine Tsihomékou. Ces pauvres gens n'osaient pas cultiver la terre de peur d'attirer les Hovas. Le capitaine Passot fut acclamé comme un sauveur. Bientôt après un traité était signé avec la France et, en 1841, le contre-amiral de Hell prenait possession des îles de Nossi-Bé et de Nossi-Comba, cédées à notre pays moyennant une redevance annuelle que la colonie paye encore aujourd'hui aux descendants de Tsihomékou.

Les Français établis à Nossi-Bé, désireux de prouver leur reconnaissance au contre-amiral qui avait créé la colonie, donnèrent son nom à la capitale de l'île. La rue principale de la ville porte également le nom de cours de Hell. C'est dans cette rue que s'élèvent les constructions les plus importantes : l'hôtel de l'administrateur, la maison des Messageries maritimes, le trésor, la poste, le tribunal, le commissariat de police, le cercle, l'hôpital. Elle traverse la place du Marché couvert et se continue en droite ligne avec la rue de Paris, où se tient presque tout le commerce local. Cette dernière est habitée en majeure partie par des Indiens, des créoles de la Réunion et de Maurice, qui s'y sont établis dans d'assez confortables maisons dont beaucoup, pour ne pas dire toutes, sont construites en pierre.

Après la rue de Paris vient le faubourg d'Andohalo, grande avenue bordée d'arbres et limitée à droite et à gauche par les petites cases du village malgache; c'est l'endroit le plus pittoresque et aussi le plus bruyant de

Nossi-Bé. A l'extrémité du faubourg s'élève une petite construction assez élégante, le pavillon des eaux. Hellville est alimentée en eaux de sources captées dans les montagnes à quelques kilomètres de la ville. Ces eaux, collectées dans le grand réservoir d'Andohalo, se déversent ensuite par des canalisations en fonte dans les principaux quartiers.

Tous les soirs, en rentrant du cercle, nous regagnons notre maison en passant sous les grands manguiers qui ombragent le cours de Hell. C'est la saison des mangues, et il faut éviter qu'un de ces fruits, de la grosseur du poing, avec un épais noyau au centre, ne vous tombe sur la tête. De gigantesques chauves-souris, que les indigènes appellent *fanihy*, sont très friandes de ces mangues; elles volent autour des arbres par douzaines; quelques-unes ont la grosseur d'une poule et mesurent de 60 à 80 centimètres d'envergure; elles sont inoffensives.

Les indigènes prisent beaucoup la chair des fanihy et leur font une guerre acharnée. Les Européens qui ont goûté de ce mets prétendent qu'il rappelle la fricassée de poulet et qu'il est vraiment très bon.

21 janvier. — Hier dimanche, nous sommes allés à la messe dans la pauvre petite église d'Hellville. Il était 5 heures et demie du matin. Dans ces pays chauds, l'office religieux a lieu de bonne heure. L'église n'a pas de clocher, à cause des cyclones; la cloche est placée sous un petit abri situé à gauche du portail.

Les fidèles étaient curieux à voir : des Malgaches hommes et femmes, pieds nus et parés de leurs plus beaux atours; de pauvres colons de la Réunion et de Maurice vêtus de cotonnades rapiécées et trouées, l'aspect misérable. C'était messe chantée. Les enfants de l'école des Pères du Saint-Esprit entonnaient des cantiques en un jargon extraordinaire qui avait la prétention d'être du français. Ils étaient accompagnés par un harmonium tenu par un Père et par un orchestre composé d'une clarinette et d'une flûte qui jouaient faux. Les refrains étaient répétés en chœur par toute l'assistance indigène.

Les Malgaches raffolent de musique; ils ont la voix assez juste et un grand sens musical. Ils viennent à l'église bien moins par conviction que pour avoir le plaisir d'entendre les chants et les instruments. Une messe basse, chez eux, n'aurait pas de succès.

Le soir, au cercle, au moment du dîner, il nous est arrivé une histoire tragi-comique qui a failli avoir des conséquences désastreuses pour nos estomacs : à peine sommes-nous à table qu'une nuée d'insectes ailés envahit notre salle à manger. Ils sont allongés comme de grandes fourmis avec des ailes immenses; ils se mettent à tournoyer en bourdonnant autour des lampes malgré le courant d'air du panka; bientôt ils s'abattent par milliers sur la nappe, dans les plats, dans les assiettes, dans les verres, que nous protégeons en vain avec des soucoupes, sur nos vêtements et jusque dans notre cou.

Aussitôt posés sur la nappe, nous les voyons, à notre grand étonnement, perdre spontanément leurs ailes et courir sur toute la table. Ce sont des carias, qu'on appelle aussi poux de bois, et qui constituent un véritable fléau pour Nossi-Bé. Ils arrivent par essaims toujours plus nombreux, pressés de subir leur métamorphose; après quoi ils s'introduiront dans les boiseries, qu'ils rongeront. Très peu d'espèces de bois échappent à leurs mandibules; par eux les malles sont réduites en poussière et le linge en charpie. Le plus curieux, c'est qu'on ne se doute pas de leur travail : dans l'appartement que j'habite deux chambres sont séparées par une cloison en planches recouverte d'une couche de peinture à la chaux. Cette cloison paraît solide, mais, si on la frappe légèrement avec l'extrémité d'une canne, on est tout étonné de voir le bâton s'y enfoncer comme dans une motte de beurre; elle est attaquée et déjà presque complètement détruite par les carias. Aussi, dans ce pays, les voyageurs ne se servent-ils pas de malles en bois, mais de valises en tôle vernie.

SANATORIUM DE NOSSI-COMBA.
DESSIN DE BOUDIER, D'APRÈS UNE PHOTOGRAPHIE DU DOCTEUR DE LIBESSART.

INDIGÈNES SAKALAVES. — D'APRÈS UNE PHOTOGRAPHIE.

CHAPITRE II

Départ pour la baie de Bombetok. — La tactique des Hovas. — La rade de Majunga. — Excursion à Anjouan. La ville de Moussamoudou. — Visite au sultan Mohamed Selim. — Retour à Nossi-Bé.

SAKALAVE JOUANT DE LA CABOUSSA. D'APRÈS UNE PHOTOGRAPHIE.

Le 24 janvier. — Hier, l'aviso-transport la *Rance* nous a apporté une lettre du chef de la division navale : le commandant Bienaimé nous invite à venir le retrouver à la baie de Bombetok ; après quoi il nous donnera, écrit-il, un navire pour nous conduire à Anjouan si nous le désirons encore.

Nous embarquons, le commandant Magué et moi, à 8 heures du matin, sur la *Rance*, avec la compagnie des tirailleurs sakalaves de Nossi-Bé qui va renforcer la garnison de Majunga. Cette dernière ville a été bombardée il y a deux jours par les bâtiments de la division navale, qui y ont débarqué un bataillon d'infanterie de marine venu de Diégo-Suarez.

Le débarquement s'est fait sans coup férir : les Hovas avaient complètement abandonné leurs positions, sans même tenter une velléité de résistance ; mais les habitants indigènes ont tous disparu de la contrée.

Les ressources de la côte ouest se font rares ; la tactique des Hovas consiste à créer le vide autour de nos troupes partout où elles s'établissent. Pour forcer les indigènes qui habitent les environs de Majunga à abandonner leurs maisons et à les suivre dans leur retraite, ils se sont servis d'un procédé très habile, qui peint bien les mœurs de ces populations crédules et primitives. Les Malgaches ont un grand respect pour les tombeaux ; ils s'imaginent que les âmes des défunts viennent souvent y visiter les corps dans lesquels elles ont été emprisonnées pendant la vie, et qu'elles sont très sensibles au culte rendu aux restes de ces corps. Ils se figurent, d'autre part, que les âmes des défunts sont douées d'une grande puissance sur les simples mortels, auxquels elles peuvent faire, suivant les cas, beaucoup de bien ou beaucoup de mal, et que ce pouvoir est d'autant plus grand que le défunt occupait dans le monde une situation plus élevée. Or il y avait, aux environs de Majunga, une sépulture très ancienne où reposaient, dit la chronique, les corps des premiers rois du Boéni. Les Hovas ont fait ouvrir ces tombeaux : ils en ont extrait les parties les plus vénérées des dépouilles qu'ils renfermaient, les cheveux et les ongles, et ils ont fait transporter en grande pompe au fort ou *rouvre* de Majunga ces reliques auxquelles on rendait à certaines époques de l'année des honneurs solennels. En quittant la ville pour se retirer dans l'intérieur des terres, ils ont emmené les reliques, menaçant les habitants du courroux des anciens rois s'ils ne les accompagnaient pas. Toute la population sakalave a suivi comme un seul homme.

Nos ennemis procèdent aussi par intimidation pour empêcher le recrutement des porteurs que les résidents français cherchent à lever sur la côte ouest en vue de la prochaine expédition. Partout, ils envoient des émissaires pour travailler les Sakalaves, les menaçant de les massacrer tous s'ils nous donnent un seul bourjane pour nos colonnes. Les malheureux indigènes qui ont été abandonnés par nous en 1885, malgré les promesses catégoriques d'assistance qu'on leur avait faites à cette époque, n'osent pas se déclarer pour les Français. En vain le *Gabès*, après nous avoir conduits à Nossi-Bé, est-il allé porter des cadeaux aux principaux rois et reines sakalaves de la côte ouest : à Tsialane, roi des Antankars, en ce moment dans l'île de Nossi-Mitsiou, à Binao, reine d'Ampasimène, et à Tsiaras, roi d'Ankifi ; ceux-ci n'ont rien promis à notre ami, le commandant Serpette. Ils ne comprennent pas comment, ayant déclaré la guerre aux Hovas depuis deux mois déjà, nous restons dans l'inaction. Les Hovas expliquent cette attitude en insinuant que nous avons peur de quitter nos bateaux et de descendre sur la côte. « Les Français, leur disent-ils, sont de la race des requins; ils ne combattent bien que sur l'eau. »

A toutes les demandes de nos émissaires, les rois sakalaves répondent : « Nous voulons bien vous donner des porteurs et des bœufs, mais, si nous nous compromettons pour vous, envoyez-nous des soldats pour nous garder contre les Hovas ».

Le commandant du *Gabès* a cherché à s'en tirer par une métaphore : « Quand on veut abattre un gros arbre, leur a-t-il fait dire par son interprète, on s'attaque au tronc sans se préoccuper des branches. La France est assez forte pour aller frapper les Hovas au cœur, à Tananarive, après quoi les postes de la côte n'auront plus de raison d'être; ils tomberont d'eux-mêmes entre nos mains. » *Bé-Baka*, le père de la reine Binao et son premier ministre, continuant la métaphore, a fait cette très jolie réponse : « Pendant la chute de l'arbre, qui nous assure, si vous ne nous gardez pas, qu'une des grosses branches ne viendra pas nous écraser? »

Au départ de Nossi-Bé, nous sommes assaillis par une pluie torrentielle qui tombe à gros bouillons sur le pont du bateau encombré de troupes, si bien que nous ne savons où nous refugier. Sur les navires de guerre, le confort laisse beaucoup à désirer; tout est sacrifié à l'armement. On m'a logé dans une des cabines les plus larges du bateau; elle a la forme d'un trapèze dont le plus grand côté est occupé tout entier par une couchette. Quand j'y suis étendu, je touche par la tête et par les pieds les deux cloisons opposées; si je me relève sans précaution, mon front vient frapper le plafond. J'ai passé toute ma journée et toute ma nuit dans cette niche.

Pour comble de malchance, il a fallu fermer les sabords à cause du mauvais temps. Les sous-officiers embarqués avaient tendu leurs hamacs dans le faux pont à l'entrée de ma cabine : la chaleur était suffocante et l'odeur épouvantable.

Dès l'aube, je sors de ma prison pour monter sur le pont. La tempête s'est un peu calmée, et vers 8 heures la pointe de Majunga commence à sortir des flots.

Peu à peu les contours de la côte deviennent plus distincts, et bientôt nous pénétrons dans la baie de Bombetok. La ville de Majunga est construite le long du rivage, à l'extrême pointe nord de cette baie. Elle est adossée à une série de collines qui, vues du large, ont exactement le profil d'un immense caïman couché sur les flots. La tête du caïman est couronnée par un petit fortin qui tombe en ruines; sur son dos est construit le rouvre hova entouré de beaux manguiers qui se détachent sur le ciel.

Majunga comprend deux parties principales : la ville commerçante et la ville indigène. La première commence à une large plage de sable qui s'avance au loin dans la baie et qui, augmentant chaque jour, est tout indiquée pour l'emplacement du wharf et le lieu de débarquement des troupes. Le quartier européen est formé par une trentaine de vieilles maisons arabes construites en pierre, où logent des commerçants français ou indiens, deux mosquées, la résidence de France et le consulat anglais. Le quartier indigène ou de *Marfoutte* est composé d'un grand nombre de paillotes basses recouvertes de feuilles, qui bordent la baie sur une longueur de près de 2 kilomètres. La baie de Bombetok est large et profonde, mais la marée s'y fait fortement sentir et ses eaux sont agitées par de continuels remous qui gêneront beaucoup pour les débarquements en chalands.

Le croiseur le *Primauguet*, que commande le chef de la division navale, n'est pas en rade. Il a remonté la Betsibouke, dont le commandant Bienaimé est allé étudier le cours. Nous nous embarquons sur la petite vedette à vapeur de la *Rance* pour aller le retrouver.

Après avoir traversé la baie, nous remontons la rivière, dont la largeur à l'embouchure dépasse 8 kilomètres; ses eaux rouges forment à ce niveau une ligne de démarcation très tranchée avec la teinte bleue de la mer.

Contrairement à ce qu'on nous avait affirmé, les bords de la Betsibouke sont abrupts près de l'embouchure; il y a de 10 à 12 mètres de différence de niveau entre le sol et la surface de l'eau. Les rives sont presque partout recouvertes de palétuviers, l'arbre des marais, ce qui prouve que la région est malsaine; cependant, de distance en distance, le terrain s'élève, formant de petites collines qui dépassent de 40 ou 50 mètres le niveau de l'eau. On pourrait établir sur ces collines des cantonnements beaucoup moins malsains que ceux de Majunga; seulement, il faudrait un ruisseau à proximité, car à ce niveau les eaux de la Betsibouke sont salées, à cause de la marée qui se fait sentir très haut dans le fleuve, jusqu'à Marovoay, prétend-on.

Nous trouvons le *Primauguet* ancré à deux milles environ au-dessus de l'embouchure, en pleine Betsibouke. Le chef de la division navale n'est pas à son bord; il est remonté à trois mille plus haut dans le fleuve avec un canot à vapeur armé d'un hotchkiss et une escorte d'une douzaine d'hommes. Nous finissons par le joindre et nous obtenons de lui que la *Rance* nous conduira à Anjouan. Nous avons juste le temps de rentrer à bord avant la nuit pour que le commandant de notre bateau puisse prendre ses dispositions en conséquence.

27 janvier. — Nous avons quitté Majunga hier à 8 heures et demie du matin et nous arrivons aujourd'hui vers 2 heures du soir en vue de l'île d'Anjouan, dont nous suivons les côtes pour doubler le cap de la Selle et entrer au mouillage.

Le premier aspect de cette terre est des plus agréables. Elle a la forme d'une corne d'abondance dont la grande pointe serait dirigée vers le sud et l'ouverture vers le nord. Les deux rives est et ouest sont en ligne droite, de sorte qu'elles ne pourraient offrir aucun abri aux navires. La face nord, au contraire, s'incurve un peu; elle domine une crique en forme d'arc de cercle dont la corde est très longue, mais dont la flèche est très courte. Cette crique, bien abritée des vents du sud-est qui soufflent d'avril à septembre, est exposée complètement aux vents du nord, qui sont fréquents dans la saison actuelle. Au fond de la baie se trouve la ville arabe de Moussamoudou, capitale de l'île, construite le long du rivage. La mer est en cet endroit extrêmement profonde et il n'y a qu'un petit espace où les ancres rencontrant des fonds moins considérables peuvent se fixer dans un lit de roc et de sable.

Du port, la vue est fort jolie : les contreforts profondément ravinés de l'île s'élèvent en étages successifs jusqu'au pic d'Anjouan qui forme le centre du massif et dont la tête, couronnée de forêts inexplorées, se perd dans les nuages à 1576 mètres d'altitude. Au bas de ces immenses gradins couverts de longues herbes et de cocotiers, Moussamoudou, la capitale de l'île, entourée d'une muraille en pierre flanquée de quatre tours, s'élève au bord de la mer, dont le flot vient mourir à ses pieds. De loin la vieille cité arabe, dont les fortifications ont été élevées il y a deux siècles pour défendre l'île contre les incursions malgaches, a fort bon air avec son minaret dépassant comme une flèche les toits à terrasse, et son fort aux murs crénelés se découpant vigoureusement sur le ciel bleu au sommet d'une colline qui domine la ville et la rade. Le pavillon anjouanais flotte à l'une des tourelles; il est bordé d'une large bande rouge avec un croissant et une main brodés sur le fond, qui est blanc : en langage du pays, Anjouan ou mieux *D'ziouani* signifie « l'île de la Main ». L'île est sous le protectorat de la France, et le sultan qui y règne a près de lui, comme conseiller, un résident français qui dépend hiérarchiquement du gouverneur de Mayotte.

Aussitôt descendus à terre sur un bel appontement en bois construit par les soins de la résidence, nous nous acheminons vers la ville. Hélas! la cité, de loin si pittoresque, n'est plus, lorsqu'on y a pénétré, qu'un amas de ruines. Les maisons arabes qu'on ne répare plus s'écroulent les unes après les autres; l'herbe envahit les jardins, où poussent encore çà et là des cocotiers, des papayers et des hibiscus aux belles fleurs rouges. Les rues, tellement étroites que le filanzane qui nous porte a de la peine à passer, sont dépavées, encombrées de gros blocs de pierre, propres cependant, car la résidence y tient la main, et le policier, orné d'une grande écharpe tricolore en sautoir, veille soigneusement pour qu'aucun habitant ne vienne y déposer des immondices.

Les Anjouanais actuels, comme leurs ancêtres les Arabes, sont gens malpropres et peu soucieux des règles de l'hygiène, qu'il faut leur imposer sans chercher à les leur faire comprendre. Croirait-on qu'il n'y a pas plus de six ans les habitants de Moussamoudou enterraient leurs morts dans leurs propres maisons en les recouvrant seulement d'une légère couche de terre?

Dans la ville, quelques constructions mieux épargnées que les autres ont gardé une certaine apparence : telles la demeure du sultan et l'ancienne résidence transformée en palais de justice, dont la porte en bois, fouillée de jolies sculptures et ornée de gros clous de cuivre à têtes saillantes, rappelle l'entrée de certaines maisons de Zanzibar.

Sur une petite place, devant les arceaux de la vieille mosquée dont le minaret est vu de la rade, un indigène à barbe blanche, accroupi sur une natte, égrène lentement son chapelet en bois de coco; des enfants groupés au coin de la rue voisine regardent curieusement les étrangers, tandis qu'une jeune femme, qui dissimule soigneusement ses traits derrière une écharpe rouge, jette un coup d'œil furtif à travers l'entre-bâillement d'une porte.

Les Anjouanais comme tous les Comoriens se rapprochent plus du type arabe que du type malgache; ils gardent très fidèlement les mœurs et la religion musulmanes. Les métis originaires des Comores sont connus sous le nom d'Antalotes, et il y a près de Nossi-Bé une baie qui porte le nom de baie des Antalotes parce qu'elle abrite sur ses bords un village de Comoriens.

28 janvier. — Le docteur Ormières, résident de France à Anjouan, est venu hier faire visite au commandant de la *Rance*; il a eu l'amabilité de nous inviter à faire avec lui ce matin dans l'île une longue promenade en filanzane.

Nous quittons le bateau à 5 heures et demie, et à l'appontement nous trouvons le résident exact au rendez-vous. Il fait un temps superbe; la journée promet d'être fort belle, mais la chaleur est suffocante en cette saison et il faut se mettre en route de bonne heure.

Le docteur Ormières, dont les cheveux et la barbe grisonnent, est petit, sec, nerveux, d'aspect énergique. Depuis six ans à Anjouan, absolument seul, loin de toute communication avec l'Europe, il a su gagner la confiance du sultan Mohamed Sélim, qui ne fait rien sans prendre son conseil. Il a créé des routes, amélioré les plantations, transformé l'île entière. Il a fait d'Anjouan une colonie prospère, qui se suffit à elle-même, paye ses fonctionnaires sur son propre budget sans demander la moindre subvention à la mère patrie. Au contraire, elle envoie de l'argent à sa sœur aînée Mayotte, qui, elle, n'en a jamais assez.

Nous partons en filanzane et en bon ordre. Mon porteur de gauche a dans le cartilage de l'oreille, au niveau de la conque, un trou énorme à travers lequel il a passé une corde rouge nouée en anse. C'est un ornement fréquent chez les Makoas et les Comoriens, comme chez les Malgaches. A Anjouan, presque tous les portefaix sont Makoas. Ces Makoas, originaires de Mozambique, viennent des colonies portugaises de la côte d'Afrique. Ils sont beaucoup plus travailleurs et bien plus robustes que les Sakalaves et les Comoriens et ils se contentent d'un salaire extrêmement modique.

Après avoir contourné la ville et passé près du petit village d'*Antomagi*, dont le nom comorien veut dire littéralement « situé à côté de l'eau », nous grimpons par un chemin assez raide jusqu'au vieux fort qui domine Moussamoudou; il est en ruine comme toutes les autres constructions et il a été momentanément transformé en prison. Dans la cour d'entrée, je remarque deux vieux canons en bronze sans affût, qui ont été donnés, paraît-il, par le Premier Consul.

Au sortir du fort, nous suivons une route large et bien entretenue qui nous conduit à travers de superbes plantations de cocotiers jusqu'à la résidence. L'aspect du pays est magnifique : tout autour de nous de hautes collines, couvertes d'une herbe épaisse qui dépasse notre tête et coupées par des ravins profonds, se pressent les unes contre les autres comme les vagues de la mer.

La forêt vierge qui les recouvrait autrefois a été presque partout incendiée. Elle a été remplacée par des bois de cocotiers, de grenadiers, d'orangers, de manguiers, à l'ombre desquels les indigènes cultivent le riz, l'arachide, le manioc, la patate, le café, la vanille et la canne à sucre. Depuis que j'ai quitté la France, je n'ai pas vu contrée plus belle ni plus riche. Partout de petits ruisseaux coulent de la montagne; ils sont habités par d'excellentes anguilles et d'énormes camarons. Ces camarons sont de grosses crevettes d'eau douce qu'on rencontre dans les eaux courantes à Madagascar et dans les îles qui avoisinent la grande terre.

Le résident habite avec sa famille une charmante villa, construite dans un site magnifique, au milieu d'un parc de toute beauté; il a réuni dans ce parc non seulement tous les arbres qui croissent spontanément dans l'île, mais encore toutes les plantes qui peuvent y être cultivées. J'y reconnais le caféier, l'eucalyptus, la vigne, le cacao, la vanille, l'arbre à thé, l'arbre à pain. De superbes massifs de rosiers en fleur embaument l'air à un kilomètre à la ronde.

La villa, construite sur des piliers élevés de près de 2 mètres au-dessus du sol, est entourée d'une large varangue protégée contre les ardeurs du soleil par un rideau de lianes de fleurs.

Le rez-de-chaussée a été transformé en une sorte de serre très pittoresque; les piliers qui soutiennent la case sont dissimulés sous des touffes d'orchidées cuirasses, qui poussent en abondance dans l'île. D'autres orchidées pendent du plafond, et des palmiers aux larges feuilles sont placés de distance en distance en bordure.

Avant le déjeuner, nous faisons une longue promenade dans l'île, où nous voulons nous livrer à des explorations minutieuses relatives à notre mission; pendant cette promenade, nous avons l'occasion de visiter en détail les superbes plantations de vanille créées depuis deux ans par un beau-frère du résident qui habite au village de *Ongoni* (dans les nuages) en pleine région montagneuse.

La liane qui donne la vanille croît très bien à Anjouan. Les planteurs de canne à sucre, qui ne peuvent plus soutenir la concurrence avec la France et Cuba, essayent de tous côtés cette culture, qui pour l'instant rapporte de jolis bénéfices.

La vanille exige beaucoup de soins; elle doit être protégée à la fois contre l'excès d'ombre et l'excès de soleil. Il faut à chaque plant un tuteur de pignon d'Inde vivace contre lequel il grimpe; le pied doit être protégé par une épaisse couche de paille.

La fécondation de la fleur se fait artificiellement; des troupes d'enfants du pays sont engagées chaque année par le planteur pour ce travail, qui est très minutieux. Le sarclage de la plantation exige aussi un nombreux personnel, dans ce pays surtout où l'herbe pousse extrêmement vite et où les habitants sont peu habitués à lui faire la guerre; pendant notre excursion, nous passons à chaque instant au milieu de plantations de patates ou de manioc, que nous avons peine à distinguer des endroits incultes tant les herbes parasites masquent parfaitement les plantes comestibles.

Nous consacrons notre après-midi à faire visite officielle au sultan d'Anjouan, Mohamed Sélim. Il est parent de Said Ali, sultan de la Grande Comore, qui vient d'être interné à la Réunion, et il habite à Moussamoudou une grande maison arabe située près de la mosquée.

Nous sommes reçus à la porte d'une cour étroite donnant sur la rue par un drogman vêtu d'une veste jaune et armé d'une baguette d'ébène, qui nous introduit immédiatement dans les appartements de Sa Hautesse.

Après avoir monté cinq ou six marches d'un escalier en pierre donnant au fond de la cour, traversé une antichambre dont les murs peints à la chaux sont ornés d'une grande quantité de ces boules de verre rouges et vertes qu'on voit dans les foires sur les tourniquets, nous passons dans une seconde salle communiquant avec la première par une large baie pratiquée dans la muraille : c'est là que se tient le sultan. De chaque côté de la baie, je remarque deux grosses lanternes de voiture fixées dans le mur à hauteur d'homme.

MAJUNGA : RUE DE LA RÉSIDENCE.

MAJUNGA :
LE QUARTIER EUROPÉEN VU DE LA POINTE DE SABLE.

MAJUNGA : UNE RUE DU QUARTIER INDIGÈNE.
DESSINS DE BOUDIER.

Mohamed Sélim nous attend assis sur un vieux sopha garni de velours rouge. Il est en petite tenue : grande robe longue en drap noir garnie d'un galon d'or fin, ouverte sur un plastron blanc, avec petit col droit, large ceinture groseille retenant un beau poignard à manche d'argent ciselé comme en portent les Arabes de Mascate. Les pieds sont nus dans des sandales arabes ornées de broderies vertes; la tête est coiffée d'un turban en foulard rayé de bandes multicolores, dans lesquelles le lilas clair et le lie-de-vin dominent. Ce turban se termine au-dessus du front par une pointe rigide qui a exactement la forme d'un triangle équilatéral.

Le sultan semble avoir de quarante-cinq à cinquante ans. Il a le teint noir, le nez légèrement épaté, ce qui n'indique pas un sang arabe très pur; il est en effet, assure-t-on, né d'une mère malgache. Il rit souvent, et montre avec complaisance deux rangées intactes de dents blanches magnifiques. Son embonpoint très respectable plaide en faveur du climat d'Anjouan.

Sa Hautesse nous fait asseoir, le commandant Magué et moi, à sa droite et à sa gauche sur le même canapé, pendant que deux de ses plus proches parents demeurent debout en face de nous. L'un, son frère je crois, a une physionomie beaucoup plus fine et plus intelligente que le sultan lui-même. L'autre, qui porte le nom d'Abdallah, a les traits réguliers, le teint mat, le nez fortement busqué. Il doit être de race plus pure que

*

le sultan et que son frère; il sert d'interprète à Mohamed Sélim, qui, bien qu'entendant clairement et parlant un peu notre langue, préfère se servir d'un intermédiaire plutôt que de s'exposer à se tromper devant des étrangers.

Pendant que Sa Hautesse nous assure de son amitié et de son dévouement pour la France, je jette un regard circulaire sur la salle de réception.

Quelques vieux fauteuils, des canapés recouverts de housses blanches, une table, constituent l'ameublement. Dans une armoire vitrée sont étalées des boîtes à musique et une vingtaine de ces fameuses boules en verre coloré dont j'ai parlé. Çà et là, contre les murs, sont appliquées des glaces dont le tain est complètement détruit. Un lustre en cristal pend du plafond, et deux armoires en acajou ornent les coins.

Face à l'endroit où nous sommes assis, trois grandes ouvertures, qui doivent donner accès dans les appartements intérieurs, sont soigneusement masquées par des rideaux en damas rouge. Ces rideaux s'agitent de temps en temps; derrière eux sans doute se tiennent des femmes qui cherchent à nous voir et qui écoutent ce que nous disons.

A Anjouan, comme dans les pays musulmans, les femmes vivent retirées au fond des maisons et ne sortent presque jamais. Quand il leur arrive de quitter l'habitation, elles se voilent soigneusement pour traverser les rues.

Le résident m'assure que Mohamed Sélim n'a qu'une seule femme; il a un fils de seize ans en ce moment à la Grande Comore. A Anjouan, d'après le docteur Ormières, ce ne sont pas les hommes qui choisissent leurs femmes, mais les femmes qui choisissent leurs maris. Quand une jeune fille, regardant les passants à travers son voile ou par la petite fenêtre grillagée du harem, aperçoit un jeune homme qui lui plaît, elle lui adresse par l'intermédiaire d'une suivante du bétel et de l'arek. Si le jeune homme accepte, il est fiancé. La chique de bétel est d'un usage courant à Anjouan comme en Indo-Chine.

29 janvier. — Le sultan Mohamed Sélim est venu à bord nous rendre notre visite. Le commandant de la *Rance* avait envoyé son canot à vapeur le chercher à terre, lui et sa suite. Il l'a reçu à la coupée avec tout l'état-major du navire, qui s'est réuni ensuite dans le salon du commandant pour les présentations officielles.

A l'occasion de cette visite, le sultan avait revêtu son grand costume de gala, une longue robe couverte de fines broderies d'or; il portait au cou la décoration de son ordre.

En sa qualité de musulman, Sa Hautesse ne boit ni vin ni liqueur. Elle accepte un verre de sirop de grenadine, et tout le monde se lève pour porter un toast à la France. Dans un discours très bien tourné, le sultan nous exprime le plaisir qu'il éprouve à voir des Français; il a appris que nous venions chercher un emplacement pour construire un hôpital destiné à recueillir les malades et les blessés de la prochaine guerre et il veut, si nous choisissons Anjouan, montrer son amitié à l'égard du gouvernement français en nous fournissant gratuitement tous les travailleurs nécessaires pour l'aménagement de la route et l'installation des baraques.

Avant de prendre congé des officiers du bord, le sultan examine longuement les grosses pièces d'artillerie qui ornent le pont de la *Rance*. Au départ, il est salué de 21 coups de canon, honneur qui n'est rendu qu'aux souverains.

30 janvier. — La *Rance* quitte Anjouan à 5 heures et demie du matin pour nous conduire à Mayotte, où nous prendrons le courrier, qui nous ramènera à Nossi-Bé. Les renseignements que nous avons recueillis sur la Grande Comore nous permettent de l'éliminer immédiatement de notre choix sans avoir besoin de la visiter. Il n'y a ni source, ni rivière, ni ruisseau dans cette île : ses habitants boivent de l'eau de pluie. De plus, il est extrêmement difficile d'aborder à la Grande Comore, qui ne possède aucun port où les navires puissent jeter l'ancre. Anjouan, malgré sa rade foraine, très peu sûre pendant les mois d'été, nous a beaucoup séduit à cause de son aspect riant,

ANJOUAN : LE FORT DE MOUSSAMOUDOU. — DESSIN DE BOUDIER.

de ses sources abondantes; mais elle est trop éloignée du parcours habituel des courriers; la main d'œuvre y est rare, ce qui fait que nous ne pourrions peut-être pas être prêts à temps. De plus, certains points sont malsains à cause des marais qui les avoisinent, et, malgré toutes les recherches auxquelles nous nous sommes livrés, nous n'avons pu trouver dans l'île un emplacement réunissant toutes les conditions de ventilation, d'étendue, de facilité d'accès, nécessaires pour l'installation du vaste établissement que nous projetons. Tout bien pesé, nous choisissons Nossi-Comba; sa rade large et sûre permet en tous temps le débarquement des malades; elle est en communication régulière avec Majunga, non seulement par le grand courrier de France, mais aussi par le petit paquebot annexe des Messageries maritimes qui dessert toute la côte ouest de Madagascar et qui a son port d'attache à Nossi-Bé. D'ailleurs la proximité de Nossi-Bé rendra extrêmement facile le ravitaillement du sanatorium et son installation sera rapide, grâce à la grande quantité d'ouvriers indigènes que le résident peut mettre à notre disposition et au cadre subalterne de surveillants et d'agents-voyers français que la colonie peut immédiatement nous fournir. Il ne faut pas oublier en effet que nous devons être prêts pour l'arrivée du Corps Expéditionnaire, que le commandant Magué représente le seul agent technique venu de France et qu'il est impossible dans le peu de temps dont nous disposons de former sur place avec les indigènes les terrassiers et les constructeurs qui sont nécessaires pour tracer les routes et créer les vingt-quatre bâtiments de notre grand hôpital de convalescents.

MAQUILLAGE ET BIJOUX D'UNE FEMME SAKALAVE.
D'APRÈS UNE PHOTOGRAPHIE DE M. DE LASTELLE.

* * *

Les rois Tsialane et Tsiaras. — Paresse des Sakalaves. — Passion des naturels pour les liqueurs fortes.
La toilette sakalave : ablutions, coiffures, vêtements; le maquillage et les bijoux

3 février. — En débarquant à Hellville, nous apprenons l'arrivée de Tsialane, roi des Antankars, qui a été convoqué par l'administrateur. Il habite, près de notre maison, une grande case dépendant de la direction du port et mise à sa disposition par la colonie. Deux soldats de sa suite montent la garde devant la porte. Ils sont armés d'une sagaie, espèce de lance à manche court ferré aux deux bouts, dont les Sakalaves se servent assez adroitement.

Je demande à voir le roi. Un des soldats s'élance dans la case et reparaît bientôt, suivi d'un vieil Antakar à barbe grisonnante, à figure éveillée et intelligente, d'un teint beaucoup plus clair que les autres Malgaches. C'est l'oncle du roi; il parle couramment le français et sert d'interprète à Sa Majesté nègre. Dix minutes après, nous sommes introduits.

Tsialane, roi des Antakars, est âgé d'une cinquantaine d'années, autant qu'on en peut juger par l'apparence, si trompeuse à ce point de vue chez les sujets de race nègre. Il a un peu d'embonpoint et ses traits sont légèrement empâtés, mais sa figure est belle et régulière. C'est le roi le plus puissant de la côte ouest. Il pourrait, s'il le voulait, nous fournir dix mille porteurs pour nos colonnes; aussi le résident de Nossi-Bé et le chef de la division navale font-ils tous leurs efforts pour l'amener à nous servir. Je doute qu'ils réussissent.

Il échoueront aussi, je crois, près d'un autre prince sakalave, Tsiaras, roi d'Ankifi, que l'administrateur principal vient de faire venir également à Nossi-Bé pour un grand kabar solennel destiné à régler cette question si importante pour nous des porteurs. On appelle *kabar*, à Madagascar, une grande réunion dans laquelle se traitent les affaires publiques. Tout le monde peut assister à ces assemblées, qui se tiennent ordinairement sur la place du village ou dans une grande case appartenant à l'un des chefs. Les kabars entre indigènes sont généralement fort longs. On y discute souvent des heures entières pour le plaisir de parler ou d'écouter. Tous les Malgaches, les Hovas comme les Sakalaves, raffolent de beaux discours. Ils n'interrompent jamais les orateurs, qui peuvent causer tant qu'ils veulent, à la grande satisfaction de l'auditoire. Le bavardage, le verbiage oiseux, pour le plaisir d'aligner des phrases, est une des particularités du caractère malgache.

Tsiaras, roi d'Ankifi, est maigre, plutôt petit, avec des traits fins, le teint un peu olivâtre, le regard sournois. Il porte la grande robe arabe ouverte en avant sur une longue gandoura en fine soie blanche. Il se promène à l'abri d'un large parapluie rouge, toujours suivi d'une nombreuse troupe de femmes aux costumes bariolés. Ses sujettes l'adorent, et lorsqu'elles le rencontrent dans la rue elles l'acclament avec frénésie, dansant devant son filanzane pour lui faire honneur.

Tous ces rois et ces reines de la côte ouest sont en froid, souvent en guerre les uns avec les autres. Les plus futiles prétextes, quelquefois une simple question d'étiquette, font éclater les hostilités. Heureusement les Sakalaves sont d'une bravoure très contestable. Chez eux, quand deux partis ennemis se rencontrent, ils commencent à s'injurier de loin avec force gestes et de grands éclats de voix. S'ils ont des fusils, ils tirent tant qu'ils ont de la poudre, le plus souvent sans viser, après quoi chaque parti s'enfuit dans une direction opposée en proclamant qu'il est vainqueur.

C'est grâce à ces dissensions continuelles que les Sakalaves ont été si facilement et si rapidement soumis par les Hovas. Ils n'en détestent pas moins leurs maîtres, se rappelant qu'autrefois ils faisaient travailler comme esclaves ces mêmes Hovas qui maintenant les pressurent; mais ils les craignent encore plus qu'ils ne les haïssent. Et, d'ailleurs, ils nous en veulent au fond du cœur, à nous aussi, d'avoir donné à Ranavalo, par le traité de 1885, le droit de porter le titre de Reine de Madagascar et d'exercer sur eux des représailles pour les services qu'ils avaient été censés nous rendre. Jamais nous ne pourrons leur faire comprendre comment nous, les vainqueurs, nous avons été amenés par les nécessités de la politique à abandonner la souveraineté de l'île, c'est-à-dire tout le bénéfice de la campagne, aux pires ennemis dont nous avions triomphé. Placés entre le marteau et l'enclume, ils nous feront toujours bonne figure, mais au fond et tant qu'ils ne nous verront pas à Tananarive, ils craindront plus de déplaire aux Hovas qu'à nous-mêmes. Voilà pourquoi, à l'heure actuelle, nous manquons d'ouvriers et de porteurs, et cette pénurie de bras rendra les préparatifs de la campagne particulièrement difficiles.

5 février. — Nous nous sommes installés à Nossi-Comba dans une grande et confortable case construite sur le rivage au milieu du village d'Ampangourine. De là nous pourrons plus facilement surveiller les travaux du sanatorium. Ces travaux ont déjà commencé; nous ne reconnaissons plus l'étroit chemin malgache, semé de ravins et de rochers, que nous avons parcouru il y a quinze jours à dos de porteurs. Trois cents ouvriers indigènes, dirigés par des surveillants européens, sont occupés à le transformer en une large route qui montera à 500 mètres d'altitude jusqu'au sommet du pic d'Anketsabé, sur le versant nord de l'île.

Rien n'est plus difficile que de faire travailler les Sakalaves d'une façon continue : ils sont si paresseux et ils ont si peu de besoins! Un peu de poisson frit à l'huile de coco, du riz, voilà toute leur nourriture. Ils ne mangent de la viande que dans les grandes occasions : aux fêtes, aux anniversaires, tous les deux ou trois mois environ.

Lorsqu'un Sakalave a pu gagner un petit pécule en travaillant chez les blancs, vite il retourne à son village, où il reste à flâner et à s'amuser jusqu'à ce qu'il n'ait plus d'argent. L'administrateur de Nossi-Bé n'a pu trouver des travailleurs pour le sanatorium qu'en les recrutant presque de force par l'intermédiaire des chefs de village et en leur promettant de les renvoyer tous les quinze jours pour en prendre d'autres s'ils désiraient partir. Pour les faire travailler, il faut être constamment derrière eux; dès que le surveillant a le dos tourné, ils s'arrêtent, se couchent sur le ventre dans le sable ou s'accroupissent sur les talons. Avec de pareils fainéants, le travail n'avance pas vite. Cette paresse invétérée des Sakalaves constitue un gros point noir pour l'avenir de notre future colonie de Madagascar. Le sol de l'île se prête admirablement à toutes les cultures; diverses exploitations pourraient y être essayées avec succès; mais à quoi servira la richesse du sol, si l'on a pas de bras pour le cultiver? D'ailleurs, ici même nous sommes depuis longtemps aux prises avec ces difficultés; Nossi-Bé, Mayotte, la Réunion, végètent malgré les ressources considérables qu'elles présentent, faute de bras pour les mettre en valeur. Anjouan et la Grande Comore, qui ont un certain nombre de Makoas dans leurs plantations, languissent moins que les autres, mais elles passent leur temps à se défendre contre les tentatives réitérées de leurs voisines, qui cherchent à enlever leurs travailleurs.

15 février. — Nous sommes maintenant complètement installés et notre maison est définitivement montée. Nous avons un cuisinier malgache, le nommé Assoumani, qui, moyennant cinquante francs par mois, nous fabrique des plats succulents. Nous avons aussi un petit boy de dix ans, le jeune Manette (en sakalave *Manette* veut

dire « l'effrayé » ; il tire le panka, fait les commissions et lave la vaisselle ; enfin l'administrateur a mis à notre disposition un agent de police parlant bien le français ; il se nomme *Tsiadissous*, un bien beau nom qui en malgache signifie « infaillible ». Il porte de superbes boucles d'oreilles en or, une calotte rouge avec un appendice au sommet en forme de queue de rat. C'est mon professeur de malgache ; il me suit partout, portant un petit vocabulaire sakalave et français qui m'a été donné par les Pères du Saint-Esprit.

Les Sakalaves de la colonie de Nossi-Bé sont vraiment de braves gens, très serviables, très doux, très affables, quand on les traite bien. Seulement, ils ont la passion des liqueurs fortes. Ils adorent surtout le rhum, et la quantité qu'ils en absorbent est incroyable. Quand les porteurs ont bien marché, l'habitude ici est de leur donner un litre de rhum en guise de pourboire ; ils le boivent à quatre en dix minutes, comme de l'eau.

Ce rhum est fabriqué dans le pays même exclusivement avec du jus de canne à sucre ; il revient à 50 ou 60 centimes le litre au détail. Il fait beaucoup moins de mal encore qu'une autre boisson exportée d'Europe et vendue par milliers de caisses tout le long de la côte et dans les îles voisines de Madagascar : je veux parler de l'absinthe. La liqueur exportée n'a généralement de l'absinthe que le nom, et pour le prouver il suffit de dire que la caisse de douze bouteilles coûte, rendue à Hellville, 10 ou 12 francs. Les commerçants anglais, allemands, français, inondent les pays malgaches de ce produit innomable que les indigènes boivent à pleins verres. Chose curieuse, malgré la mauvaise qualité de la drogue qu'il absorbe, l'indigène en état d'ivresse reste généralement doux et bon enfant. J'ai vu souvent les gens d'Ampangourine en état d'ébriété s'invectiver ; je ne les ai pas vus se battre.

LE ROI DES ANTANKARS TSIALANE ET SES MINISTRES.
DESSIN DE GOTORBE, D'APRÈS UNE PHOTOGRAPHIE DU DOCTEUR DE LIBESSARD.

Je ne connais pas de peuple qui se lave plus souvent que les Malgaches. Tous font au moins deux ablutions complètes par jour, matin et soir. A chaque instant, les hommes et les enfants viennent s'accroupir sous le robinet et dans l'auge de la fontaine publique du village qui coule tout près de notre maison. Ils y font leur toilette dans le costume le plus primitif, tranquillement et comme la chose la plus naturelle du monde. Les femmes ne cachent davantage : elles tendent devant elles leur simbou comme un voile et procèdent ensuite comme chez elles. Tout le temps qu'elles ne passent pas à se laver, à piler le riz, à faire cuire le poisson ou à jacasser entre elles sur le pas des portes, elles le consacrent à leur toilette. Leur habillement est d'une grande simplicité ; il comprend : le *simbou*, long carré d'étoffe qu'elles enroulent autour des reins et qui leur tombe sur les chevilles comme un jupon ; l'*ankanzou*, espèce de casaquin étroit et très court qui leur comprime la poitrine, enfin le *kissalé*, autre carré d'étoffe qu'elles drapent sur leurs épaules en forme de manteau. Mais leur coiffure est excessivement compliquée ; il leur faut y consacrer plus d'une heure et elles ne peuvent l'exécuter sans l'aide d'une compagne ; aussi bien peu de femmes se coiffent-elles tous les jours. En me promenant dans le village, les après-midi, après la grande chaleur, j'assiste souvent à l'opération, qui est assez curieuse et qui a lieu ordinairement devant la porte de la case.

La patiente est étendue tout de son long sur une natte posée par terre ; elle est couchée sur le ventre, les coudes fléchis, le menton appuyé tantôt sur le petit oreiller quadrangulaire dont se servent les Sakalaves, tantôt sur les genoux de la femme qui coiffe. Celle-ci est assise sur la même natte, les jambes repliées sous le corps ; elle est armée d'une grande aiguille faite d'un fragment de côte de bœuf et mesurant 10 ou 12 centimètres de longueur environ. Avec la pointe, elle trace une première raie médiane allant de l'occiput au front ; après avoir rejeté les cheveux de chaque côté, elle enfonce l'aiguille sous eux, parallèlement à la peau, en sépare une petite touffe qu'elle tresse à trois brins jusqu'à 3 centimètres environ de l'extrémité des cheveux. Elle fait ensuite bouffer la partie non tressée de la natte en repliant de dehors en dedans le faisceau formé par les pointes terminales des cheveux. Il résulte de ce travail une petite tresse finissant par une boule en forme de grelot. La coiffeuse fait de chaque côté de la raie médiane un certain nombre de ces tresses à boules, placées les unes à côté des autres et séparées par de petites raies secondaires dont l'ensemble dessine comme un réseau sur le cuir chevelu. Tantôt les mailles du réseau se coupent à angle droit; tantôt elles forment un dessin plus compliqué, qui rappelle celui des écailles d'un poisson. Chaque maille enserre la base d'une petite tresse.

Les tresses ne sont jamais longues, parce que les femmes sont obligées de se couper les cheveux trop fréquemment. A la mort d'un membre d'une famille royale, tous les Sakalaves, hommes et femmes, doivent se raser la tête en signe de deuil sur un ordre qui leur est envoyé de la Grande Terre : c'est ainsi qu'ils désignent Madagascar, le berceau de leur race. Aucun indigène, même ceux qui habitent depuis leur enfance les colonies françaises, ne s'aviserait d'enfreindre cet ordre. Les familles royales sont nombreuses, et il s'y produit souvent des décès, de telle sorte que, en pays sakalave, les princesses seules, qui ne sont pas tenues d'obéir strictement à la coutume, peuvent porter de longs cheveux.

Tsiadissous, mon cicerone, prétend qu'on peut reconnaître à distance l'âge des femmes sakalaves rien qu'à la coiffure, et à ce point de vue il en distingue trois catégories : les jeunes, qui ont toujours les cheveux bien nattés et les boules terminales bien bouffantes et bien régulières; celles entre deux âges, qui ne se soignent que par intermittence et dont la coiffure est un peu embroussaillée; enfin, les toutes vieilles, qui n'ont plus de prétentions et qui portent les cheveux rasés pour se débarrasser d'un soin inutile et pour ne plus avoir à faire la chasse à la vermine.

Jeunes et vieilles ont la mauvaise habitude de s'oindre la tête avec de la graisse de bœuf, qui rancit rapidement et finit par dégager une odeur insupportable. De plus, elles se mouchent dans leurs doigts et lancent par terre à tout instant un long jet de salive, car elles ont, comme les hommes, l'habitude générale de chiquer le tabac.

Cette plante pousse en abondance dans le pays, et les indigènes savent la sécher et la préparer. Ils la réduisent en poudre fine en la mêlant avec de la cendre de bois léger. A la maison, ils conservent cette poudre dans des bouteilles pour éviter qu'elle ne s'altère par l'humidité; quand ils partent en voyage, ils en ont toujours une petite provision enfermée dans une bourse ou un morceau de bambou creux qu'ils placent dans leur ceinture. Quand ils veulent chiquer, ils prennent dans le creux de la main une pincée de tabac en poudre et la déposent entre leurs incisives supérieures et la partie interne de la lèvre correspondante.

Les femmes sakalaves ont la singulière habitude de se couvrir la face d'une poudre jaune, avec laquelle elles se dessinent souvent comme une sorte de masque. Cette poudre jaune s'obtient en râpant sur un galet mouillé, d'abord un morceau de bois de santal, ensuite un fragment de racine de safran; le tout est mélangé avec le doigt et appliqué sur la face à l'état humide. La pâte se transforme en séchant en une poudre fine qui adhère assez fortement à la peau. Certaines femmes, au lieu de se barbouiller toute la figure, dessinent sur les joues ou sur le nez, soit de grands traits, soit des points; les plus élégantes se font sur le front et les joues de petites rosaces qui ressemblent à des tatouages. J'ai même vu plusieurs jeunes filles qui portaient de ces dessins faits, non plus avec du safran et du santal, mais avec des poudres d'or et d'argent; certaines d'entre elles se maquillent les sourcils et le tour des yeux avec du noir de fumée. Le plus extraordinaire, c'est que la partie mâle du peuple sakalave goûte fort ces ornements bizarres et les trouve charmants chez la femme.

Les Malgaches des deux sexes ont un amour immodéré des bijoux. Hommes et femmes portent des bagues, des bracelets, des colliers en or ou en argent chez les riches, et, chez les pauvres, en perles de verre de toutes couleurs achetées chez les Indiens. Tous ces bijoux sont de style arabe, mais fabriqués par des Sakalaves qui sans doute ont appris leur métier de quelque Comorien. L'orfèvrerie, d'ailleurs, est grossière et les modèles peu variés. Les bagues sont généralement ornées de grosses pierres de couleur rouge ou jaune, translucides, mais un peu ternes, qui rappellent l'aspect de l'ambre jaune. Les orfèvres n'utilisent pas le cristal de roche qu'on trouve un peu partout à Madagascar, sous forme d'échantillons remarquables par leur grosseur, mais remplis de défauts.

Les femmes sakalaves se percent la narine comme les Indiennes pour y introduire un petit bouton à double tête en or ou en métal plus ou moins précieux. Quand elles peuvent s'en procurer, elles se servent, pour former ces boutons, de nos pièces d'or de 5 francs, qu'elles font monter sur tige par les orfèvres indigènes; aussi cette monnaie assez rare fait-elle prime dans toute la colonie de Nossi-Bé. A défaut des pièces d'or de 5 francs, elles emploient les pièces d'argent de 20 et même de 50 centimes. Cette mode singulière permet de reconnaître, en passant et d'un seul coup d'œil la caste à laquelle appartient la femme : celles de haute classe portent l'ornement dans la narine droite; celles de basse extraction ne peuvent le fixer que dans la narine gauche.

Il est un autre genre d'ornementation qui a probablement une origine arabe et que je n'ai vu employer que par les indigènes de qualité : il consiste à se teindre en rouge, avec le henné, les ongles des pieds et des mains. Le henné pousse à l'état sauvage à Madagascar et ses propriétés tinctoriales sont connues et utilisées par les indigènes.

* * *

Croyances et superstitions des Sakalaves : le Zanahar ; les rochers et les arbres sacrés. — Sorciers et médecins ; le sikidy. Jeux et instruments de musique. — La vaisselle et la pâtisserie malgaches.

Les Sakalaves ont un culte pour certains objets inanimés : les arbres, les rochers qui les frappent par leurs dimensions imposantes, par leurs formes bizarres ou majestueuses. Ils croient bien que l'univers est régi par un dieu unique, le *Zanahar* ; ils entrevoient vaguement ce dieu, et, sans lui donner aucune forme, ils le considèrent comme le centre moteur de l'univers et le régulateur des hommes et des choses, qu'il dirige et fait agir à sa guise ; mais ils croient aussi que les grands arbres, les rochers majestueux, n'ont reçu du Zanahar leurs belles proportions et leur forme imposante que parce qu'ils plaisent à Dieu, qui veut les visiter de temps à autre, et qu'ils ont, par ce fait, le pouvoir d'intercéder près du Tout-Puissant pour les pauvres mortels malheureux.

Un père inquiet pour la vie de son enfant qu'il a laissé malade à la maison rencontre-t-il sur son chemin un gros bloc de rocher qui appelle son attention par ses dimensions exagérées ou son profil extraordinaire, il s'en approche respectueusement, le frappe à deux ou trois reprises avec un petit caillou ramassé le long de la route et lui fait ensuite cette prière : « O grosse roche, toi que le Zanahar a créée si belle, tu dois être bien puissante auprès de lui. Si tu obtiens de Dieu la guérison de mon fils, je te promets de t'apporter ici même une piastre neuve en reconnaissance de ton bienfait. » Quand le souhait est exaucé, l'indigène revient fidèlement apporter l'offrande promise, qu'il glisse dans une fente du rocher.

Ces offrandes consistent fort souvent en petits drapeaux faits de carrés d'étoffe rouge, que les Sakalaves plantent dans les interstices du rocher. Chacun de ces petits drapeaux indique un vœu exaucé par la roche. Plus ils sont nombreux, plus la roche devient célèbre. On se déplace alors de fort loin pour la consulter ; on lui demande son intercession non seulement pour les maladies, mais pour les affaires importantes ; elle est sacrée, et il est impossible de la détruire sans attirer sur le pays les plus grands malheurs. C'est même toute une affaire que de la déplacer. Pour tracer la route du sanatorium, il fallait absolument faire disparaître un gros bloc de rocher couvert de petits drapeaux. Le commandant Magué, qui se gardait bien de froisser les superstitions sakalaves, engagea des pourparlers avec le chef du village d'Ampangourine. Celui-ci réunit le conseil des notables. Grand kabar qui dura plusieurs jours. Après quoi, on finit par décider que la roche sera déplacée avec les précautions les plus minutieuses et les égards qui sont dus à un objet aussi vénérable et que, pour conjurer la colère du Zanahar, il sera répandu sur l'ancien emplacement deux litres de rhum que fourniront les vazahas.

Je ne sais si le rhum fidèlement apporté aux notables a été tout entier consacré à apaiser les Esprits, mais le lendemain la roche roulait sans plus de cérémonie au fond du ravin, poussée par ces mêmes Sakalaves qui l'adoraient la veille, et, depuis qu'elle a été ainsi détrônée, tous les indigènes passent à côté d'elle sans plus s'en préoccuper que du plus vulgaire caillou du chemin.

20 février. — Il pleut à torrents, une pluie chaude et serrée qui mouille comme une douche ; les nuages, qui masquent complètement le ciel, se confondent avec la mer en une teinte grise uniforme ; la terre argileuse enfonce sous les pieds et se colle aux chaussures. Impossible de sortir ; c'est encore une journée perdue pour le travail du sanatorium.

Il est 8 heures ; les malades indigènes arrivent un à un sous la pluie à la consultation gratuite que je donne chaque matin sous la véranda de notre case. Les débuts ont été difficiles ; il y avait méfiance. Aujourd'hui, je suis débordé et je ne sais plus à qui répondre. Il y a beaucoup de bronchites chez les Sakalaves, qui se plongent dans l'eau froide toutes les trois ou quatre heures, qui par tous les temps sont à peine vêtus et se couchent à peu près nus sur leurs lits de cordes.

Je fais une rude concurrence à l'*ombiaze* (médecin) du village d'Ampangourine. Mon confrère indigène doit me voir d'un très mauvais œil : c'est cependant un fameux tireur de *sikidy*. Le sikidy prédit l'avenir et donne des consultations en cas de maladies comme chez nous l'horoscope ou la cartomancie ; c'est lui qui indique les tisanes, les remèdes qu'il faut donner aux patients dans les affections graves. Il se tire avec de petites graines grises provenant d'une plante qui porte dans le pays le nom de sikidy. Ces graines sont disposées sur une table en suivant certaines règles compliquées ; les figures qu'elles forment alors sont interprétées pour prédire l'avenir. L'opération dure très longtemps ; elle exige quelquefois des journées entières et des calculs très difficiles.

Lorsqu'un tireur de sikidy a prédit juste une seule fois, sa réputation est faite ; on vient le consulter de tous côtés. Bon gré mal gré, il est obligé de passer son temps à manipuler ses petites graines ; c'est pourquoi les Sakalaves se gardent bien de dire qu'ils connaissent ce jeu quand ils n'en font pas profession. L'art de guérir chez les Malgaches comprend deux grandes pratiques : le *toubach*, cérémonie pour la consultation de l'âme des rois défunts, et le sikidy. Les indigènes choisissent suivant leur préférence et souvent s'adressent au toubach quand le sikidy n'a pas réussi.

23 février. — Toujours la pluie ; ce matin elle est tombée comme un vrai déluge ; à midi une éclaircie a permis à nos travailleurs, qui n'avaient rien fait de toute la matinée, de sortir de leurs huttes. Immédiatement

ils se sont mis à jouer sur la plage; les uns se renvoyant une balle faite avec des feuilles de cocotier tressées, les autres chantant en s'accompagnant d'une sorte de guitare appelée *caboussa* qui est originaire d'Anjouan. Les habitants d'Ampangourine, qui, en bons Sakalaves, profitent de toutes les occasions de se divertir, sont venus faire leur partie dans le concert avec leurs deux instruments de prédilection, la *valia* et le *d'zenzi*.

Le d'zenzi est une sorte de violon dont la caisse de résonance est faite avec une grosse courge creusée; la valia est un instrument à cordes, une sorte de harpe fabriquée avec un gros bambou creux. A la surface du bambou, on détache au couteau un certain nombre de lanières étroites et minces qui restent fixées par leurs deux extrémités et qu'on soulève avec deux petits chevalets dressés à chaque bout; l'artiste les fait vibrer avec ses doigts en tenant le bambou appuyé par une de ses extrémités contre sa poitrine ou sur le sol. Cet instrument donne des sons très purs et des accords plus justes et beaucoup plus agréables que ne le laisserait supposer sa construction un peu primitive.

La valia des Malgaches de la côte ne dépasse pas 50 centimètres de longueur; les Hovas en construisent qui sont longues de 1 m. à 1 mètre 50; ils en jouent avec beaucoup plus de goût et d'habitude que les Sakalaves, et l'on cite parmi eux de véritables artistes, capables de répéter sur leurs instruments, sans en changer une note, tous les airs qu'ils ont entendus une seule fois.

Devant la maison que j'habite à Ampangourine se trouve un superbe badamier dont les larges fleurs blanches à étamines roses font mon admiration. J'étais très intrigué de voir chaque matin et chaque soir, presque à la même heure, deux ou trois de nos ouvriers sakalaves grimper successivement sur cet arbre pour en détacher les feuilles les plus larges, qu'ils emportaient soigneusement. J'ai eu bientôt l'explication de ces ascensions réitérées : lorsqu'ils prennent leurs repas, les Sakalaves utilisent en guise de plats et d'assiettes de larges feuilles d'arbres, sur lesquelles ils déposent leurs mets. Les terrassiers viennent tout simplement renouveler leur vaisselle et c'est mon badamier qui en fait les frais.

La cuisine malgache est loin d'être variée et raffinée; nos Sakalaves fabriquent cependant une petite galette ronde assez appétissante : c'est le *moukari*; il est fait avec une pâte légère de farine de riz frite à l'huile de pistache qui la gonfle et lui donne un aspect soufflé et doré. Pour préparer cette farine, les femmes indigènes pilent le riz décortiqué dans un mortier spécial creusé en tronc de cône et plus profond que le mortier ordinaire. Il n'est pas rare de voir dans les villages malgaches une marchande de galettes accroupie sous l'auvent d'une case devant un petit banc sur lequel elle a installé sa marchandise. Généralement les enfants font cercle devant les moukaris dorés, dont ils sont très friands.

Grâce aux leçons de Tsiadissous, je sais prononcer quelques mots malgaches. La première fois que j'ai pu dire bonjour à un indigène, j'ai été ravi. Il n'y a pas en langue sakalave de terme correspondant à cette expression française. Les naturels disent *Akoure anao*, littéralement « Comment vous? », sous-entendu « portez-vous ». Les noms n'ont ni genre ni nombre; on distingue les genres en ajoutant le mot *lahé* (mâle) ou *vavé* (femelle). Ainsi *ako* voulant dire « volaille », *ako lahé* signifie « coq », et *ako vavé*, « poule ».

Les adjectifs se placent ordinairement avant le substantif : « la terre est bonne » (*sanga ni tani*), littéralement, « bonne la terre ». Le verbe « avoir » employé comme auxiliaire ne s'exprime pas. Au lieu de dire : « j'ai mangé », on dit, « moi mangé », *zaho nihinan*, ou « moi fini manger », *zaho éfa nihinan*. Ces constructions de phrases expliquent la façon de parler des nègres quand ils s'expriment en français. Somme toute, la langue malgache serait assez facile à apprendre, s'il n'y avait pas un dialecte différent pour chaque province. Les Hovas ne parlent pas tout à fait comme les Betsimisarakas, et ceux-ci ne sont pas toujours bien compris des Sakalaves.

RADE DE NOSSI-BÉ. — DESSIN DE BOUDIER.

VILLAGE SAKALAVE D'ANDAVAKOUTOU. — D'APRÈS UNE PHOTOGRAPHIE.

CHAPITRE III

Nouvelle tentative pour recruter des porteurs sakalaves. — La reine Binao et sa sœur Boucle d'oreille. — L'épreuve du tanghin. — Fabrication des poteries. — Prisonniers hovas. — Cérémonies du mariage. — La polygamie; le divorce. — Noms propres et noms de famille. — Noms posthumes.

NOSSI-COMBA. — PETITES JOUEUSES DE « KATCH »
DESSIN DE J. LAVÉE.

Le 25 février. — Le chef de la division navale a envoyé deux bateaux, la *Rance* et le *Gabès*, en croisière sur la côte ouest, vers l'île de Nossi-Mitsiou, la presqu'île d'Ankifi, la baie de Passandava, où résident les sujets de nos anciens amis Tsialane, Tsiaras et la reine Binao. Des soldats d'infanterie de marine venus de Diégo-Suarez ont été disséminés en petits postes sur les points stratégiques les plus importants de cette région. Quelques coups de canon lancés sur le fort hova d'Ambodimadiro ont suffi pour chasser ses défenseurs. A l'heure actuelle, les chefs sakalaves ne pourront donc plus arguer des menaces des Hovas pour nous refuser des porteurs et des travailleurs destinés à notre base d'opérations de Majunga. Il est grand temps qu'ils se décident, car le Corps Expéditionnaire doit arriver bientôt et il faut que la campagne soit terminée pendant la saison sèche. M. François, l'administrateur principal de Nossi-Bé, est parti à bord d'un des deux navires de guerre pour aller visiter successivement les rois sakalaves et les presser de nous servir. Il a une grande influence sur eux grâce à la situation qu'il occupe : Nossi-Bé, Nossi-Comba, Nossi-Fali, qu'il administre, sont terres sacrées pour ces chefs sakalaves attendu que c'est là que reposent tous leurs aïeux. L'administrateur peut agir sur eux par deux moyens également puissants : les sentiments, l'intérêt. Il peut supprimer à Tsialane et à Binao la pension annuelle de 1 200 francs que la colonie paye à ces souverains depuis la remise par leurs ancêtres de l'île de Nossi-Bé au contre-amiral de Hell, en leur promettant au contraire s'ils nous servent bien une somme payable pour chaque porteur qu'ils mettront à notre disposition. D'autre part, les chefs sakalaves viennent prier tous les ans aux tombeaux de leurs ancêtres pour se les rendre favorables, et s'ils ne le faisaient pas, les mânes de ces ancêtres, d'après leur croyance, entreraient dans une violente colère qui déchaînerait de grandes calamités. Leur refuser l'entrée des tombeaux, comme pourrait le faire le résident, équivaudrait donc à appeler sur leurs peuples les malédictions du ciel; c'est une mesure excessivement grave à leur point de vue et ils feront tout pour l'éviter.

C'est sans doute pour cette raison que Binao s'est décidée à venir à Hellville tenir kabar avec l'amiral Bienaimé, espérant ainsi gagner du temps et reculer aussi loin que possible le moment où il faudra se prononcer entre nous et les Hovas.

Binao, reine des Betanimènes, a un embonpoint respectable, qui lui donne, lorsqu'elle marche, l'allure gracieuse d'un jeune hippopotame : son nom, en malgache, signifie littéralement « ce qui est au-dessus ». Elle est couverte de bijoux, dont quelques-uns, comme les bracelets qu'elle porte aux chevilles, sont fort lourds. Elle a une chevelure opulente, des yeux noirs très beaux, des traits réguliers et fins, des dents fort blanches, admirablement plantées. Elle serait jolie, sans la graisse qui l'empâte.

Binao ne sort jamais sans être accompagnée par sa sœur Kavi. En langue sakalave, *Kavi* veut dire « boucle d'oreille ». Les deux sœurs se ressemblent beaucoup, toutes deux ont la figure encadrée par d'énormes boucles de cheveux noirs. Leur costume ne diffère de celui des autres femmes malgaches que par la richesse de l'étoffe.

Binao a une quarantaine d'années; elle a épousé il y a longtemps déjà un mulâtre de la Réunion ou de Maurice, du nom de Charles, venu dans ses Etats pour chercher des bois de charpente. Ce Charles exerce sur l'esprit de la reine une grande influence, dont il se sert le plus souvent à l'encontre de nos intérêts. Aussi est-il loin d'être vu d'un bon œil par les fonctionnaires français d'Hellville. Il est juste de dire que Binao, qui dans sa jeunesse avait la réputation d'être très inflammable et de subir très facilement le coup de foudre, a donné bien des coups de canif dans le contrat, si je puis m'exprimer ainsi à propos des unions malgaches. Ces jours-là, Binao, usant de son pouvoir souverain et discrétionnaire, faisait mettre tout simplement ce pauvre Charles à la porte de la case royale avec défense expresse d'y pénétrer avant qu'on l'y invite. Le plus joli, c'est qu'elle est très jalouse et qu'il ne ferait pas bon que Charles s'avisât d'imiter son exemple.

Pendant son séjour à Nossi-Bé, Binao habite le charmant village d'Andavakoutou, situé au bord de la mer tout près d'Hellville, dont il forme un des faubourgs, et peuplé tout entier par les sujets de la reine. Quelque temps avant son arrivée, ses ministres préviennent le peuple. Chaque sujet tient alors à honneur d'apporter à la souveraine un cadeau en argent qui varie suivant ses moyens, de quelques sous à cinq francs, dix francs et même davantage. Bien que Nossi-Bé soit terre française et que ses habitants puissent à la rigueur se dispenser de cet impôt, la reine n'ayant aucun moyen de les contraindre à le payer, personne ne se présente les mains vides.

Binao est accompagnée dans tous ses voyages par son *moissy* ou tireur de sikidy, qui ne la quitte guère, parce qu'elle le consulte à chaque instant sur tous les événements importants de sa vie. Lorsqu'il y a une affaire à traiter, souvent le sikidy intervient et ses décisions sont exécutées à la lettre, quelque singulières qu'elles puissent paraître. Les Malgaches ont des jours heureux pendant lesquels tout doit réussir et des jours néfastes qu'ils se gardent bien de choisir pour entreprendre un voyage ou traiter une question d'intérêt. Ces jours sont souvent désignés au moyen du sikidy.

Binao avait été convoquée à Hellville un mardi par l'administrateur de Nossi-Bé. Comme toujours, elle consulte son devin avant de se mettre en route. Celui-ci prétend d'abord que le mardi est un jour néfaste et que la reine doit retarder son voyage. Cependant, il y avait urgence et il était difficile de décliner l'invitation du fonctionnaire français. Après bien des calculs et bien des horoscopes, le moissy, pour tourner la difficulté, finit par décider que la reine pourrait voyager à la rigueur, mais à la condition expresse que pendant toute la route elle resterait enveloppée des pieds à la tête d'une grande pièce d'étoffe opaque qui l'empêcherait d'être reconnue et qu'on répandrait devant elle sur tout le parcours des grains de riz blanc. Cette sentence baroque fut exécutée à la lettre.

Si le moissy est tout-puissant dans certains cas, il passe dans d'autres de bien mauvais moments. Pour éprouver son pouvoir, la reine a l'habitude de lui faire prendre du *tanghin* au moins une fois chaque année.

Le tanghin est un arbre de Madagascar qui produit une graine contenant un poison extrêmement violent. Autrefois la coutume était de faire avaler de la poudre provenant de cette graine à tous ceux dont on voulait éprouver la sincérité; c'était une sorte de jugement de Dieu. Celui qui devait subir l'épreuve était enfermé dans une case pendant cinq fois vingt-quatre heures et gardé à vue nuit et jour. Pendant son emprisonnement, il était nourri comme un roi : rien de ce qu'il pouvait désirer ne lui était refusé, mais il était étroitement surveillé par ses gardiens, qui ne le quittaient pas d'une semelle, car les Malgaches considèrent les excréments humains comme un contrepoison extrêmement puissant du tanghin, et ils ne voulaient pas que le prisonnier pût en avaler. Le cinquième jour, l'empoisonneur arrivait tenant un galet et une graine de tanghin. Il râpait cette graine sur la pierre devant témoins, en prenait une petite dose avec un fragment de feuille de bananier roulé en cornet et la laissait tomber sur la langue du patient. On faisait ensuite avaler à ce dernier une ou deux tasses de tisane pour délayer le poison dans l'estomac.

Dans certaines peuplades sakalaves, le tanghin est administré par des spécialistes qui se transmettent leurs charges de père en fils comme nos bourreaux. Il est avec eux des accommodements, et moyennant certains arrangements pécuniaires on peut sortir indemne d'une épreuve qui, dans les conditions ordinaires, est presque toujours mortelle. Une faible dose tue; au contraire, une forte dose, aidée d'une grande quantité de tisane qui remplit l'estomac, détermine rapidement des vomissements qui éliminent le poison. Sans doute les moissy connaissent à fond cette dernière façon de procéder, sans cela leur métier deviendrait trop dangereux.

28 février. — Ce matin, je suis monté au sanatorium par le chemin qui vient d'être construit à flanc de montagne; c'est une promenade charmante. La route a 2 m. 50 de large et 7 kilomètres environ de longueur; elle court constamment sous bois avec des lacets nombreux et d'adorables échappées sur la mer. Au fur et à mesure qu'on s'élève, la rade apparaît avec ses eaux bleues, tranquilles comme celles d'un lac. Elle est bornée au nord et à l'ouest par la grande île de Nossi-Bé, qui, vue de cette hauteur, ressemble, grâce à ses contours irréguliers et profondément déchiquetés, à une immense pieuvre reposant sur la mer, tentacules déployées.

Au loin, tout au fond d'une étroite crique, les maisons de Hellville forment des rangées de points blancs à demi masquées par les arbres.

A l'est, la mer s'étend à perte de vue toute couverte d'îlots boisés, qui à cette distance apparaissent comme autant de bottes de verdure flottant à la surface des eaux : c'est Nossi-Vorou, « l'île aux oiseaux », surmontée d'un phare qui indique la passe; les îles des Trois-Frères, dont la plus petite a exactement la forme d'une calotte; l'île aux Morts, qui doit son nom lugubre aux anciens tombeaux sakalaves qu'elle renferme. Nossi-Mitsiou (littéralement « l'île qui pointe ») trace à la limite de l'horizon une étroite ligne blanche estompée par l'éloignement.

A cette heure où le soleil commence seulement à se montrer, la terre humide de rosée a gardé son odeur de la nuit. Dans les pays tropicaux, le sol dégage des parfums spéciaux qui diffèrent pour chaque contrée et qui sont surtout appréciables pendant les heures fraîches du soir. A Nossi-Comba, c'est un mélange d'encens avec une pointe de musc. Cette odeur de terroir s'ajoute aux senteurs dégagées par les plantes; les touffes de citronnelle qui bordent le sentier, les grandes lianes qui descendent des arbres en festons semés de fleurs et de fruits, le bouquet de papayers contre lequel je m'appuie et jusqu'au citronnier sauvage qui se dresse à mes pieds dégagent des effluves délicats et suaves dont le mélange constitue un parfum presque enivrant.

Au retour, je m'arrête près d'un groupe d'ouvriers indigènes qui travaillent à la route sous la conduite d'un commandeur créole presque aussi noir qu'eux. Ils sont en train de détruire une grosse roche qui barre le chemin; n'ayant pas de dynamite, ils se servent pour cette opération des procédés primitifs en usage dans leur pays. Ils allument autour de la roche un grand feu de bois; quand elle est bien chaude, ils versent dessus deux ou trois seaux d'eau froide. La différence de température fait éclater la pierre, qui se réduit alors en petits fragments faciles à déplacer. Bien original est le costume de ces travailleurs : Un Makoa n'a pour tout vêtement qu'une pièce d'étoffe large au plus de quatre travers de doigt passée entre les cuisses et retenue en avant et en arrière par une ceinture de perles de verre qui fait le tour des reins. Un autre est habillé avec un vieux sac dans lequel il a fait un trou pour la tête et deux trous pour les bras. Très peu ont le corps suffisamment couvert, mais tous ont une coiffure : chapeaux de paille en loques, gibus troués, aplatis en accordéon, vieilles chéchias jadis rouges ou blanches, mais surtout bonnets de coton.

1er mars. — Nous partons pour Hellville attendre le courrier de France qui doit nous apporter des journaux et nos lettres. Au débarcadère nous trouvons une quarantaine de prisonniers hovas occupés à embarquer du charbon à bord de la *Rance* : ce sont des soldats de la garnison de Nossi-Vé, dans le sud; ils ont été cueillis tout récemment par la canonnière le *Météore* au moment où ils se préparaient par ordre de la Reine à chasser les Européens établis dans cette île et à mettre l'embargo sur leurs marchandises. Quand la compagnie de débarquement du *Météore* est entrée dans le fort hova baïonnette au canon, les soldats et les officiers ennemis avaient pris prudemment la fuite; ils s'étaient éparpillés dans les cases du village, abandonnant leurs fusils, et ils n'ont été reconnus que grâce aux indications des indigènes auxquels ils s'étaient mêlés. Leur chef, un 8e honneur, grade correspondant à peu près à celui de lieutenant-colonel, a été trouvé sous un lit par le commandant du *Météore*, qui a été obligé de l'accrocher avec le manche de sa canne à bec-de-corbin pour le tirer de sa cachette.

Les soldats hovas n'ont pas d'uniforme; ils sont vêtus misérablement et portent des loques pleines de franges et de trous. La reine ne leur donne pas de solde : ils doivent vivre sur le pays et s'habiller à leurs frais; il leur est seulement alloué des armes et des munitions. La garnison de Nossi-Vé était armée de fusils Snyders et le rouvre contenait un millier de cartouches.

Pour subsister, les soldats faisaient toutes sortes de métiers. Le 8e honneur était cordonnier. Le commandant de la *Rance* en est enchanté : il raccommode à la perfection toutes les vieilles chaussures de l'équipage. Drôles de soldats, tout de même, que ces Hovas dont on fait en ce moment tant de bruit en France, où on les accuse de toutes sortes de méfaits! Je crois bien que si tous ressemblent à ceux que j'ai sous les yeux, nos troupiers auront du mal à prendre au sérieux les armées de la reine.

4 mars. — Nous sommes décidément très bien à Nossi-Comba : la chaleur y est beaucoup plus supportable qu'à Hellville, tempérée qu'elle est par la brise de la mer; et puis, nous ne sommes pas entourés de marais comme à Nossi-Bé. Nous avons encore 28 degrés à l'ombre pendant ce mois de mars. Les pluies deviennent déjà plus rares et moins abondantes; encore un mois et elles auront cessé à peu près complètement.

Aujourd'hui j'ai assisté à un mariage sakalave; c'est une cérémonie assez curieuse à cause des formalités qu'elle comporte et surtout des démarches préliminaires indispensables pour la mener à bien.

Quand deux jeunes gens sont convenus de s'épouser après bien des tergiversations et de nombreux essais loyaux, la jeune fille annonce à sa famille qu'à une certaine date un parent du jeune homme viendra avec son consentement demander sa main. Au jour dit, l'*irak-manoukou* (littéralement « l'envoyé pour le mariage ») se présente chez le père de la jeune fille et fait la demande. En général cet irak-manoukou est un des plus proches parents du jeune homme. Les parents de la jeune fille la convoquent devant lui et lui demandent à haute voix si elle consent au mariage. Sur sa réponse affirmative, ils se tournent vers l'envoyé et lui tiennent ce discours: « Voilà ma fille une telle; vous voyez qu'elle est bien portante; elle a ses deux jambes; elle n'a pas d'œil crevé; elle jouit d'une constitution excellente. Tâchez de me la rendre telle si vous n'en voulez plus. » Dès ce jour, la jeune fille est *vootoukou-niaou*, c'est-à-dire fiancée.

On fixe alors d'un commun accord la date du mariage : le mari doit fournir l'habitation, les vêtements et les bijoux; la femme, les meubles et les ustensiles de ménage. Le fiancé a acheté, suivant ses moyens, des bracelets, des colliers d'argent, cinq ou six pièces d'étoffe pour en faire des vêtemente, quelquefois des bœufs pour les cadeaux s'il est riche. Lorsque tout est prêt, il envoie prévenir la famille de sa future femme.

Au jour fixé pour le *manienga* (mariage), le fiancé dépêche un certain nombre de femmes, qui apportent les vêtements et les bijoux. La mariée s'en pare incontinent avec leur aide et se rend dans la maison que le mari a fait construire; elle est suivie des objets qu'elle a le devoir de se procurer : nattes, oreillers, marmites, *sadjoas* ou vases à eau, etc., etc.

Le mari y vient de son côté accompagné par sa famille et par ses amis. Un repas a été préparé; son ordonnancement est variable suivant la fortune des familles. Les riches tuent des bœufs; les pauvres, des volailles. Dans certains villages sakalaves des environs de Nossi-Bé, l'habitude est d'offrir à la mariée une cuisse de poulet; quand elle l'a mangée, la cérémonie du mariage est considérée comme terminée : *Féni akau, vadi vaü*, dit le proverbe sakalave dont la traduction est mot pour mot : « Cuisse de poulet, femme nouvelle ».

Les Sakalaves sont polygames; ils peuvent avoir deux, trois, quatre femmes légitimes suivant leur rang et leur fortune. Quand un Sakalave veut prendre une deuxième femme, il s'adresse d'abord à la première : « Tu es ma femme, lui dit-il, mais j'ai vu dans tel village, dans telle maison, une autre femme dont j'ai l'esprit occupé. Si tu veux, je la prendrai avec toi et nous vivrons tous trois, heureux ensemble. Si tu ne consens pas, je serai, à mon grand regret, obligé de te renvoyer dans ta famille. » Après une discussion quelquefois assez orageuse, la première femme accepte, moyennant une somme d'argent ou un cadeau que lui offre le mari. Si celui-ci veut se procurer une troisième épouse, il s'adresse à la seconde et lui tient le même langage; ainsi de suite pour les autres.

Le divorce est légal chez les Malgaches; ils y ont recours souvent, quelquefois même pour des motifs assez futiles. Tantôt c'est l'homme, tantôt c'est la femme qui le demande, et il n'est pour ainsi dire jamais refusé.

Quand un homme croit avoir à se plaindre de sa femme et veut la répudier, il se rend avec elle dans la famille de celle-ci et dit aux parents: « Voici votre fille; je ne puis plus vivre d'accord avec elle; je vous la rends. Constatez qu'elle est bien portante, qu'elle a ses deux yeux, ses deux jambes et qu'elle est aussi saine de corps que lorsque je l'ai prise. » — « Oui, disent les parents; cela est vrai et cela est bien. » C'est tout; la femme est dès lors proclamée libre; elle demeure chez ses parents comme lorsqu'elle était jeune fille et elle peut convoler à nouveau si elle en a la fantaisie. Quand son ancien mari est généreux, il lui donne à titre de cadeau une partie de l'argent ou des biens gagnés en commun, mais il n'y est aucunement obligé par les usages. En tout cas, il garde les enfants, à moins que ceux-ci ne soient d'un âge trop peu avancé pour se passer de leur mère.

Les Malgaches n'ont pas de nom de famille; leurs enfants sont distingués par des prénoms ou des sobriquets qu'on leur donne souvent fort tard et qu'ils changent. On les appelle *Kalou* (petite fille) ou *Tombou-Hély* (petit qui grandira). On les désigne encore par une de leurs particularités physiques ou morales. Exemples : *Manette* (l'effrayé), *Tsiadissous* (celui qui ne trompe pas), etc., etc. C'est cette dernière façon de faire qui est adoptée pour les rois ou les princes, surtout après leur mort.

Ceux-ci ont en effet deux noms : l'un qu'ils portent pendant toute leur vie, l'autre qui leur est donné seulement après leur décès. C'est ainsi que le fondateur de la dynastie royale des Sakalaves, qui s'appelait de son vivant *Andrian-lahé-foutsi* (le grand chef blanc), fut désigné après sa mort sous le nom d'*Andrian-haningha-arivou* (le chef regretté par des milliers d'hommes).

Le mot *andrian* ou *andriani*, qui veut dire roi ou prince, accompagne toujours le nom d'un noble. C'est l'équivalent de la particule en usage chez nous. Le terme *arivou* (mille) suit constamment le nom posthume donné à un prince décédé.

Les Sakalaves s'abstiennent soigneusement de nommer un défunt : ils ont peur que son âme ne les entende l'appeler, en soit froissée, et ne vienne leur apporter toutes sortes de maladies. Il est également interdit par la loi sakalave de prononcer le nom qu'un roi décédé portait de son vivant : c'est une des raisons pour lesquelles il est si difficile d'obtenir des notables indigènes, même de ceux qui sont intelligents et suffisamment instruits, des renseignements sur les familles de leurs anciens souverains.

* * *

Cérémonies religieuses pour la préservation des maladies. — Tombeaux sakalaves. — Les danses au clair de lune. — Passion des Sakalaves pour l'accordéon. — Les araignées mangeuses d'oiseaux. — Le jeu du katsch. — Les gardiens de rizières. — Amulettes et talismans.

7 mars. — Nous sommes en plein mois *fady*, celui que les Sakalaves et les Européens considèrent comme le plus dangereux au point de vue de la santé. A cette époque, les pluies commencent à devenir moins abondantes, les marais se dessèchent en partie, laissant à découvert les fonds vaseux qui engendrent les fièvres. Il n'y a pas de marais à Nossi-Comba et l'île est extrêmement favorisée au point de vue des affections paludéennes ; mais ses habitants, qui viennent presque tous de la Grande Terre, en ont gardé les traditions ; ils redoutent beaucoup le changement de saison. Aussi cette année ont-ils décidé de faire, comme les années précédentes, des cérémonies religieuses destinées à appeler l'intervention des âmes de leurs anciens chefs défunts, afin de chasser les mauvais Esprits qui causent les maladies. Ils ont demandé à l'administrateur l'autorisation de tuer un bœuf selon les anciens rites, et, cette autorisation leur ayant été accordée, le chef du village est parti sur une pirogue pour chercher l'animal sur la Grande Terre, car il n'existe pas de troupeaux à Nossi-Comba. En attendant son retour, les cérémonies vont commencer. Les Sakalaves qui nous connaissent ne seront nullement gênés par notre présence. Je pourrai donc prendre sur le vif quelques détails de mœurs, d'autant plus intéressants qu'ils sont peu connus.

Il y a à Ampangourine, à l'extrême pointe de l'île et sur la place du village, un arbre à demi desséché qui est entouré d'une palissade en bambous avec une étroite porte donnant dans l'enceinte. De chaque côté de cette porte, deux grosses coquilles casques coiffent l'extrémité de deux pieux fichés en terre. En avant, un autre arbre plus gros que le premier porte, attachés à son tronc, à la naissance des grosses branches, des crânes de bœufs et des coquillages.

L'arbre enfermé dans la palissade est un arbre sacré : la vieille reine du village allait autrefois faire sa prière au Zanahar sous son ombre. Depuis qu'elle est morte, les habitants ont continué à venir à cette place invoquer son âme, persuadés qu'ils sont qu'elle affectionne ce lieu et convaincus qu'ayant été très puissante sur la terre, elle l'est beaucoup plus encore après sa mort.

L'arbre a été entouré d'une palissade pour éviter la profanation ; les deux grosses coquilles placées de chaque côté portent un trou percé dans le fond ; ce sont des conques, dont les sons éclatants servaient à prévenir le village quand la reine était en prière. Deux vieilles femmes gardent l'emplacement sacré : ce sont elles qui servent d'intermédiaire entre l'âme royale et les fidèles sujets qui viennent la solliciter. Nul ne peut invoquer l'Esprit sans les prendre comme porte-parole ; elles perçoivent les cadeaux en argent qu'apportent ceux dont les vœux ont été exaucés. Ces cadeaux fréquents constituent des revenus dont vivent les deux descendants de la vieille reine : un beau garçon de dix-neuf ans, Andriansivarini, et une assez jolie fillette de seize ans, Tombou-Hély.

Ce soir, 8 mars, vers les 9 heures, par un clair de lune superbe, toutes les femmes du village se sont réunies sur la place, devant l'arbre fady, pour commencer les prières. Elles ont revêtu leurs plus beaux atours : lambas de couleurs vives, tous en cotonnades d'origine européenne, à grands dessins bizarres, colliers en corail rouge, en verroterie, quelquefois en argent, bracelets et boutons de nez de même métal, cheveux bien bouffants, suiffés de main de maître. Les élégantes ont teint au henné les ongles de leurs pieds et de leurs mains. Toutes se sont accroupies sur plusieurs rangs, face à une grande case inhabitée qui sert de magasin pour les objets du culte. Tout de suite elles se sont mises à psalmodier des litanies interminables en battant des mains en cadence. Une vieille, qui paraissait diriger la bande, chantait d'abord une phrase en solo ; les autres la répétaient ensuite en chœur, tantôt à l'unisson, le plus souvent à la tierce. C'était une invocation aux Esprits des anciens rois : « Nous voilà, Maîtres du Boéni, nous vous prions, grands Rois. Grand Esprit, sauve-nous ! »

Les cantiques ont duré deux heures entières. De temps en temps, les femmes s'arrêtaient, fatiguées de chanter. Alors c'étaient des rires, des conversations interminables ; on aurait dit une troupe d'écolières en récréation.

Pour ces chants, il est fait usage d'expressions spéciales assez difficiles à comprendre même pour les indigènes. Tsiadissous arrivait à saisir quelques mots seulement, et encore avec peine. La plupart des femmes répétaient machinalement le mot à mot de la phrase entendue, comme nos chantres d'église répètent le latin. Il y avait d'ailleurs des variantes : après chaque invocation, les femmes chantaient ce qu'on m'a dit être des légendes ou des histoires des temps anciens. Une d'elles a psalmodié une sorte de complainte intitulée *la Roche glissante*, qui a eu un assez vif succès et qui était, à ce qu'elle m'a affirmé, composée par elle.

Pendant les chants, des jeunes filles se levaient et venaient se placer par groupes de deux ou trois devant le front de la troupe des chanteuses. Alors elles se mettaient à danser, les bras pendants, les mains écartées du corps, tenant par les coins leurs grands kishalé qu'elles tendaient derrière elles, les talons nus frappant le sol en cadence, le buste bien cambré, la poitrine saillante, les hanches animées de mouvements rythmés. Après la danse, elles s'agenouillaient, puis, s'inclinant, elles portaient à plusieurs reprises au front leurs mains jointes en murmurant une courte prière.

Ce spectacle était fort joli à contempler, sous le ciel étoilé, pendant cette belle nuit calme : les rayons de lune filtrant à travers les grands tamariniers éclairaient la scène d'une lumière très douce; de petites mouches phosphorescentes semblaient des feux follets allumés aux branches des arbres; d'énormes chauves-souris tournoyaient au-dessus des hautes cimes, tandis que les flots argentés de la mer venaient battre doucement le sable, produisant un murmure continu, comme berceur.

Tout à coup les chants cessent, un grand silence se fait. L'*ampitaha* (sorcier), qui préside à la cérémonie, vient d'entrer dans l'enceinte consacrée avec son acolyte. Il prie tout haut; sa voix grave et bien timbrée s'élève dans la nuit; l'acolyte répond de temps en temps d'une voix étouffée, comme sortant de terre. L'effet est saisissant : on dirait une conversation entre l'Esprit et le devin. Celui-ci fait brûler dans une petite soucoupe en terre une substance produisant une flamme colorée et intermittente qui ajoute encore à l'illusion.

9 mars. — Les cérémonies ont repris dès l'aube : le bœuf destiné au sacrifice vient d'arriver sur une grande pirogue. Il est jaune clair avec une tache blanche sur le front : c'est, paraît-il, la couleur la plus favorable.

Les femmes sont allées en procession attendre l'animal sur la plage; elles l'ont accompagné en chantant jusqu'à l'emplacement de l'arbre fady, près duquel il a été attaché provisoirement à un tronc d'arbre. Pendant ce temps un groupe de jeunes filles a été envoyé pour puiser de l'eau à une fontaine située à l'extrême pointe de l'île dans un endroit abrité contre toute souillure. Elles ont rapporté cette eau dans des *sadjouas* (gargoulettes)

VISITE DE LA REINE BINAO À NOSSI-COMBA. — DESSIN DE MADAME PAUL CRAMPEL, D'APRÈS UNE PHOTOGRAPHIE DU DOCTEUR DE LIBESSARD.

LA REINE BINAO ET SA SŒUR KAVI. — D'APRÈS UNE PHOTOGRAPHIE DE M. DE LASTELLE.

faites en terre sakalave, se gardant bien de se servir des carafes en verre qu'elles achètent aux blancs et dont elles sont ordinairement si fières.

Les deux vieilles gardiennes préposées à l'entretien de l'arbre fady se tiennent devant l'enceinte sacrée; accroupies sur leurs talons, elles écrasent sur une pierre plate placée devant elles un peu de terre blanche d'aspect crayeux. Sur ce même galet, elles frottent un morceau d'écorce d'arbre que les indigènes appellent *dzala* et qui dégage une odeur très agréable. Elles mélangent le tout et, avec l'eau apportée, en forment une pâte.

Successivement, tout les assistants, hommes, femmes, enfants, s'approchent, et entr'ouvrent leurs vêtements de façon à découvrir le dos et les attaches des épaules. Les deux vieilles prennent à l'extrémité de l'index un peu de la pâte blanche, avec laquelle elles marquent tous ceux qui se présentent devant elles. Elles tracent sur chacun d'abord une raie verticale, allant de la pointe du nez à sa racine pour s'infléchir ensuite très légèrement au-dessus du sourcil droit, puis une longue ligne courbe partant du coude gauche, remontant le long du bras du même côté, coupant horizontalement la base de la nuque pour redescendre ensuite le long du bras droit jusqu'au coude. Dans l'esprit des assistants, cette pratique bizarre doit préserver des maladies tous ceux qui s'y soumettent. Pendant ce temps, les femmes, groupées en carré, chantent leurs litanies monotones en avançant et en reculant de quelques pas à chaque vers, et deux tam-tams, un gros et un petit, attachés à l'extrémité d'un pieu fourchu planté devant l'arbre consacré, vibrent sous les coups répétés d'un vigoureux Sakalave, pendant que le sorcier, ayant lié le bœuf par les quatre pieds, le fait traîner jusqu'auprès de l'enceinte fady.

Alors un vieux notable, venu du village d'Anketsabé, situé très loin, au sommet de l'île, s'agenouille devant l'animal et fait sa prière à voix haute : « Me voici, Esprit sacré, dit-il; j'ai été appelé par ces gens d'Ampangourine pour t'invoquer. Je suis depuis ma naissance à Nossi-Comba, et ma famille est une des premières venues dans l'île. Chaque fois qu'on a besoin de moi, on m'appelle; mais ceux-ci, qui savent bien me trouver lorsqu'il est nécessaire, ne m'écoutent pas en temps ordinaire et se rient de mes avis. Cependant je suis venu dans l'intérêt général pour te supplier, ô grand Esprit qui habites parmi nous, de détourner de nos maisons et de nous-mêmes les maladies qui vont tomber en ce mois néfaste, aussi abondantes que les pluies du ciel. »

Après cette prière, le vieux notable se relève et, prenant une baguette de fusil, il en frappe à plusieurs reprises le bœuf couché à ses pieds, la dépose ensuite pendant quelques instants sur le corps de l'animal en l'orientant de la tête aux pieds, puis la fiche en terre d'un coup brusque tout près de la tête du bœuf. Pendant toutes les manœuvres, ce dernier n'a pas bougé. C'est d'un très heureux augure, et les assistants témoignent bruyamment de leur joie.

Les coups de tam-tam redoublent. L'ampitaha portant un vase plein d'eau s'avance suivi de Tombou-Hély, la petite reine du village, la descendante de celle qu'on invoque en ce jour. Il répand de l'eau sur le bœuf, l'aspergeant de la tête à la queue, pendant que la petite reine passe ses deux mains sur le corps de l'animal comme pour le laver.

Tout est prêt, et ceux des assistants qui ont une grâce spéciale à demander à l'Esprit peuvent se présenter. Ils saisissent la queue du bœuf par l'extrémité et, pendant que le tam-tam fait rage, ils formulent leur demande à voix basse, surveillant avec anxiété les mouvements de l'animal. Si celui-ci demeure complètement immobile, ils se retirent la figure rayonnante, certains que leur vœu est exaucé.

Pendant que les solliciteurs se succèdent ainsi, le gros des assistants rangé en carré s'est accroupi sur les talons, face à l'est, les femmes en avant, les hommes derrière elles. Les femmes chantent des prières, puis l'aide du sorcier saisit son grand bâton à l'extrémité duquel il a fixé un bouquet de branches d'arbre munies de leurs feuilles. Il fait le tour du carré, brandissant son balai au-dessus des assistants comme s'il voulait les asperger et marmottant quelques paroles qui sans doute sont des exorcismes. Il termine par un *vêlou* (bien) retentissant qui fait lever toute l'assistance.

Les cérémonies sont terminées et il n'y a plus qu'à tuer et qu'à manger le bœuf. L'ampitaha lui renverse la tête en la tournant du côté de la mer; il lui appuie sous le menton l'extrémité d'une grosse pièce de bois de façon à l'empêcher de bouger, puis il fait au couteau à la partie antérieure du cou une petite entaille pour indiquer au sacrificateur l'endroit où il doit ouvrir la gorge. Celui-ci la fend d'un seul coup; un flot de sang jaillit; on le recueille dans un vase pour le répandre ensuite au pied de l'arbre sacré.

L'animal est débité sans être écorché; chaque morceau est détaché avec le lambeau de peau correspondant. Ce n'est pas une pratique religieuse, mais une habitude locale : à Madagascar les animaux de boucherie ne sont jamais écorchés.

11 mars. — Je viens de voir un tombeau sakalave; il est dissimulé sous bois, dans un endroit très sauvage. L'emplacement du corps est indiqué par un tas de grosses pierres ayant la forme d'un ovale allongé, terminé du côté de la tête par une pierre levée, orientée vers l'est. Aucune fleur; aucun soin apparent. J'ai cependant remarqué, près du tas de pierres, les débris d'une de ces coupes en terre grossière dont les Sakalaves se servent pour brûler des bois odorants dans certaines cérémonies.

C'est Tsiadissous qui m'a conduit à cette tombe. Il a fallu plusieurs jours pour l'y décider, et encore n'a-t-il pas voulu s'approcher de trop près. Il avait grand'peur que l'âme du défunt, irritée contre lui parce qu'il avait conduit dans sa retraite un blanc, un étranger, ne lui envoyât quelque maladie terrible. Il parlait tout bas et n'a été complètement rassuré que lorsque nous nous sommes éloignés.

En rentrant, nous sommes passés près d'un petit bois d'aspect mystérieux qui est considéré comme sacré par les habitants d'Ampangourine parce que le corps d'un des anciens rois du village y est resté exposé pendant trois jours en attendant sa sépulture.

La coutume veut qu'on conserve pendant un certain temps, dans la case même, le corps d'un parent défunt avant de l'enterrer. Il est lavé, enseveli dans de beaux lambas, souvent avec une certaine somme d'argent. Au jour fixé pour l'enterrement, tous les habitants du village vont avec la famille du défunt accompagner le corps au lieu choisi pour la sépulture. Une fosse profonde a été creusée; on y descend le corps; les parents en jetant la première pelletée de terre adressent les derniers adieux : « Nous avons fait ce que nous avons pu pour toi. Il a été impossible d'éviter que tu meures; c'était la volonté du Zanahar, sois-nous propice près de lui et transmets-lui nos prières. »

Une année après, ils reviennent sur la tombe faire une nouvelle invocation, puis tout est terminé.

14 mars. — Tous les soirs, il fait clair de lune et les jeunes gens du village se réunissent pour danser sous les grands tamariniers de la place. La danse est très peu compliquée. Ceux qui y prennent part se placent les uns derrière les autres, font le tour du cercle en chantant et en frappant le sol en cadence, imitant à peu près notre pas de polka. Le premier, celui qui conduit la théorie, chante en solo, et chacune de ses phrases est répétée en chœur par ceux qui suivent; ce conducteur des danses porte aux cous-de-pied des espèces de bracelets creux; ils sont faits avec un treillis de feuilles de palmier et ils contiennent dans leur intérieur des grains de riz qui s'entre-choquent à chacun des mouvements et marquent ainsi la mesure.

Pendant la pleine lune, le village est en l'air et personne ne dort : hommes et femmes sont accroupis devant leurs cases, regardant les danseurs et devisant entre eux. Dans toutes les rues, on entend les sons de la caboussa, de la valia, ou de l'accordéon. Les Malgaches raffolent de ce dernier instrument, dont ils jouent avec beaucoup de goût pour accompagner leurs chants. A Nossi-Bé, la vente des accordéons venus d'Europe constitue un commerce assez important. Il n'y a pas de marchand européen ou indien qui n'en ait un stock en réserve. Le goût de l'accordéon est d'ailleurs partagé par les créoles originaires de la Réunion, qui sont assez nombreux dans l'île.

LA ROUTE DU SANATORIUM DE NOSSI-COMBA. — DESSIN DE LOUIS TINAYRE.

Les indigènes connaissent un jeu très original; ils l'appellent *katch*, du nom d'une liane qui fournit de très jolies graines grises employées pour ce divertissement. Pour jouer au katch, ils prennent une planchette carrée en bois de manguier, creusée de trente-deux godets. Les petites graines rondes de la liane katsch leur servent de jetons. La marche de ces jetons rappelle à la fois le jeu de dames et celui du jacquet. Beaucoup d'Européens de Nossi-Bé ont pris goût au katch et se réunissent souvent pour y jouer.

1er avril. — Les rizières sont superbes et les grains déjà formés en longs épis annoncent une excellente récolte; mais des bandes d'oiseaux pillards s'abattent sur les champs, et les paysans doivent prendre leurs précautions pour défendre leurs moissons. Partout dans la campagne les femmes sont occupées à ce soin; elles s'installent au milieu de la rizière, sous un petit toit en feuilles de ravenale, supporté par quatre bambous. Elles ont près d'elles une provision de terre mouillée dont elles forment de petites boulettes. Quand des oiseaux cherchent à se poser au milieu des épis, elles leur lancent adroitement avec une baguette flexible un de ces projectiles qui les force à s'enfuir. Il faut qu'elles aient une grande patience pour rester ainsi accroupies et immobiles au milieu du champ de riz pendant des heures entières.

2 avril. — Les petites maisons du village sakalave d'Ampangourine, éparpillées sans ordre apparent sous les tamariniers et les cocotiers, sont toutes construites en bois et en feuilles de palmier. Les toitures fortement inclinées sont en feuilles de ravenale, les cloisons en *kéti-kéti*. On appelle ainsi les parois faites avec les nervures centrales des feuilles du palmier rafia juxtaposées les unes à côté des autres et parallèlement de façon que l'arête saillante d'une nervure pénètre dans le creux de l'autre; elles sont fixées dans cette position par des nervures transversales. Ces nervures qui, desséchées et ébarbées, mesurent près de 3 mètres, forment des cloisons parfaitement imperméables aux pluies, difficilement putrescibles et très propres. La vraie case malgache, celle qu'habite le paysan, est toute petite. J'en ai mesuré une; elle avait exactement 2 m. 10 de hauteur au niveau du faîte et 1 m. 60 seulement au niveau des parois latérales; elle était longue de 3 mètres et large de 2 mètres. Pas de fenêtre, mais seulement deux portes basses pratiquées dans deux parois opposées. Tout autour de la case, entre le toit et la sablière, est ménagée une étroite fente qui sert pour la ventilation et qui a pour but également de permettre à la fumée de s'échapper. Les Sakalaves ne connaissent pas les cheminées; ordinairement ils font leur cuisine au milieu de la case, et la fumée s'échappe par où elle peut. A Ampangourine, cependant, les

indigènes un peu plus civilisés, sans doute à cause de leurs relations fréquentes avec les *vazahas* (blancs), cuisinent au dehors chaque fois que le temps le permet.

Les cases n'ont pas de plancher; sur le sol battu, les Malgaches aisés disposent des nattes, que les femmes savent fabriquer très rapidement; à chaque visite d'un personnage important, on change ces nattes ou l'on en dispose de neuves par-dessus les anciennes pour lui faire honneur.

Malgré leurs dimensions exiguës, les habitations sont toutes séparées en deux parties par une cloison médiane en kéti-kéti placée dans le sens de la largeur de la maison. L'une des pièces sert de débarras et de cuisine; l'autre, de chambre à coucher. Le lit ou *kibani* est un simple treillis de corde en fibres de palmier rafia, tendu sur un cadre de bois. Ce cadre est supporté par quatre pieux fichés en terre. Sur le lit, les riches placent une natte fine et disposent un petit coussin assez dur de forme quadrilatérale qui sert d'oreiller.

Beaucoup d'Ampangourinais ont sacrifié à nos usages et ont remplacé la natte par un matelas, assurément plus moelleux. Quelques-uns ont même une moustiquaire. Pas de sièges, bien entendu : où les logerait-on dans ces compartiments exigus déjà si encombrés?

Les Malgaches circulent peu, et pour cause, dans leurs maisonnettes; ils se tiennent immobiles, accroupis sur les talons, devant la porte, qui reste grande ouverte pendant la journée et qu'on ferme le soir. Quand il fait beau, ils vivent dehors tout le jour à l'ombre des arbres. Ils y font leur cuisine sur trois pierres, y pilent leur riz dans de grands mortiers en bois avec des pilons manœuvrés à la main. Ce sont les femmes qui le plus ordinairement se livrent à ce travail fatigant, qui est souvent pour elles, le soir, au moment des heures fraîches, l'occasion d'un jeu : trois ou quatre femmes se placent autour d'un même mortier plein de riz; elles chantent en marquant la mesure à coups de pilon. De temps en temps l'une d'elles lance son pilon à celle qui lui fait face; celle-ci le rattrape assez adroitement pour pouvoir continuer à frapper sans détruire la cadence.

8 février. — Nous nous couchons tôt pour nous lever de bonne heure, ordinairement vers 5 heures et demie. Comme il pleut généralement toute la nuit, la température est délicieuse à cette heure-là et rien n'est plus agréable qu'une promenade sur la plage en respirant la brise marine. La mer toute bleue, bordée au nord par la pointe Loukoubé, vient mourir sur le sable contre le sentier. Les grandes feuilles des cocotiers agitent leurs panaches brillants de rosée, les coqs chantent et les cases du village s'ouvrent les unes après les autres. Les femmes vont chercher de l'eau à la fontaine, l'amphore en terre posée sur leurs cheveux crépus, renversée à l'aller quand elle est vide, droite au retour lorsqu'elle est pleine. Les ouvriers employés aux travaux de la route se réunissent peu à peu; ils arrivent en s'étirant, répondant nonchalamment à l'appel du commandeur, qui note les manquants.

3 avril. — Les boys de l'administrateur et notre cuisinier vont chaque matin chasser à la sarbacane; leur arme consiste en un bambou creux long de deux mètres environ dans lequel ils glissent une petite flèche; la flèche, formée d'un éclat de bambou taillé en pointe à l'une de ses extrémités, est terminée de l'autre par une sorte de plumet fait avec des plumes de poule. Nos Sakalaves se servent très adroitement de cet engin, avec lequel ils tuent de petits oiseaux fort jolis : des cardinaux, des perruches vertes, des colibris au long bec recourbé, aux ailes d'un bleu métallique, quelquefois des tourterelles ou des pigeons verts.

Ce dernier gibier est très apprécié, parce qu'il nous permet de varier notre alimentation. L'estomac est dans les pays chauds un maître capricieux qu'il faut satisfaire à tout prix. A ce point de vue les habitants de Nossi-Bé sont assez bien partagés. Les poissons sont excellents; il y a entre autres des soles tachetées de noir qui sont fort bonnes, mais assez difficiles à se procurer, parce que les indigènes ne les pêchent qu'avec répugnance, attendu qu'elles ne représentent pour eux qu'une moitié de poisson. On trouve également des langoustes et de petites huîtres comestibles.

Pour pêcher les gros poissons, les Sakalaves se servent soit de lignes de fond, soit d'un grand javelot long de 1 mètre et demi à 2 mètres, portant à l'une de ses extrémités un trident en fer et à l'autre un gros flotteur en moelle de palmier rafia.

La viande de boucherie est peu variée; il n'y a ni moutons ni porcs à Nossi-Bé. Les moutons s'y élèvent mal; à différentes reprises on a tenté d'en faire venir de la Réunion; tous ont maigri; leur chair a perdu son goût spécial pour prendre celui de la viande de chèvre.

Le porc vient bien; j'en ai vu à Mayotte de très vigoureux, mais d'une espèce spéciale, plus petite que celle de France. Seulement, il est impossible d'en avoir à Nossi-Comba, où le cochon est fady on ne sait trop pourquoi.

Les bœufs existent en abondance, mais leur chair est coriace, surtout à la fin de la saison sèche. Les vaches malgaches donnent très peu de lait, à peine un litre par jour et par bête; ce lait est aqueux, très pauvre en beurre. Cela tient à ce qu'il n'est pris aucun soin des troupeaux. Les animaux sont laissés en liberté dans la campagne et le soir parqués en plein air. Ils vivent et se nourrissent comme ils peuvent.

Les poules sont très abondantes; elles valent 50 centimes pièce sur le marché, mais leur chair est dure et, comme les Sakalaves n'en prennent aucun soin, elles sont ordinairement fort maigres. Elles pondent peu et leurs œufs sont tout petits.

Elles perchent sur les arbres, et, dans les villages, pour les défendre des carnassiers, on les enferme le soir dans de petits poulaillers de forme originale, construits avec des bambous auprès des maisons d'habitation.

Les indigènes élèvent des oies, des pintades à joues bleues et deux espèces de canards: l'un qui ressemble à celui de nos basses-cours et l'autre qu'ils appellent le canard bâtard. Ce dernier a autour du bec des saillies rouges comme celles du dindon.

Tous les légumes de France, sauf peut-être la pomme de terre, peuvent être cultivés à Nossi-Bé; mais, en cette saison des pluies, il ne peut être fait aucune culture; toutes les plantations seraient détruites par l'eau, qui tombe en déluge et forme des torrents et des cataractes. On ensemence généralement fin mars ou plutôt au commencement d'avril pour obtenir plein rapport en juin ou juillet. D'ici là on mange du riz, de l'*ambrevate*, ce haricot malgache qui a goût de lentille, des patates et les feuilles d'une espèce de citrouille qui après cuisson ressemblent à s'y méprendre, comme aspect et comme saveur, à des épinards. Le cresson se trouve partout, à l'état sauvage, au bord des ruisseaux. Les pommes de terre et les oignons viennent de France par les paquebots en caisses de 25 kilos. Les premières coûtent rendues à Hellville 40 centimes environ le kilo chez les marchands indigènes.

Assoumani, notre cuisinier, m'a fait goûter un certain nombre de fruits du pays : d'abord l'ananas et les goyaves qui poussent ici à l'état sauvage, puis des mangues au goût de térébenthine, des *sakoas* ou prunes de Cythère qui à l'état cru ont un goût très acide mais dont on fait d'assez bonnes compotes, des papayes, des bananes, des oranges à peau verte qui ne valent pas celles de Zanzibar, des barbadines importées de la Réunion dont les petits pépins intérieurs sont entourés d'une pulpe gélatineuse très bonne à manger; leur saveur rappelle à la fois le goût de la pomme et celui de la cerise; le fruit ressemble à un épais concombre; on l'ouvre en deux et l'on en mange l'intérieur à la cuiller; c'est ce que j'ai trouvé de meilleur jusqu'à présent.

L'avocatier pousse en abondance à Nossi-Bé et à Nossi-Comba; son fruit, qui ressemble à un gros coing, est très vanté des voyageurs sous le nom de beurre végétal; entre la peau très fine et l'épais noyau intérieur se trouve en effet une pulpe onctueuse qu'on mange en guise de hors-d'œuvre avec du sel, mais qui n'a de beurre que le nom.

J'ai goûté aussi de la grosse tortue terrestre; sa chair gélatineuse et grasse est loin de valoir la réputation qu'on lui a faite.

Les Malgaches emploient en guise de condiment, pour relever le goût de leur poisson frit à l'huile de coco, une plante à fleurs jaunes et à feuilles lancéolées dont je ne connais pas le nom scientifique et qu'ils appellent *féliki mafâtra*. Je m'en suis fait apporter pour en goûter. Quand on mâche la fleur, il se développe sur la langue et sur les lèvres une sensation bizarre qui ne rappelle aucun des condiments connus : c'est un fourmillement analogue à celui que produirait un faible courant électrique. Cette impression ne dure que quelques minutes; elle est remplacée ensuite par une grande sensation de fraîcheur assez analogue à celle qui se développe quand on suce des pastilles de menthe.

4 avril. — Les ouvriers qui font des terrassements sur l'emplacement du sanatorium ont découvert des vers de terre d'une grosseur et d'une longueur invraisemblables, tels que je n'en ai jamais vu dans aucune contrée : ils ont au moins un mètre de long et la grosseur du pouce. C'est hideux. On dirait des vers de nos pays vus au microscope à un grossissement énorme.

A Nossi-Comba, presque toutes les plantes contiennent une sève extrêmement abondante qui coule comme un petit ruisseau dès qu'on y fait une entaille. Pour aplanir la route du sanatorium, il a fallu creuser en certains endroits des tranchées assez profondes et à pic. Tout le long de la tranchée, les racines sectionnées laissent échapper de grosses gouttelettes de liquide qui font rigole sur l'argile et qui coulent sans s'arrêter depuis que le travail est fait, c'est-à-dire depuis au moins six jours et six nuits. Ces terres vierges dégagent dès qu'elles sont mises à découvert une odeur forte et particulière. Nous nous serions bien gardés d'y toucher si nous avions pu faire autrement. Heureusement les terrassements sont relativement peu considérables.

Tous les soirs, au moment où le soleil se couche, nous entendons les cris de la *grenouille-bœuf*, ainsi appelée parce qu'elle imite à la perfection les mugissements de ces animaux. La ressemblance est tellement frappante, que dans les premiers temps j'étais absolument convaincu qu'un troupeau de bœufs était parqué dans notre voisinage. Ce singulier batracien, qui vit non pas dans les mares mais sur les feuilles sèches et dans la boue des ornières, a une taille qui est loin d'être en rapport avec la puissance de son cri. Il mesure à peine 5 centimètres de longueur; en revanche, il est relativement très large, ses flancs fortement saillants en dehors font penser tout de suite à des caisses de résonance. Il a le dos jaune, le ventre gris rougeâtre avec une bordure noire. Sa tête est relativement petite; elle est surmontée de deux yeux microscopiques, rapprochés et saillants comme ceux d'une sole.

5 avril. — J'ai assisté aujourd'hui à un bien curieux spectacle : le combat d'une araignée et d'un oiseau pris dans sa toile. J'étais allé me promener en filanzane. En passant dans un petit chemin creux, je vois un joli cardinal rouge, de la grosseur d'un moineau, qui se débattait à l'extrémité d'une branche à laquelle il semblait fixé par l'aile. Je m'approche et je découvre qu'il est tout simplement pris dans la toile d'une de ces grosses

araignées à longues pattes rouges et à dos zébré de raies blanches qui, à Madagascar, tissent leurs filets en travers des chemins. Les fils de ces araignées sont de couleur jaune citron et extrêmement solides. En volant, le cardinal était venu donner contre la toile, qu'il n'avait pas aperçue. Une fois engagé, il avait fait un mouvement de recul pendant lequel les pennes de ses ailes s'étaient rebroussées et attachées plus solidement encore. En ce moment, il se débattait, cherchant vainement à se débarrasser de ses liens. Son ennemie, qui se tenait prudemment à l'extrémité de la toile, à l'abri des coups de bec de l'oiseau, n'entendait pas le laisser s'échapper. Chaque fois que le cardinal, de plus en plus épuisé par ses mouvements désordonnés, gardait un instant d'immobilité, l'araignée s'approchait, lui jetait autour du bec et des pattes un fil solide qui le maintenait de plus en plus étroitement. A la fin, il ne pouvait plus bouger du tout, maîtrisé par un filet serré qui lui emprisonnait tout le corps. L'araignée allait lui donner le coup de grâce en le piquant au cou, quand je me suis approché.

J'avais souvent entendu parler des araignées dévorant les oiseaux, mais j'avais cru à des contes. Cette fois j'ai vu de mes propres yeux. Les boys disent que ces combats sont fréquents et que quelquefois les araignées prennent ainsi de petits lézards et même de ces perruches vertes, grosses comme le poing, qui volent par troupes dans les forêts de Madagascar. Je le crois maintenant sans peine. Les toiles jaunes de ces affreuses bêtes sont d'une solidité remarquable; les araignées mettent souvent des semaines entières à dévorer cette grosse proie, et plusieurs fois en passant près d'elles j'ai vu fixés à leurs toiles des ossements desséchés de petits oiseaux qui m'avaient fortement intrigué, ne sachant pas ce dont elles étaient capables.

Les habitants du village d'Ampangourine savent confectionner des vases en terre qui résistent au feu. Leur forme est exactement copiée sur celle des grossières poteries de Bombay vendues à Nossi-Bé par les commerçants indiens, qui les reçoivent directement de l'Inde par boutres, mais leur couleur, d'un noir métallique, est particulière au pays malgache.

Il n'y a pas de fabrique spéciale de poterie à Ampangourine; dans chaque maison, les femmes confectionnent, au fur et à mesure des besoins, les vases nécessaires au ménage. Elles vont chercher près d'un petit village des environs une argile très grasse, qu'elles battent d'abord sur une pierre plate avec un pilon de bois; elles roulent ensuite le bloc d'argile avec la main pour lui donner la forme d'un cône tronqué; le sommet du cône reposant sur la pierre, elles creusent l'intérieur avec les doigts de façon à le transformer en une sorte de cupule, puis elles déposent sur le bord supérieur de la cupule un petit boudin de terre comme si elles voulaient ajouter un rebord au vase commencé; elles aplatissent ce boudin à la main, en ajoutent un second, puis un troisième; elles parviennent ainsi à former, comme par une succession d'étages superposés, les parois du vase. Quand il a atteint la hauteur voulue, elles en rectifient la forme avec les mains, le polissent en dedans et en dehors avec un fragment de calebasse ou une petite coquille, et le font ensuite sécher au soleil pendant deux jours, après quoi elles le soumettent à la cuisson. Le vase est rempli de balle de riz; on le dépose sur un lit de cette balle et on l'entoure de bambous secs, auxquels on met le feu. La poterie prend alors cette teinte noire indélébile à reflets métalliques qui en constitue l'originalité. Les Sakalaves et surtout les Hovas savent fabriquer, par ce procédé, des gargoulettes à cols allongés, ornées de dessins à la pointe sobres et de bon goût.

UN PRISONNIER HOVA. — D'APRÈS UNE PHOTOGRAPHIE.

LA REINE BINAO AU VILLAGE D'AMPANCOURINE. — D'APRÈS UNE PHOTOGRAPHIE DU DOCTEUR DE LIBESSARD.

CHAPITRE IV

Adieu à Nossi-Bé. — Changements survenus à Majunga. — Le restaurant des Frères Provençaux. — Les fourmis. — La plage. Les hôpitaux. — Les cantonnements des troupes. — Couchettes improvisées. — Le jour de Pâques. — Les boucheries militaires.

UN JOUEUR DE VALIA. D'APRÈS UNE PHOTOGRAPHIE.

Le 7 avril. — Les médecins désignés pour faire le service du sanatorium sont arrivés par le dernier paquebot; notre mission est terminée ici et nous allons partir pour Majunga. J'ai engagé un petit boy indigène qui répond au nom harmonieux de *D'som D'soukou*; ce sera un précieux auxiliaire pour mon ordonnance, déjà éprouvé par le climat et qui souffre de fréquents accès de fièvre.

Nous nous embarquons à 3 heures du soir à bord du *M'Panjacka*. L'administrateur, le médecin de l'hôpital, quelques notables commerçants d'Hellville, sont venus nous faire la conduite jusqu'au bateau; ce n'est pas sans émotion que nous leur disons adieu; nous quittons avec regret cette colonie de Nossi-Bé si hospitalière où nous avons passé deux mois qui compteront parmi nos meilleurs souvenirs de campagne.

Nous levons l'ancre à 5 heures du soir. Le petit bateau qui nous emporte est encombré d'Indiens, de Malgaches, de cages à poules, juchés pêle-mêle par dessus les bagages et les malles restés sur le pont : c'est une véritable arche de Noé. Des créoles de la Réunion ont envahi jusqu'à la coupée des premières; une vieille femme est installée sans façon sur ma chaise de pont; comme elle tient un petit enfant à demi nu, je ne la dérangerai pas. Nous venons d'être assaillis en pleine mer par un orage épouvantable, et c'est un curieux spectacle de voir tous ces gens patauger dans la boue qui recouvre le pont.

Nous arrivons le 8 avril à 3 heures du soir en vue de Majunga. Le port est encombré par des boutres et des embarcations de toute sorte. De grands changements sont survenus dans la ville depuis notre passage en janvier : on construit partout; des tentes élevées pour le service des subsistances arrivent jusqu'à la plage; la ville est encombrée par la troupe et les états-majors. Il n'y a déjà plus moyen de se loger; il nous est impossible en tous cas de trouver une installation ce soir; le mieux est d'aller demander l'hospitalité pour une nuit encore au commandant du *M'Panjacka*, qui ne quitte la rade que demain.

10 avril. — Nous avons fini par nous caser, le commandant Magué et moi, chez un Indien. Nous campons

tous deux dans l'unique chambre disponible de la maison en face du colonel de Beylié, dont le logement est séparé du nôtre par une étroite cour. Nous avons dû, avant de nous installer, procéder à un nettoyage méticuleux : les murs et les poutres du plafond étaient ornés de toiles d'araignées gigantesques; les nattes qui recouvraient le carrelage servaient de refuge à une foule d'insectes : fourmis, énormes cancrelats, arachnides de toute forme et de toute nuance. Nous nous en sommes à peu près débarrassés en versant partout des flots de pétrole.

Il y a ici de petites fourmis microscopiques qui nichent par milliers dans les interstices situés entre les murs et le plancher. Elles sont si petites qu'elles peuvent s'insinuer partout, par la moindre fente; elles pénètrent, si l'on n'y prend garde, dans les malles, y établissent domicile entre les feuillets des livres et les plis des effets. Elles envahissent les lits, et, pour nous garer d'elles, nous avons été obligés de mettre les pieds de nos couchettes de campagne dans des boîtes à sardines remplies d'eau.

Pour cette première nuit, nos boys D'som D'soukou et Matiaro ont couché sous la véranda, dans nos chaises longues en rotin. Les fourmis ont grimpé à l'assaut par les pieds de ces chaises et les ont attaqués en bataillons serrés, de sorte que ces pauvres enfants ont passé la nuit à leur faire la chasse.

Majunga offre actuellement bien peu de ressources pour l'alimentation. Nous ne disposons guère que des rations de l'administration; il nous est à peu près impossible de nous approvisionner en légumes frais, œufs, volailles. Aussi, au lieu de faire popote comme à Nossi-Comba, nous décidons d'aller prendre nos repas au restaurant des Frères Provençaux. L'établissement est à peine installé. Notre table est dressée sous une grande toile de tente tendue sous les tamariniers, à côté de celle des Intendants. L'eau de boisson manque un peu à Majunga; elle est surtout d'une qualité qui laisse fortement à désirer. Des ordres sévères ont été donnés pour que les troupes de la brigade Metzinger, arrivées depuis un mois dans la place, ne consomment que de l'eau bouillie. Nous faisons de même et je surveille en personne la préparation de notre eau de boisson.

11 avril. — La plage de sable située à l'extrême pointe de Majunga, où se font les débarquements et où l'on est en train de construire le wharf, est encombrée de tentes, de baraques destinées à loger les approvisionnements qui arrivent chaque jour pour le Corps Expéditionnaire. De gigantesques meules de foin comprimé, des montagnes de sacs d'orge s'élèvent en plein air à côté des amas d'essieux et de roues de voitures Lefebvre, des caisses et des ballots entassés les uns sur les autres. C'est un fouillis indescriptible au milieu duquel se meuvent difficilement des nuées de coolies charriant des brouettes ou de petits wagonnets montés sur rails. Le recrutement de ces coolies a été extrêmement laborieux; malgré l'activité déployée, l'argent dépensé, les nombreux agents envoyés dans tous les pays où ce recrutement pouvait se faire, les résultats obtenus ont été de beaucoup inférieurs aux besoins. Les races les plus diverses ont cependant été mises à contribution : Sakalaves recrutés à Nossi-Bé ou sur la côte ouest de Madagascar, Makoas venant de Mozambique, Kabyles exportés d'Algérie, Somalis arrivés tout récemment de Djibouti et d'Obok. Le commandement aurait même envoyé jusqu'en Chine si la crainte du choléra qui sévit en ce moment dans cette contrée ne l'avait pas avec juste raison arrêté.

La pénurie d'auxiliaires indigènes pendant la période des débarquements et de l'organisation des colonnes va compliquer singulièrement les débuts de cette expédition déjà si difficile par elle-même.

Toutes les chambres disponibles dans les maisons de Majunga ont été louées pour y loger du personnel ou du matériel de guerre. Les étroites rues de la ville sont parcourues toute la journée par une population affairée qui les encombre et qui y circule avec difficulté : soldats de toutes armes se rendant à leur poste, officiers en tenue blanche ou cachou portant sur le casque colonial l'insigne de l'arme ou du service auquel ils appartiennent, petites voitures Lefebvre attelées de mulets ou de bœufs, longues théories de coulis marchant à la file, ruisselant sous le soleil et sous le fardeau qu'ils portent sur la tête en chantant d'une voix monotone pour se donner du courage.

La ville indigène, dont les petites paillotes s'élèvent le long de la mer sur un parcours de près de 2 kilomètres, n'a pas retrouvé ses anciens habitants; dispersés lors du bombardement de Majunga, ils n'ont pas osé reparaître, moins par peur des Français que par crainte d'être enrôlés comme travailleurs pour décharger les navires dans le port. Les tirailleurs algériens de la 1re brigade sont logés dans les cases abandonnées.

L'hôpital militaire est installé près du Rouvre, sur un plateau bien ventilé par la brise de mer, mi-partie dans un grand bâtiment en planches recouvert d'un toit de tôle ondulée, mi-partie sous des tentes du système Tollet. Il contient cent couchettes en fer avec sommier, matelas, draps et moustiquaires. Presque tous ces lits sont déjà occupés par des malades atteints d'affections paludéennes, et le génie est en train de monter de grandes baraques du système Espitalier pour en installer d'autres. Les reconnaissances qu'on a faites dans les marais aux environs de Majunga et l'expédition sur la route de Marovoay, qui a duré trois jours, ont suffi pour remplir les formations sanitaires. Un hôpital flottant installé sur le *Shamrock*, en pleine rade de Majunga, commence également à recevoir des malades.

La ville, d'ailleurs, est assez malsaine; elle est située entre la mer qui découvre à marée basse des fonds vaseux semés de palétuviers et d'immenses rizières qui, en cette saison de l'année, sont transformées en marécages. Nous sommes heureusement à la fin de la mauvaise saison; déjà la température est meilleure et les pluies sont devenues plus rares. Et puis nous allons marcher en avant : l'expédition est proche; le gros des troupes est en route. A partir de la deuxième quinzaine d'avril, les bateaux chargés de transporter le Corps Expéditionnaire arriveront successivement, à de courts intervalles. En attendant, l'autorité militaire fait ce qu'elle peut pour assainir la ville : les rues ont été débarrassées de toutes les immondices que l'incurie des Indiens y avait laissé s'accumuler. Les oiseaux de proie, qui seuls étaient chargés avant notre arrivée du service de la voirie, commencent à être inquiets et tournoient des heures entières au-dessus des maisons sans trouver une pâture suffisante. Les puits d'eau douce ont été curés : on y a trouvé de tout, même des squelettes humains.

Ces puits sont une des rares curiosités de Majunga; il y en a plus de cent dans la ville ou dans ses environs immédiats. Chaque maison indienne ou arabe en possède un. Il y en a d'autres qui sont creusés au milieu des rues, quelquefois à 10 ou 12 mètres seulement de la mer, en plein sable du rivage; ils sont entourés d'une margelle haute au plus de 30 centimètres, de sorte qu'il faut prendre la nuit de grandes précautions pour ne pas s'y laisser choir.

Les troupes déjà arrivées sont installées dans trois cantonnements principaux autour de Majunga; les soldats de marine sont au Rouvre, à côté de l'hôpital, les tirailleurs algériens dans la ville indigène, enfin, entre les deux sont les campements de l'artillerie et du génie. Ces derniers sont extrêmement pittoresques : le terrain qu'ils occupent est ombragé par de magnifiques manguiers et par des baobabs dont les troncs ventrus ressemblent à des bouteilles énormes. Tout autour, la campagne est parsemée de tombeaux musulmans en pisé badigeonné de chaux et de tombes sakalaves reconnaissables seulement aux tas de pierres ovalaires qui marquent leurs emplacements.

Sous les arbres, les troupiers ont installé leurs cuisines et leurs réfectoires : le *rata* mijote sur un feu de broussailles, dans des marmites posées sur quatre pierres; les cuisiniers affairés, les bras nus, la chemise ouverte, surveillent le repas du soir. Il est 5 heures : le soleil déjà bas à l'horizon crible le feuillage de flèches d'or obliques qui descendent jusqu'aux petites tables installées sous les arbres. Ces tables, ainsi que les bancs qui les flanquent de chaque côté, ont été faites avec des planches de caisses reposant sur des pieux fichés en terre; elles supportent les gamelles bien luisantes, les bidons remplis de vin. Des seaux en toile pleins d'eau bouillie se balancent aux basses branches des manguiers; au-dessous d'eux, un grand nègre à demi nu, préposé aux hautes fonctions de marmiton de l'escouade, coupe des tranches de pain de soupe dans une marmite de campagne.

C'est l'heure où le travail finit : les coulis arrivent de tous côtés, conduisant de longues files de voitures Lefebvre traînées par des mulets. Ils se hâtent d'entraver leurs bêtes et de courir à un grand rond-point où cuisent d'énormes marmites en fonte remplies de riz jusqu'au bord.

Près du feu, un Abyssin, accroupi sur les talons et drapé dans sa grande couverture rouge, surveille le dîner en fumant dans une longue pipe en métal dont le tuyau est aussi haut que lui.

La plupart des soldats sont cantonnés dans des cases malgaches; rien n'est plus curieux que de visiter une de leurs installations. On leur a recommandé, avec juste raison, de ne jamais coucher par terre, mais l'administration pouvait leur fournir seulement une toile imperméable, une couverture, un sac à paille et une moustiquaire, et ils ont dû s'ingénier pour faire le reste.

Les plus habiles se sont construit des lits de camp avec quatre piquets et des planches; ils ont placé pardessus leur moustiquaire tendue sur de petites baguettes flexibles courbées en demi-cercle. A d'autres, on a prêté des brancards d'ambulance qu'ils ont montés sur des pieux ou même suspendus aux poutres du toit avec des cordes. Le directeur du service de santé au ministère a eu l'heureuse pensée d'envoyer pour cet usage 6000 de ses brancards réglementaires, qui rendent ici les plus grands services. C'est à la fin de la sieste qu'il faut visiter les casernements. Beaucoup de soldats dorment encore, allongés, les uns sur le dos, les autres sur le ventre, dans les postures les plus bizarres. L'un, dont le lit est un peu court, est replié en chien de fusil; un autre a mis son sac sous sa tête en guise d'oreiller. Toutes les couchettes qui appuient sur le sol ont les pieds placés dans des boîtes de conserves remplies d'eau, pour éviter les fourmis.

14 avril. — C'est aujourd'hui dimanche et jour de Pâques. Les Pères jésuites descendus de Tananarive et installés provisoirement à Majunga ont demandé au général Metzinger un local convenable pour célébrer une messe solennelle. On leur a prêté trois grandes baraques Espitalier construites sur la plage pour le service des vivres et qui, étant à peine achevées, n'ont pu recevoir encore les approvisionnements qu'elles doivent abriter. Ces baraques n'ont que leur toit en tôle et leur monture métallique; elles ressemblent à trois grands hangars qui se toucheraient par leurs plus longs côtés. Le service du génie a masqué celle du fond avec de grosses toiles en fibres de coco et il a installé entre les deux travées centrales un autel grossier en planches qu'on a décoré avec des drapeaux et de grandes palmes de cocotier. L'assistance, composée d'officiers, de soldats, de commerçants et de créoles, se tient mi-partie debout, mi-partie assise sur des pliants, sous les deux autres hangars. La messe est servie par un petit nègre pieds et jambes nus, vêtu d'un surplis en calicot, serré à la taille par un large galon noir et jaune. Pendant l'office, deux employés de la résidence jouant l'un du violon, l'autre de la flûte, exécutent avec goût plusieurs morceaux religieux.

15 avril. — Il y a 36 degrés à l'ombre dans l'intérieur de notre chambre, qui est cependant une des plus fraîches et des mieux ventilées de Majunga. Jamais à Nossi-Comba nous n'avons eu une température pareille.

La peau est constamment humide; nous vivons dans un perpétuel bain de vapeur et, dans nos lits, la nuit, nous avons la sensation désagréable du drap mouillé collé au corps. Dans ces pays intertropicaux, le poumon et le rein fonctionnent relativement peu; c'est la peau qui est surtout chargée de maintenir l'équilibre entre la température intérieure du corps et celle de l'atmosphère. Aussi les indigènes savent-ils faciliter son fonctionnement par des ablutions et des lotions générales fréquentes. L'Indien chez lequel nous sommes logés a, comme tous ses compatriotes, une petite salle de douches dans laquelle se trouve en permanence un tonneau rempli d'eau. J'ai pris l'habitude de passer matin et soir dans ce local et je m'en trouve admirablement. J'ai déjà parlé de la propreté méticuleuse des Malgaches des deux sexes. Ici encore l'expérience a tenu lieu de science.

C'est égal, nos chefs ont bien fait de ne pas commencer trop tôt la marche en avant. Quelques jours avant notre arrivée à Majunga, le général Metzinger avait prescrit une reconnaissance offensive vers Marovoay, à laquelle a pris part toute l'avant-garde du Corps Expéditionnaire. Les troupes, parties moitié par eau, moitié par la route de terre, se sont avancées jusqu'à très peu de distance de Marovoay, à environ 65 kilomètres de Majunga. La colonne qui marchait par terre a éprouvé de très grandes difficultés à faire la route; la saison des pluies était à peine terminée, et dans certains endroits où nous passerons presque à pied sec dans un mois les soldats ont eu de la vase jusqu'au-dessus des genoux. La reconnaissance a été effectuée d'ailleurs presque sans coup férir : trois hommes seulement ont été légèrement blessés. Les troupes sont rentrées à Majunga, après avoir laissé une garnison solide dans deux points importants : à Maëvarane, village situé à 35 kilomètres environ de Majunga sur la route de Tananarive, et à Mahabo, autre village plus avancé encore mais placé sur la rive gauche de la Betsiboka.

17 avril. — Chaque jour nous faisons toucher au magasin des subsistances trois rations de vivres que nos ordonnances portent au restaurateur pour qu'il les accommode. Le nombre des rations journalières auxquelles ont droit les officiers augmente avec le nombre des galons : deux pour les lieutenants et les capitaines, trois pour un chef de bataillon, quatre pour un colonel. On croirait que l'appétit doit augmenter avec le grade. Hélas! il n'en est pas ainsi. Dans les popotes où l'on met tout en commun, les jeunes gens bénéficient; aussi les officiers supérieurs y font-ils prime.

Jusqu'à présent Majunga a pu être approvisionnée régulièrement en viande fraîche grâce aux immenses troupeaux de bœufs à bosse nourris sur la Grande Terre. On tue chaque jour pour le Corps Expéditionnaire un certain nombre de ces animaux; leur viande est saine, de bonne qualité, mais un peu dure. Les animaux de boucherie sont parqués sur la plage, à l'ouest de la ville, et l'abattoir militaire est installé tout près de là, entre deux dunes de sable. Deux grandes bigues placées côte à côte servent pour suspendre les animaux. Les bœufs attachés par les cornes à une corde sont amenés sous les bigues, renversés sur le sol et égorgés par les bouchers. On ne les assomme pas parce qu'un grand nombre de soldats et de coolies du Corps Expéditionnaire sont musulmans et ne peuvent manger que de la viande d'animaux tués par égorgement.

Malheureusement, on ne peut trouver à Majunga le moindre légume vert; c'est une grosse privation. L'autre jour, au restaurant, on nous a servi sous le nom de salade les feuilles vertes de je ne sais quelle plante dure et amère que nous avons trouvée délicieuse. J'ai vu des soldats qui essayaient d'accommoder au vinaigre de jeunes pousses d'herbe cueillies dans la brousse voisine : décidément l'homme est surtout végétarien.

UN LIT DE TROUPIER. — DESSIN DE J. LAVÉE

19 avril. — Les préparatifs de la marche en avant sont plus longs qu'on ne l'aurait voulu et nous en avons pour quelque temps encore avant que le gros des troupes prenne la route de Tananarive. Le général Metzinger se trouve aux prises avec de réelles difficultés, dont il triomphera à coup sûr, mais qui le retardent. Il y a d'abord la question des coolies, qui est loin d'être résolue. Il en faudrait 10 000; jusqu'à ce jour, malgré toute l'activité déployée, il en est arrivé 2 000 au plus. Il y a aussi les voitures Lefebvre, dont il faut bien se servir faute de mieux. Il en arrive par tous les bateaux, mais

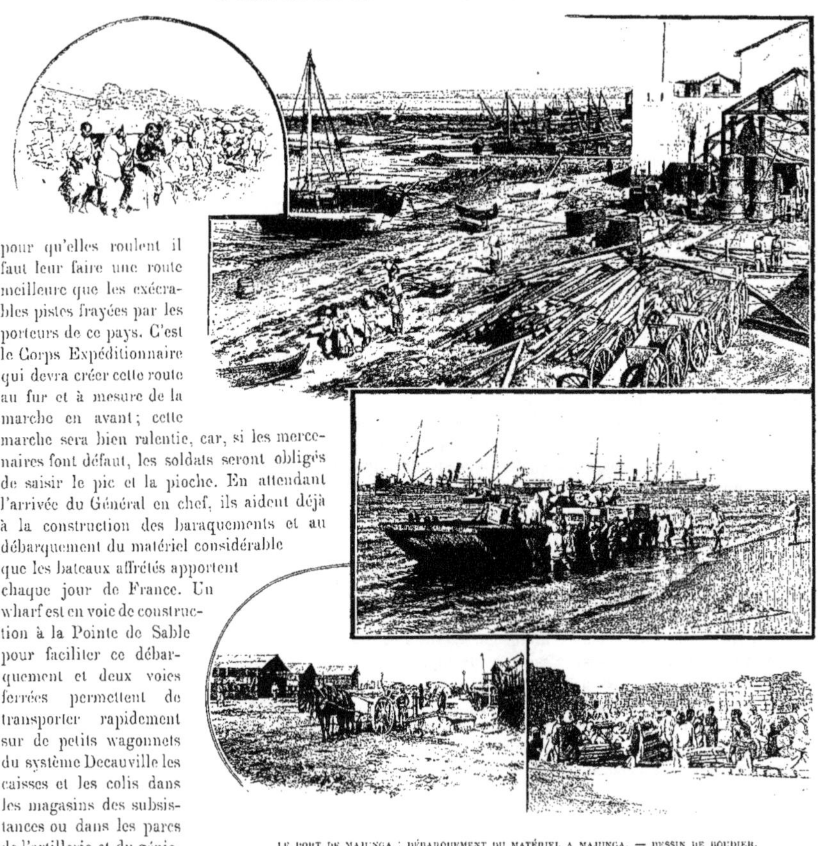

LE PORT DE MAJUNGA : DÉBARQUEMENT DU MATÉRIEL A MAJUNGA. — DESSIN DE BOUDIER.

pour qu'elles roulent il faut leur faire une route meilleure que les exécrables pistes frayées par les porteurs de ce pays. C'est le Corps Expéditionnaire qui devra créer cette route au fur et à mesure de la marche en avant; cette marche sera bien ralentie, car, si les mercenaires font défaut, les soldats seront obligés de saisir le pic et la pioche. En attendant l'arrivée du Général en chef, ils aident déjà à la construction des baraquements et au débarquement du matériel considérable que les bateaux affrétés apportent chaque jour de France. Un wharf est en voie de construction à la Pointe de Sable pour faciliter ce débarquement et deux voies ferrées permettent de transporter rapidement sur de petits wagonnets du système Decauville les caisses et les colis dans les magasins des subsistances ou dans les parcs de l'artillerie et du génie.

21 avril. — Le capitaine de vaisseau Bienaimé, chef de la division navale, arrivé ce matin de Diégo-Suarez à bord du *Primauguet*, a apporté à Majunga la nouvelle de la prise du fort d'Ambohimarine, situé entre Diégo-Suarez et la montagne d'Ambre dans une position qualifiée avec juste raison d'inexpugnable. L'ennemi n'a même pas attendu nos troupes pour déguerpir. A l'heure actuelle, toute la région nord de la Grande Terre est complètement débarrassée des Hovas. Il est très probable qu'ici il en sera de même dès qu'on pourra marcher de l'avant. Les difficultés de la campagne ne viendront pas de l'ennemi, qui ne nous attendra jamais, mais des routes et du climat.

22 avril. — J'ai des nouvelles de mon ami le commandant Serpette, embossé avec son *Gabès* depuis près de quinze jours en pleine Betsiboka, à 70 kilomètres de Majunga et à hauteur de Marovoay. Cette dernière ville, bien que n'ayant pas encore été occupée par nos troupes, est déjà complètement abandonnée par les Hovas. La région est renommée pour ses moustiques, et les marins du *Gabès* n'ont d'autres ressource pour se défendre contre ces insectes que d'entrer jusqu'à mi-corps dans un sac à distribution qu'ils coulissent sous les aisselles.

Au village de Makabo, en face de Marovoay, les intendants, qui y ont un dépôt de vivres avec une manutention, affirment que les boulangers ne peuvent pas faire le pain. La flamme des fours attire des nuées de moustiques, et dès que les mitrons mettent le torse à nu pour pétrir leur pâte, ils sont assaillis par des milliers de ces diptères, dont les innombrables piqûres les forcent à fuir en leur arrachant des cris de douleur. Heureusement, à Majunga, il n'en est pas ainsi : les moustiques sont en petit nombre le jour, et la nuit nos moustiquaires suffisent très bien à nous en préserver.

* * *

Débarquement des troupes et du matériel. — Encombrement de la plage et des rues. Animation fébrile. — A la rencontre du Général en chef. Les fêtes de Nossi-Bé : le grand kabar solennel. — Un bal original. — Visite du Général au sanatorium.

23 avril. — Le gros des troupes du Corps Expéditionnaire commence à arriver; chaque jour un navire jette l'ancre dans la rade, amenant des soldats ou du matériel. Le colonel Bailloud, directeur du service des transports et des étapes, se multiplie avec une activité dévorante; on le rencontre partout dans les rues, sur la plage, passant comme une flèche sur son cheval lancé aux grandes allures. Dans tous les coins, on construit des abris : grandes tentes, baraques à toiture de tôle ondulée, immenses hangars où s'empilent jusqu'au faîte les milliers de caisses, de ballots, de tonneaux que les cales des navires vomissent tout le long du jour sur la plage de Majunga. Ils s'entassent d'abord sur le sable du rivage, pêle-mêle, en pyramides énormes; puis des officiers passent leurs journées à les trier par services : artillerie, subsistances, ambulances, campement. Au fur et à mesure qu'ils sont reconnus, des trains de wagonnets poussés par des coulis, des centaines de voiture Lefebvre traînées par des bœufs ou des mulets les emportent jusqu'aux magasins, où ils s'engouffrent et disparaissent.

Les petites rues de Majunga sont trop étroites pour la foule qui s'y presse à certaines heures; les coulis se coudoient et hurlent; les voitures accrochent, au grand désespoir de leurs conducteurs. Partout règnent une animation fébrile, un va-et-vient continuel, au milieu des flots de poussière, sous le soleil des tropiques dont les rayons brûlent le crâne malgré le casque.

Les commerçants européens et indiens font leurs provisions, eux aussi, en vue de l'arrivée des troupes; mais comme tous les recoins de leurs maisons ont été réquisitionnés pour loger les soldats et le matériel de guerre, ils ont transformé les rues en magasins, et, devant chaque boutique, des caisses s'empilent jusqu'à hauteur des toits.

De temps en temps une sonnerie de clairon retentit, accompagnée d'un cliquetis d'armes et de ce bruit de pas cadencé que fait une troupe en marche : c'est un bataillon qui vient de débarquer et qui rejoint son cantonnement. Le teint clair de nos petits troupiers arrivant de France fait plaisir à voir; leurs grosses joues roses dégouttent de sueur; ils ont l'air content et étonné des gens qui débarquent et que tout intéresse. Les anciens, ceux qui sont depuis un certain temps sur la terre malgache et dont la figure pâlie révèle une constitution déjà en lutte avec l'anémie, regardent, heureux et souriants, ces camarades qui viennent partager leurs fatigues et qui leur apportent dans les plis de leurs vêtements un peu du bon air du pays.

24 avril. — Un bataillon de tirailleurs algériens et une compagnie du génie arrivent aujourd'hui. Ils séjourneront vingt-quatre heures à peine à Majunga; demain ils partiront pour camper en échelons sur la route de Marovoay. La ville de Majunga n'offre pas de ressources suffisantes pour le cantonnement du Corps Expéditionnaire : chaque bataillon qui débarque pousse en avant le premier occupant, qui est obligé de lui céder sa place. Les soldats, les officiers eux-mêmes en sont ravis; rien n'est plus déplaisant pour une troupe en campagne qu'un séjour prolongé dans un poste.

26 avril. — Le général Metzinger envoie le paquebot affrété *Notre-Dame-du-Salut* au-devant du Général

BOUCHERIE MILITAIRE, À MAJUNGA. — DESSIN DE LOUIS TINAYRE.

BAL OFFERT PAR L'ADMINISTRATEUR DE NOSSI-BÉ AU GÉNÉRAL DUCHESNE. — DESSIN DE LOUIS TINAYRE.

en chef, à Mayotte. Le général Duchesne et le médecin inspecteur Émery Desbrousses, directeur du service de santé du Corps Expéditionnaire, doivent quitter à cette escale le paquebot des Messageries maritimes pour prendre le *Notre-Dame-du-Salut*, qui les transportera jusqu'à Nossi-Bé et Nossi-Comba, où ils iront visiter le sanatorium, et qui les ramènera ensuite à Majunga. J'ai l'ordre d'aller attendre le Général en chef à Nossi-Bé pour lui rendre compte de notre mission.

Je dois embarquer à 11 heures du matin. A cause du mouvement considérable du port, il me faut attendre pendant deux heures assis sur ma cantine l'embarcation commandée pour me conduire à bord. Pendant ce temps je puis examiner à loisir les manœuvres compliquées du débarquement des troupes et du matériel. Les officiers préposés à ce service ont un réel mérite : ils sont obligés de se donner beaucoup de peine pour remplir leur mission avec les moyens rudimentaires dont ils disposent actuellement. Les chalands commandés en France ne sont pas arrivés, et le grand appontement en fer, pour la mise en place duquel le constructeur a éprouvé des difficultés inattendues, n'est pas encore terminé.

Tout se fait quand même grâce à l'ardeur et à l'esprit d'initiative des officiers et des hommes. En ce moment, on débarque devant moi un grand chaland rempli de mulets : ce chaland est ancré à quelque distance du rivage par 80 centimètres ou 1 mètre de fond; tout autour, sauf du côté qui regarde la pleine mer, des matelots sakalaves, recrutés à Sainte-Marie de Madagascar, se tiennent le long du bord, ayant de l'eau jusqu'au cou. Chaque mulet est amené près du bordage orienté vers la pleine mer. Quatre vigoureux Somalis montés sur le chaland l'empoignent par les oreilles, par la queue, par la croupe, et le font basculer dans l'eau. L'animal, ahuri par cette pirouette, ne tarde pas à revenir sur les flots et à nager vigoureusement vers le rivage, où il arrive ordinairement sans encombre guidé par les Sakalaves qui entourent le bateau.

Le paquebot lève l'ancre à 3 heures de l'après-midi, et le lendemain 27 avril il entre par un temps superbe en rade de Nossi-Bé vers les 9 heures du matin. Que ce mouillage d'Hellville est donc joli et quel contraste il forme avec la plage aride de Majunga!

En arrivant à Hellville, je retrouve auprès de M. l'administrateur principal François le même accueil empressé et cordial.

La colonie de Nossi-Bé est enthousiasmée par l'arrivée prochaine du Général en chef; les préparatifs des fêtes qui vont lui être offertes pendant son séjour mettent les Français d'Hellville sens dessus dessous. Une foule d'habitants de l'île encombrent déjà la capitale, où il n'y a plus de logement disponible.

Tous les rois et les reines sakalaves de la côte ouest sont arrivés; ils sont disséminés aux quatre coins de la ville. On me montre Tsialane roi des Antankars, Tsiaras roi des Sakalaves d'Ankifi, Binao reine sakalave d'Ampasimène. Cette dernière est même allée visiter en grande pompe le sanatorium de Nossi-Comba, dont l'île est occupée par ses sujets.

Tous ces grands personnages indigènes vivent, ainsi que leur suite, aux frais de la colonie pendant le temps de leur séjour à Hellville. Ils touchent à cet effet des rations journalières de riz, de viande et même de gros vin de cambuse, pour lequel ils ont un goût très prononcé.

Le 4 mai, à 7 heures du matin, l'arrivée du paquebot *Notre-Dame-du-Salut* portant le Général en chef est annoncée à la population d'Hellville par un coup de canon. Aussitôt une animation extraordinaire se produit dans les rues; tous les indigènes, revêtus de leurs plus beaux habits, se dirigent par groupes vers la jetée pour assister à l'arrivée du général Duchesne. Les colons, réunis à la Résidence, ont pris l'habit noir; les officiers ont revêtu l'uniforme de flanelle bleue.

A 8 heures, le paquebot jette l'ancre à quelques encablures seulement du rivage et aussitôt nous nous rendons à bord.

Le Général en chef attend sur le pont, ayant à ses côtés son chef d'état-major le général de Torcy, les deux directeurs du service de santé et du génie et l'un de ses officiers d'ordonnance, le lieutenant de vaisseau Simon. Le général Duchesne a revêtu la nouvelle tenue en toile cachou que je vois pour la première fois et qui est vraiment commode et même élégante. Après les présentations, il descend immédiatement à terre, salué par une salve de quinze coups de canon. Il est reçu à l'extrémité de la jetée par tout le personnel officiel et par les notables de la colonie, au son de la musique des Pères du Saint-Esprit qui joue *la Marseillaise*.

Il est 9 heures quand le cortège s'ébranle pour se rendre, sous une voûte de verdure ornée de drapeaux tricolores, à l'hôtel de la Résidence, où les chefs sakalaves, revêtus de leurs costumes de cérémonie et couverts de bijoux, attendent la faveur d'être présentés au Général en chef. La présentation est vraiment originale; le Général et sa suite paraissent favorablement impressionnés.

A 1 heure de l'après-midi, la sieste est interrompue par un violent coup de canon annonçant le commencement des fêtes populaires. Immédiatement les rues s'animent; les Malgaches sortent de leurs cases; partout, sur le cours de Hell, des groupes se forment à l'ombre des manguiers. On danse sur l'herbe au son de l'accordéon, du tam-tam et d'une sorte de hautbois aux notes nasillardes. Ici c'est une bande d'Anjouanais aux longues robes flottantes qui, rangés sur une seule ligne, se balancent avec des mouvements lents, assez gracieux; plus loin, des femmes makoases aux oreilles déformées par des boucles énormes, aux chevilles ornées de lourds anneaux

DÉBARQUEMENT DES MULETS, À MAJUNGA. — DESSIN DE LOUIS TINAYRE.

d'argent, se trémoussent, battant le sol de leurs talons nus à coups précipités, en suivant la cadence indiquée par un gros tambour qu'un Malgache frappe à tour de bras.

Les Sakalaves se livrent à leur passe-temps favori, le *fangoundi* ou *jeu du coup de poing*. Beaucoup d'entre eux ont bu outre mesure, et cependant tout se passe bien. Chez des gens moins bien doués au point de vue du caractère, ce jeu fournirait de nombreux prétextes à querelle. Voici en quoi il consiste :

Dans un grand cercle, formé par les spectateurs, qui se tiennent debout ou accroupis sur le sable, un des joueurs, feignant d'être fort en colère, se promène de long en large, gesticulant, se déhanchant comme un matamore, provoquant du geste et de la voix tous les hommes présents, leur passant le poing sous le nez pour les mieux défier. Pendant ce temps un des assistants frappe à coups redoublés sur un gros tambour.

Le défi est accepté et un deuxième joueur entre dans l'enceinte pour se mesurer avec le premier; il fait, lui aussi, le tour de l'arène le poing sur la hanche, l'air insolent. Le premier entré examine ce concurrent et, s'il le juge plus fort que lui, il s'empresse de disparaître prudemment au milieu des spectateurs. Celui qui reste dans le cercle redouble alors ses gestes et ses bravades jusqu'à ce qu'un autre lutteur se présente pour le combattre à son tour. Le spectacle peut se continuer ainsi pendant longtemps, sans que les joueurs se décident à en venir aux mains. Enfin, après beaucoup de tergiversations, deux lutteurs finissent par se mesurer. Ils s'approchent lentement, se dressant, se ramassant sur eux-mêmes alternativement, pendant que le tambour fait rage, puis, excités par les cris et les encouragements de la foule, ils s'attaquent à coups de poing. Généralement, au deuxième ou troisième coup l'un des deux s'avoue vaincu, sinon les amis du plus faible s'avancent en nombre et séparent vivement les combattants.

Quelques Anjouanais s'amusent à un divertissement assez original. Avec deux morceaux de bois mesurant chacun 10 ou 12 centimètres de longueur, ils ont fabriqué une petite croix qu'ils lancent devant eux de façon qu'elle roule de champ sur le sol. Les joueurs du camp adverse ont en main une liane à l'extrémité de laquelle ils ont fait un nœud coulant. Pour gagner, il faut présenter la liane de façon telle que la croix lancée à toute vitesse vienne s'engager dans l'anse du nœud coulant et tirer assez à temps pour que, ce nœud se fermant, la croix puisse être en quelque sorte cueillie et ramenée au bout de la corde.

Des cercles nombreux de spectateurs se forment autour de ces jeux : jeunes Sakalaves à la petite calotte rouge, au riche lamba de soie acheté sur la Grande Terre; femmes malgaches vêtues de robes de satin aux couleurs vives, de coupe européenne, coiffées d'immenses chapeaux de paille aux formes invraisemblables; métis arabes aux grandes robes noires brodées d'or; marchands indiens en costume national.

Tous ces gens rient, causent bruyamment, semblent heureux. De tous côtés, de petites guinguettes sont installées sous des abris de verdure ornés de drapeaux, de lampions, de lanternes en papier de couleur. On y boit du rhum, du vin, des sirops; on y chante, on y danse et surtout on y fait assaut d'éloquence. Des orateurs y parlent des heures entières, écoutés religieusement par la foule, qui applaudit aux bons endroits.

A 3 heures le jardin qui entoure le pavillon servant d'habitation au Général en chef est envahi par la foule : c'est là que doit avoir lieu l'audience solennelle, le grand kabar donné par le général Duchesne aux rois et aux reines indigènes.

Tout contre la maison, à l'extrémité d'une grande allée bordée de manguiers, des fauteuils ont été préparés pour le Général et pour sa suite. De chaque côté de l'allée, d'autres sièges sont disposés pour les rois et les princes. Tsiaras, Tsialane, la reine Binao, font successivement leur entrée, suivis de leurs ministres et d'un grand concours de femmes maquillées de noir et de jaune, qui chantent en battant des mains. Tous les chefs s'installent, et, derrière eux, les gens de leur suite s'accroupissent sur le sol. Quand tout est prêt, le général Duchesne paraît, suivi du général de Torcy, de l'administrateur de Nossi-Bé et de tous les officiers qui l'ont accompagné dans son voyage à Hellville. Aussitôt la cérémonie commence. Par l'intermédiaire de son interprète, le Général annonce qu'il est envoyé par le gouvernement français pour mettre l'ordre dans Madagascar et pour forcer les Hovas à respecter les traités. Les chefs sakalaves qui l'entourent sont de vrais amis de la France; il le sait et il est très heureux de se trouver au milieu d'eux. Il s'efforcera de leur être utile, mais en retour il faut que les chefs l'aident dans sa mission, non pas en lui fournissant des soldats, il en a assez pour aller jusqu'à Tananarive, mais en lui procurant les porteurs nécessaires pour que les vivres destinés à ses troupes puissent suivre l'armée.

La France est décidée à aller jusqu'au bout, et, pour leur en donner la preuve, le Général invite les chefs à venir le voir à Majunga, où ils pourront juger facilement des forces dont les Français disposent.

A 9 heures et demie du soir, après un grand banquet offert par la colonie dans une des salles du cercle de Nossi-Bé, le général Duchesne se rend à pied, à travers le cours de Hell, pavoisé et illuminé, à l'hôtel du Résident, qui donne une grande soirée dansante en son honneur.

Sur tout le parcours, la foule bariolée se presse et s'agite. Au moment de l'arrivée des rois et des reines, elle est tellement compacte qu'on ne peut avancer qu'avec la plus extrême difficulté.

Tsiaras, Tsialane et Binao ont tenu à assister aux danses, dont le spectacle leur cause généralement un très vif plaisir, mais comme ils sont suivis d'un cortège extrêmement nombreux de femmes, l'administrateur a placé au bas de l'escalier de l'hôtel deux gardes de police avec mission d'arrêter toutes les personnes qui ne sont pas absolument indispensables pour le service des chefs. Ceux-ci ont l'habitude de se faire suivre de domestiques de confiance portant l'un une gargoulette pleine d'eau, l'autre du tabac à chiquer, un troisième le sabre d'honneur, l'autre du tabac à chiquer, un troisième le sabre d'honneur, un quatrième le crachoir, etc. Il faut laisser passer ces gens et couper le cortège au moment opportun pour renvoyer dehors tout ce qui est inutile.

Grâce à cette manœuvre, le vestibule est bientôt envahi par une foule d'indigènes, parmi lesquels les femmes dominent; refoulés peu à peu, ils refluent jusque dans les jardins et vont s'entasser sous les varangues du rez-de-chaussée, où ils s'accroupissent coude à coude, attendant patiemment la sortie de leurs maîtres. Lorsqu'on regarde du haut des balcons de l'hôtel, on voit les jardins, les avenues, le cours de Hell, comme pavés à perte de vue de chevelures à boules et de faces noires.

A l'intérieur des appartements, le spectacle est peut-être plus original encore. Les salons, transformés en berceaux de verdure, sont réservés aux danseurs; les spectateurs, assis au frais sous les larges varangues décorées de feuillage et de pavillons, peuvent facilement suivre les danses à travers les grandes baies des portes. C'est sous ces varangues que se tiennent les chefs indigènes; chacun d'eux forme avec les gens de sa suite un groupe séparé. Binao et sa sœur Kavi sont en satin jaune avec des fleurs blanches disséminées dans leurs cheveux noirs comme des étoiles dans la nuit. Tsialane et Tsiaras sont revêtus de grandes robes noires, brodées d'or au col, au poignet des manches et sur la poitrine. Tsialane est coiffé d'un turban multicolore qui se termine en pointe au-dessus du front comme celui du sultan d'Anjouan. Tous ces indigènes en tenue exotique coudoyant les colons en habit, les officiers en uniforme et les danseuses européennes en robes décolletées, forment dans ce cadre de verdure un contraste singulier et un spectacle étrange.

Une grande table placée dans un des salons du fond supporte un buffet très bien servi, où Français et indigènes se coudoient fraternellement. L'administrateur est partout, faisant avec sa bonne grâce habituelle les honneurs de sa maison.

Jusqu'au jour, les danses et les chants de la rue, les bruits de la foule qui emplit les avenues, vont nous empêcher de dormir.

Logé dans l'hôtel même de l'administrateur, je ne puis songer à me coucher et, pour tuer le temps jusqu'au matin, je vais excursionner à Andohalo, dans le village malgache, en compagnie de mon fidèle Tsiadissous. Tout est calme ici; les petites paillotes indigènes noyées dans la pénombre paraissent comme endormies; de temps en temps, un chien que nous dérangeons au coin d'une rue s'enfuit en hurlant. La terre, surchauffée par une journée d'ardent soleil, dégage une odeur forte d'encens et de musc; de grandes chauve-souris planent silencieusement au-dessus des manguiers.

Tout à coup mon attention est éveillée par des chants de femmes que soulignent des battements de mains formant une sorte d'accompagnement cadencé; c'est une litanie, monotone comme une plainte, dont l'unique phrase est psalmodiée tantôt à l'unisson, tantôt à la tierce, par de nombreuses voix jeunes et douces.

Devant une grande maison faite de troncs et de feuilles de palmiers, dont la porte est largement ouverte, toutes les femmes du village sont assises dans la rue sur deux rangs, coudes contre coudes, les jambes repliées sous le corps; ce sont elles qui toutes ensemble frappent leurs mains l'une contre l'autre et chantent la mélopée monotone que j'ai entendue de loin. Sur un lit malgache, dressé au milieu de la case et recouvert d'une natte fine, une jeune femme vêtue de ses plus beaux habits est accroupie, le corps affaissé, les bras pendants, les traits tirés, exprimant la souffrance. C'est une malade qu'on essaye de traiter à la mode sakalave.

A côté d'elle se tient debout un indigène de haute taille, coiffé d'un bonnet en forme de mitre, vêtu d'une longue robe sur laquelle il a passé une large bande d'étoffe rouge qui fait le tour du cou et revient devant la poitrine comme une étole. De la main gauche il agite une petite sonnette et de la droite il brandit un grand sabre.

Derrière la malade, et assise sur le même lit, une vieille femme porte un vase plein d'eau dont elle asperge de temps en temps la patiente; celle-ci reste immobile, paraissant indifférente à la scène qui se déroule autour d'elle.

Enfin, tout au fond de la case, dans un coin obscur, est accroupi un être humain, homme ou femme, dont je ne distingue pas les traits, qui pousse de grands soupirs et qui de temps à autre jette un cri perçant comme si le chant monotone des femmes lui donnait une crise nerveuse.

Très intrigué par le spectacle que j'ai sous les yeux, je tâche de tirer quelques explications de mon interprète Tsiadissous, qui me répond à peine, comme s'il avait peur de parler. Une fois rentré, il vient me trouver dans ma chambre et, après avoir soigneusement fermé la porte, il me donne à voix basse et d'un air mystérieux les explications suivantes que je transcris en les commentant :

Chaque roi sakalave a dans ses attributions le pouvoir de guérir les malades; après sa mort, son âme, ayant quitté le corps, erre dans les espaces célestes jusqu'à ce qu'elle ait trouvé un autre corps à sa convenance dans lequel elle se loge. L'individu, homme ou femme, qu'elle a ainsi choisi pour y élire domicile, hérite de son pouvoir dans certaines circonstances où elle se révèle aux vivants en parlant par sa bouche.

Ces possédés sont le plus souvent des épileptiques ou des femmes hystériques dont les Sakalaves interprètent les crises en disant qu'ils sont alors dominés par l'Esprit royal. Ce sont ces malheureux qu'on amène dans la chambre des malades et auxquels on fait rendre des oracles comme autrefois les prêtres grecs à la Pythonisse. Les chants monotones, les battements de mains réguliers et interminables des femmes qu'on convie en grand nombre à ces sortes de cérémonies, ont sans doute pour résultat de provoquer une crise chez l'individu prédisposé. Pendant cette crise, il pousse des cris et murmure des paroles incohérentes qui sont considérées comme prophétiques, mais qui ont besoin d'être interprétées.

L'interprète est ordinairement un sorcier qui, pour flatter l'Esprit, adopte un costume de cérémonie spécial, coiffe une mitre de forme bizarre et prend un sabre de commandement. « Parle, je te prie, lui dit-il, vois ce malheureux malade; sois-lui favorable; rends-lui la santé; dis-moi ce qu'il faut faire pour cela et nous t'obéirons. Je te connais, je sais ta puissance et je ferai tout pour te plaire. »

Pendant ce temps, les femmes répètent en chantant pendant des heures entières sur le rythme que j'ai noté la même oraison, qui veut dire en substance : « Écoute-nous, nous te prions! »

Quand la crise tarde à venir, que les femmes sont épuisées ou hors d'haleine pour avoir trop chanté, le sorcier fait un signe et la cérémonie est interrompue pendant quelques instants. Durant cette récréation, les assistants rient, jacassent, s'entretiennent de leurs affaires, sans plus s'occuper du malade, jusqu'à ce que, sur un nouveau signe du maître des cérémonies, l'incantation monotone reprenne avec une nouvelle vigueur.

Lorsque, fatigué par ces hurlements incessants, le possédé prend une crise ou se décide à prononcer quelques mots, immédiatement le sorcier les interprète et les traduit à l'assemblée.

S'adressant au malade, il lui dit par exemple : « Tu as mangé du canard qui est pour toi un animal fady, et voilà pourquoi tu es souffrant. — Je ne le savais pas, hélas! répond le patient crédule. — Sache-le donc désormais; mais en attendant, pour détruire les mauvais effets de cette viande, va-t'en tel jour, à telle heure, dans tel endroit; tu y trouveras une plante faite de telle et telle façon; tu la feras cuire de telle manière et tu en boiras l'extrait; après quoi, si tu n'as pas fait de nouvelle imprudence, tu seras guéri. »

Inutile de dire que le patient consciencieux obéit de point en point à l'oracle; s'il guérit, tout est bien, mais s'il n'obtient aucun effet de l'ordonnance, c'est qu'il a commis la nouvelle imprudence dont on lui avait enjoint de se garder; l'oracle ne peut pas avoir tort.

Le lendemain à 6 heures du matin, le canot à vapeur du sanatorium, portant à l'avant un grand pavillon de Genève et à l'arrière les couleurs nationales, se tient prêt à remorquer les embarcations dans lesquelles montent le Général en chef, son état-major et les invités de la colonie. La traversée d'Hellville à Nossi-Comba dure quarante minutes.

A l'arrivée dans l'île, les jeunes gens des villages accueillent le Général par des cris de joie et une salve de coups de fusil. Toutes les cases sont garnies de drapeaux tricolores; les femmes, réunies sur la plage, chantent en l'honneur du Général en chef.

Trente filanzanes et cent cinquante porteurs nous attendent pour l'ascension du sanatorium; chacun prend place dans son véhicule, et en route à la file indienne! le général Duchesne en tête, suivi immédiatement du général de Torcy. Les porteurs ont vraiment des jarrets d'acier; aucun obstacle ne les arrête; ils trottent toujours, même sur les pentes les plus raides, s'excitant de la voix. Quelquefois deux équipes luttent de vitesse à qui gagnera la meilleure place. Les vazahas passent alors comme des flèches, emportés par leurs bourjanes absolument emballés.

Le général Duchesne visite une à une toutes les cases, examinant minutieusement l'installation des convalescents et l'organisation des différents services.

Le sanatorium, qui peut contenir environ cinq cents malades, comprend douze baraques démontables du type Espitalier, envoyées de France, et cinq grandes maisons en bois à un seul étage avec plancher surélevé, épaisse couverture en feuilles de palmier superposées, larges varangues circulaires; ces dernières constituent pour les convalescents un logement beaucoup plus confortable encore que les baraques. Les maisons en bois, ainsi que tous les bâtiments des services accessoires (cuisines, dépense, pharmacie, habitations des infirmiers, des médecins, des sœurs, etc.) ont été construites de toutes pièces avec les ressources locales et les ouvriers du pays.

Toutes ces constructions, dont l'ensemble forme comme une ville française étagée sur les flancs du pic d'Anketsabé, sont précédées chacune d'un jardinet planté d'arbres et de fleurs; elles sont disposées le long d'une large rue centrale sur une sorte d'éperon saillant qui domine de trois côtés, à 500 mètres d'altitude, la mer, au-dessus de laquelle il paraît être suspendu. Des varangues des cases, la vue s'étend au loin sur les flots.

Deux sources captées dans le voisinage permettent d'amener l'eau jusqu'au centre du sanatorium; une petite rivière, qui coule en cascades à 800 mètres au-dessous, pourra être utilisée pour les bains et les douches. Le Général paraît satisfait de la situation de l'établissement et de l'aménagement des baraques. Un lunch lui a été offert dans une des cases réservées aux officiers malades. Au dessert, nous buvons à la prise de Marovoay, dont la nouvelle vient de nous parvenir.

Vers 2 heures et demie nous reprenons la route qui descend à la plage; nos trente filanzanes, placés à la file indienne, volent sur les pentes; les porteurs, lancés au grand galop, crient, hurlent, changent d'épaule, toujours courant, rattrapant au vol le brancard de la civière quand il faut remplacer un bourjane fatigué.

Le paquebot *Notre-Dame-du-Salut* est venu nous attendre devant Nossi-Comba; il lève l'ancre à 3 heures, mettant le cap sur Majunga. Les fêtes sont finies : à demain les occupations sérieuses, le collier de misère que nous porterons jusqu'à Tananarive.

UNE VOITURE LEFEBVRE. — DESSIN DE J. LAVÉE.

LA VISITE MÉDICALE AU BIVOUAC (PAGE 54). — DESSIN DE J. LAVÉE.

CHAPITRE V

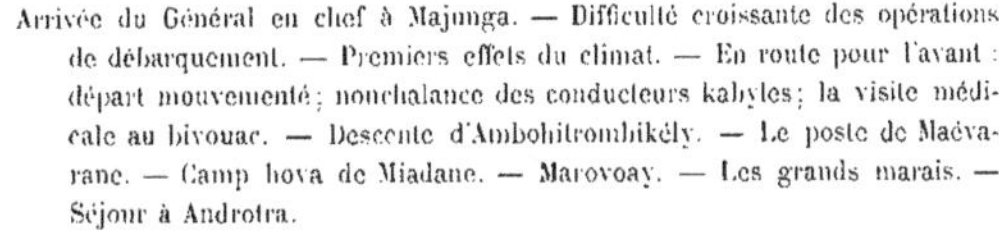

Arrivée du Général en chef à Majunga. — Difficulté croissante des opérations de débarquement. — Premiers effets du climat. — En route pour l'avant : départ mouvementé ; nonchalance des conducteurs kabyles ; la visite médicale au bivouac. — Descente d'Ambohitrombikély. — Le poste de Maévarane. — Camp hova de Miadane. — Marovoay. — Les grands marais. — Séjour à Androtra.

INTERROGATOIRE D'UN SAKALAVE RENCONTRÉ EN ROUTE.
DESSIN D'OULEVAY.

Le Général en chef arrive, le 16 mai au matin, en vue de Majunga. La côte est basse et il y a très peu de points de repère qui permettent aux bateaux d'entrer dans la baie ; sans un gros arbre qui se détache sur le ciel et qu'on aperçoit de fort loin, le commandant du paquebot avoue qu'il serait assez embarrassé pour trouver la passe ; si les Hovas connaissaient ce détail, comme ils en profiteraient !

Devant Majunga il y a une trentaine de navires à l'ancre et cinq ou six transports en déchargement. Le paquebot *Notre-Dame-de-Salut* suit un trajet sinueux pour passer au milieu de cette flotte dont les mâts semblent aussi nombreux que les arbres d'une forêt.

Une mauvaise nouvelle m'attendait au débarquement : on m'a expulsé de mon ancienne chambre pour me loger avec le Directeur du Service de Santé dans un grenier situé au-dessus de la prison où l'on donne l'hospitalité à tous les vagabonds de Majunga. Après une nuit très mouvementée passée dans ce grenier à faire la chasse à toutes sortes de bêtes hideuses (grosses araignées velues, énormes cancrelats, fourmis de toutes dimensions, mais également voraces), nous obtenons de changer de logis. Notre nouveau domicile est situé au premier étage d'une grande maison à arcades donnant sur la place du marché. On y monte par un escalier qui mène d'abord à une antichambre, dans laquelle les commis de la direction écrivent sur des caisses, puis à une grande pièce qui nous sert à la fois de bureau et de chambre à coucher. Les murs sont blanchis à la chaux; le sol, qui tremble d'une façon inquiétante quand on marche, est formé d'un carrelage de briques recouvert d'une couche de poussière et de débris, épaisse de plusieurs centimètres. Ni vitres, ni fermetures aux fenêtres; nos malles nous servent de siège et nous avons pour tout meuble notre lit de campagne dressé dans un coin, et notre caisse de sellerie recouverte d'une natte pour la transformer en table de toilette. Dans chaque coin, des cordes tendues entre deux clous forment nos garde-robes; d'autres cordes nous permettent de suspendre nos chaussures pour les défendre contre les fourmis qui viennent manger la graisse dont nous les enduisons pour assouplir le cuir.

La grande chambre est séparée en deux compartiments par une cloison faite avec des couvertures de campement: d'un côté sont les *appartements privés* du Directeur, de l'autre ma chambre, qui sert en même temps de bureau aux officiers d'administration. A l'heure du rapport, ou lorsque nous recevons une visite importante, les couvertures sont relevées et l'on a vue sur l'ensemble de nos salons.

Quelle tour de Babel que Majunga! On y entend parler toutes les langues, et toutes les nations y sont représentées : le tirailleur algérien ploie sous son sac haut comme une montagne; le pioupiou parisien, le casque sur l'oreille, la veste cachou ouverte sur un filet à larges mailles qui lui tient lieu de chemise, marche les pieds nus dans des espadrilles dont les lacets s'entre-croisent au-dessus de la cheville, comme des cothurnes; de petits boys sakalaves au service des officiers passent droit comme des I avec des allures conquérantes. Une vieille makoase à la peau d'ébène zébrée de larges tatouages, aux oreilles percées d'énormes trous maintenus béants par des rouleaux de feuilles de bananier, tire de l'eau à un puits auprès duquel joue un négrillon qui n'a pour tout vêtement que deux bracelets d'argent aux chevilles. Plus loin, deux créoles de la Réunion, aussi noirs que des nègres, dont ils ont l'allure, donnent d'un air prétentieux des conseils à des maçons anjouanais qui travaillent à une clôture. Et tous ces gens hurlent et s'agitent sous le grand soleil, au milieu d'épais nuages de poussière rouge et fine que la brise de mer soulève en passant par les rues.

Toutes les maisons du quartier européen, toutes les cases indigènes regorgent de soldats. Il n'y a plus de place pour loger les nouvelles troupes qui débarquent à chaque instant. Les soldats sont obligés de dresser leurs petites tentes et de camper sous les arbres en compagnie de leurs officiers.

En attendant qu'elles puissent entrer en possession de leur matériel enseveli dans les cales des navires en rade, les formations sanitaires (hôpitaux de campagne et ambulances) bivouaquent sous les manguiers, à droite et à gauche du chemin du Rouve. Le déchargement des bateaux arrivés à Majunga se fait avec une lenteur désespérante, faute des moyens nécessaires : pas une seule canonnière de rivière, pas un seul des chalands amenés de France ne sont encore montés. La rade ne possède pour les débarquements que trois ou quatre vieux chalands venus de Diégo-Suarez ou de Nossi-Bé et les canots à vapeur des bateaux de guerre. Presque tout notre matériel du service de santé est encore à bord des navires, et cependant la moitié de la première brigade a été portée en avant et des engagements partiels ont déjà eu lieu. Nous avons dû fournir des approvisionnements provisoires de médicaments et de matériel aux troupes partant à l'ennemi en utilisant les ressources de l'hôpital militaire local; mais cette situation nous crée de réels embarras : n'est-il pas énervant de penser que nous avons en rade, pour chaque troupe qui débarque, un approvisionnement sanitaire excellent, surabondant même, organisé avec un soin méticuleux par la 7e Direction, qui a tout prévu; que ce matériel est arrivé à temps pour être emmené à la suite des troupes; que nous le touchons pour ainsi dire du doigt et qu'il est matériellement impossible de le débarquer? Et dire que tous les services en sont là, non par la faute des hommes, mais par celle des circonstances; la construction des chalands et des canonnières nécessitait l'ouverture de crédits énormes qu'on ne pouvait engager avant le vote des Chambres; elle a été commencée aussitôt après ce vote et poussée avec une activité fébrile;

TIRAILLEURS SAKALAVES. — DESSIN D'OULEVAY.

mais ce gros matériel est long à préparer, à transporter, à monter, et, comme on était pressé, à cause de la saison, de commencer les opérations, qui doivent être terminées avant les pluies, le matériel de débarquement n'a pu être prêt assez à temps pour être monté avant l'arrivée des troupes.

11 mai. — Je viens de visiter l'annexe de l'hôpital militaire de Majunga, où sont traités tous les indigènes qui appartiennent à l'armée. Des turcos, des tirailleurs sakalaves, des Somalis, des Kabyles, des Haoussas sont placés côte à côte sous de grandes tentes Tollet élevées à l'ombre des manguiers. Ce n'est pas commode pour les médecins d'interroger de pareils clients : il leur faudrait un interprète par race. Au moment de ma visite, on amenait trois coulis somalis qui semblaient être dans un état lamentable. Deux sont morts de faim en entrant. *De faim!* vous avez bien lu, mais par leur propre faute. Ils touchent régulièrement leur ration de vivres, qui est même plus abondante que ne le comportent leurs besoins, car ils sont habitués à être sobres et à se contenter de peu; ils reçoivent aussi tous les quinze jours une solde de beaucoup supérieure à l'argent qu'ils gagnent dans leur pays. Eh bien, par avarice, non seulement ils mettent cette solde de côté, mais ils vendent encore la plus grande partie de leurs vivres pour augmenter leur pécule. Le plus terrible, c'est que, lorsqu'ils se sentent faibles ou malades, ils quittent leurs camarades pour aller se cacher dans des coins comme de pauvres chiens galeux, et que, si on ne les découvre pas par hasard, ils se laissent mourir sans appeler à l'aide et sans chercher à réagir, en fatalistes qu'ils sont, comme tous ceux de leur race.

MAJUNGA : DIRECTION DU SERVICE DE SANTÉ. — LE CIMETIÈRE FRANÇAIS. — DESSIN DE BOUDIER.

15 mai. — Majunga retrouve peu à peu sa population indigène, mais les anciens habitants ne se réinstallent qu'avec une extrême prudence, et ceux qui reviennent sont surtout les malades et les infirmes qui n'ont rien à risquer. J'en ai vu ce matin une longue file, cheminant lentement en mendiant dans les rues : le premier tenait un bâton, dont le second, complètement aveugle, avait pris l'autre extrémité; un troisième, qui était boiteux, s'appuyait sur l'épaule de ce dernier, et ainsi de suite. Chacun avait à la main un petit panier de jonc dans lequel les passants déposaient leur offrande : un fruit, une poignée de riz, un morceau de poisson, quelquefois une pièce de monnaie.

20 mai. — Tous les jours, à 10 heures du matin, les clairons sonnent la sieste; les soldats rentrent sous la tente ou bien au campement, les officiers dans leurs maisons, et les rues deviennent subitement silencieuses. Les coulis et les boys s'étendent sur le sable ou sur les caisses et Majunga devient la ville de la Belle-au-bois-dormant jusqu'à 3 heures de l'après-midi. Cette sieste prolongée est absolument nécessaire : impossible sans elle de

vivre dans ce pays. La température n'est pas très élevée (26 à 28 degrés tout au plus dans la saison actuelle), mais on se fatigue très vite, aussi bien par les muscles que par le cerveau. La capacité de travail intellectuel est diminuée des trois quarts et il faut savoir en tenir compte si l'on veut se bien porter. Nos ordonnances, très vifs, très ardents au début, que nous avions choisis au départ

CAMPEMENT D'ANDROTRA (PAGE 59).

LE PONT D'ANDRANOULAVA (PAGE 57). — DESSIN DE GOTORBE.

de France parce qu'ils semblaient doués d'une santé à toute épreuve, sont devenus insensiblement lourds, indifférents, incapables d'un travail prolongé, et cependant ils n'ont eu jusqu'ici que de légers accès de fièvre. Nous avons dû les remplacer par des boys indigènes, recrutés soit à Mayotte, soit à Nossi-Bé, vieilles colonies françaises où la population malgache s'est façonnée peu à peu aux mœurs européennes. On paie ces boys de 30 à 35 francs par mois; ils sont propres, généralement honnêtes, et leur service est très agréable, à condition qu'on les traite bien et qu'on ait la patience de les dresser.

24 mai. — Les opérations se précipitent dans la zone de l'avant. Le général Metzinger, qui commande la brigade d'avant-garde, a dépassé Marovoay et marche sur Ambato. Déjà des engagements ont eu lieu avec les Hovas: deux compagnies de tirailleurs sakalaves ont surpris l'ennemi et lui ont tué environ 60 hommes. De notre côté nous avons eu quelques tués et quelques blessés. Le général Duchesne compte arriver à Suberbieville dans les premiers jours du mois de juin. Il ira par eau jusqu'à Marovoay et même plus haut, si c'est possible, emmenant avec lui le général de Torcy et les directeurs des différents services. Je pars ce soir par terre avec la plus grande partie de l'état-major.

Nous quittons Majunga à 3 heures du soir par une chaleur accablante et dans des flots de poussière. Notre convoi, composé d'ordonnances, de plantons, de secrétaires d'état-major, de mulets de bât, de voitures Lefebvre portant les bagages, s'étend sur plus de 2 kilomètres. Ce n'est pas commode de mobiliser des éléments aussi disparates et qui n'ont jamais marché groupés. La plupart des auxiliaires kabyles et somalis qu'on nous a donnés ne savent pas sangler un mulet ni conduire une voiture. Au premier kilomètre, beaucoup de bagages, mal arrangés sur les bâts, tombent dans la poussière; les mulets des voitures s'emballent, les harnais se détachent. Les officiers courent de tous côtés pour exécuter les ordres que le colonel de Nonancourt, commandant le détachement, donne brièvement du haut de son cheval. Au bout de 2 kilomètres, tout est réparé.

HABITANTS DE MAROLAMBO (PAGE 59). — DESSIN D'OULEVAY.

Nous passons d'abord près de l'hôpital, dont les baraques contiennent maintenant plus de 300 malades atteints de fièvre paludéenne, puis nous nous engageons dans une immense plaine couverte d'une herbe épaisse, haute de près de 1 mètre. Au milieu de cette prairie qui moutonne sous une légère brise s'élèvent de distance en distance de maigres bouquets d'arbres.

A la nuit tombante nous avons fait 5 kilomètres à peine. Nous campons en plein champ dans un endroit appelé Mianarive. Ce nom malgache signifie, d'après nos boys, « Les Mille Villages Tranquilles ». Il est bien trompeur : en fait de village, je ne vois qu'une petite case en feuilles de palmier dont le toit est éventré; je n'ai d'ailleurs rencontré aucune maison depuis Majunga.

INDIGÈNES DU BOÉNI. — DESSIN DE SLOM.

25 mai. — Réveil avant l'aube; les tentes sont abattues, les mulets sanglés et chargés en un tour de main; c'est un résultat étonnant, étant donné le départ d'hier. Les hommes prennent le café; les animaux broutent les touffes d'herbe, et, au petit jour, le convoi s'ébranle : en tête, un peloton de chasseurs d'Afrique, la carabine en bandoulière; puis, successivement, les ordonnances et les chevaux de main, les différents groupes de l'état-major général, les mulets de bât qui portent les bagages, l'artillerie, le génie, les services administratifs, le service médical, le trésor et les postes, la prévôté; enfin un immense convoi comprenant une centaine de voitures à deux roues. Chaque voiture, attelée d'un mulet, est menée par un conducteur kabyle qui marche à droite de la route, tenant l'animal par la bride. Comparés aux Sakalaves et aux Somalis, ces Kabyles paraissent blancs comme des Européens; ils touchent 1 franc par jour et par homme; ils sont nourris presque aussi bien que nos soldats. Malgré les soins qu'on prend d'eux, ils sont souvent malades. Très mous, très geignards, ils nous rendent beaucoup moins de services qu'on ne l'aurait cru, et très souvent nous sommes obligés de les charger sur les voitures qu'ils ont pour mission de conduire. Quand ils sont fatigués et si l'on n'y prend garde, ils montent sans façon dans leur véhicule déjà trop chargé, abandonnant leur mulet, qui suit comme il peut. Ils ont les tenues les plus bizarres et les plus disparates : l'un, coiffé d'une chéchia rouge, n'a pour tout vêtement qu'une longue chemise retenue par une corde; un autre, coiffé d'un bonnet de coton, marche, avec un lamba serré à la taille comme un jupon, sur une vieille paire de chaussettes à travers laquelle passent ses orteils. A l'arrivée à Majunga, on les avait cependant pourvus du nécessaire; mais ils ont tout vendu aux marchands indiens.

EN COLONNE DANS LES GRANDS MARAIS (PAGE 59).

HALTE POUR LE REPAS DU MATIN (PAGE 60). — DESSIN DE GOTORBE.

Comme les journées sont étouffantes et les nuits le plus souvent très fraîches, ces auxiliaires, à cause de leurs costumes sommaires et de leur hygiène des plus défectueuses, sont souvent souffrants et forment, à la visite médicale que je passe chaque soir, le plus fort contingent de mes malades habituels. Cette visite a lieu devant ma tente, à l'arrivée au bivouac Je m'assieds sur ma cantine, j'étale par terre devant moi ma petite pharmacie; une marmite de campement et un seau rempli d'eau complètent mon arsenal. Je vois d'abord les Européens : pauvres petits soldats déjà minés par la fièvre, énergiques tout de même, dont la figure s'illumine quand je leur verse dans un *quart* un doigt de vin de quinquina. Puis c'est la procession interminable des indigènes; ils se couchent sur l'herbe autour de moi, enroulés dans leurs couvertures : Somalis au teint de cirage, maigres comme des clous, Kabyles couleur de bronze, Malgaches, Antankars, Comoriens, atteints de fièvre eux aussi dans ce pays qui est le leur et où ils devraient résister mieux que les autres. Je renonce à me faire comprendre le plus souvent, et je donne ma consultation par signes; cela prend beaucoup de temps.

Nous arrivons vers 9 heures au petit poste d'Amparagindro, occupé en ce moment par quelques soldats du train et une soixantaine de Kabyles qui gardent l'immense troupeau de bœufs chargé d'assurer l'alimentation de Majunga. Ces pauvres gens sont installés dans un endroit bien malsain; leur camp est entouré de grandes mares remplies d'eau croupissante au milieu desquelles croissent des milliers de nénufars dont les fleurs bleu-violet sont larges comme la main. Un hameau composé de quelques cases en ruines se trouve près de là; les Européens s'y étaient d'abord cantonnés; ils ont été obligés de l'abandonner aux Kabyles pour coucher sous la tente parce qu'ils étaient dévorés par les moustiques et par les fourmis.

Le détachement s'arrête à 10 heures du matin au camp de la Cascade, ainsi appelé parce que, il y a un mois, le petit ruisseau qui coule près de ce lieu formait une jolie cascade naturelle. Le ruisseau est presque desséché aujourd'hui, car il ne pleut plus depuis vingt jours.

Nous dressons nos tentes sur le bord de la route, à quelque distance d'un parc de voitures Lefebvre gardé par des hommes du train des équipages; non loin de là se trouve une infirmerie établie dans une paillote où les malades du camp reçoivent les soins d'un médecin détaché du service des ambulances. Plus loin, dans des gourbis recouverts d'herbe, est placé un poste télégraphique qui relie le camp à Majunga.

26 mai. — Le pays change d'aspect; il devient plus accidenté, et, à l'horizon, nous distinguons une assez haute chaîne de collines, que nous traverserons aujourd'hui.

Au départ, nous passons dans un bois où coule un ruisseau, puis nous commençons à gravir une série de mamelons couverts d'herbe sèche, laissant sur la gauche le camp de Mahorogo, occupé en ce moment par un

RUISSEAU DE MAHOROGO. — DESSIN DE GOTORBE.

TRAVERSÉE DE LA RIVIÈRE DE MAROVOAY (PAGE 38). — DESSIN DE JOUAS.

bataillon d'infanterie de marine dont nous distinguons les petites tentes blanches accrochées aux flancs d'une colline boisée.

Il fait une chaleur étouffante; la route, construite à la hâte, est difficile pour les voitures Lefebvre; le convoi, dont les animaux fatigués s'arrêtent de temps en temps pour souffler, s'allonge de plus en plus, soulevant des flots de poussière rouge qui nous aveuglent. A droite et à gauche, toujours les mêmes plaines d'herbe sèche, sans un arbre qui nous permette de nous reposer à l'ombre.

Vers 10 heures, nous arrivons enfin à la cime des mamelons que nous gravissons depuis le matin et nous jouissons d'une vue très étendue sur la baie de Bombétoke : à nos pieds, d'immenses marais couverts d'une forêt de palétuviers; au second plan, la mer, dont les eaux rouge-vermillon près du rivage deviennent peu à peu bleu-verdâtre au niveau du large; enfin, à la limite de l'horizon, les maisons blanches de Majunga, qui semblent perdues dans l'immensité des flots.

Pour redescendre, la route forme des lacets nombreux taillés au flanc d'une falaise à pic, de 100 mètres de hauteur, qui porte le nom d'Ambohitrombikély (la Petite Roche). Le génie a fourni là un travail considérable. Les lacets n'ont pas plus de 1 m. 50 de largeur; ils surplombent un précipice dans lequel le moindre faux pas pourrait faire rouler nos montures. Nous mettons pied à terre et nous conduisons nos chevaux par la bride. Au bas de la montée, nous entrons dans un charmant vallon boisé, où nous nous installons sous de superbes tamariniers.

27 mai. -- Une batterie de 80 de montagne, qui nous suit de près, a pu passer par le chemin de chèvres que nous avons parcouru hier, sans perdre un seul de ses gros canons : c'est un résultat remarquable. Chacune des pièces est attelée de huit grands mulets du Poitou, et ce n'est pas trop pour traîner une pareille charge par ces chemins impossibles.

Au sortir du bivouac nous longeons le hameau d'Ambodinabatékély, dont presque tous les habitants sont revenus. Ils ont arboré sur chacune de leurs cases un petit drapeau tricolore. Cachés derrière les arbres, ils regardent passer la file des mulets et des voitures qui composent notre convoi. Ils doivent être déjà blasés sur ce spectacle : chaque jour, sur la même route, de nombreux convois de vivres vont à Marovoay assurer le ravitaillement des troupes de la brigade d'avant-garde.

La route est charmante aujourd'hui; elle traverse de petits bois ombreux; elle est coupée par de jolis ruisseaux et de nombreux lits de rivières desséchées qui, dans la saison des pluies, doivent transformer la plaine en vastes marécages. A droite et à gauche se dressent de grands lataniers, très nombreux dans la région.

Vers 11 heures nous découvrons sur un mamelon le village de Maévarane (*Maéva Ranou*, « Eau jolie »), près duquel nous allons camper. Il se compose d'une vingtaine de cases établies sous les manguiers, dans un site pittoresque; ces cases sont occupées par deux compagnies de tirailleurs sakalaves recrutées en majeure partie à Nossi-Bé et à Diégo-Suarez. Quelques jours auparavant, la garnison a surpris un fort parti hova, qu'elle a abordé très crânement à la baïonnette. Les Sakalaves, qui voyaient le feu pour la première fois, se sont très bien conduits; ils ont tué une centaine de Hovas et pris un canon Krupp; mais en revanche leur officier a été blessé et une douzaine des leurs ont été atteints.

28 mai. — Au sortir de Maévarane, la route traverse une grande plaine couverte de hautes herbes au-dessus desquelles de nombreux lataniers et d'autres palmiers couverts de fruits émergent en forme d'énormes bouquets. Les fruits de ces palmiers sont gros comme de petites pommes et réunis par grappes comme les bottes d'oignons.

HABITANTS REGARDANT PASSER LA COLONNE. — DESSIN DE FAUCHER-GUDIN.

Nous croisons de temps en temps de petites troupes de Sakalaves qui rentrent dans leurs villages. Le colonel de Nonancourt les arrête en leur criant : « Toi, bon Sakalave! ». Les indigènes répondent par un grognement affirmatif accompagné d'un hochement de tête énergique. Ils ont la peau

DESCENTE DU PLATEAU D'ANKARAFANTSIKA (PAGE 60). — DESSIN DE G. VUILLIER.

couleur de brique et comme tannée par les rayons du soleil; ils portent les cheveux longs disposés en petites tresses enduites de graisse de bœuf.

Le long de la route, il y a des centaines d'énormes fourmilières; elles forment des pyramides très dures, dont quelques-unes ont jusqu'à 60 centimètres de hauteur. Quand on les éventre d'un coup de pic, on y trouve des légions de grosses fourmis blanches, que mon ordonnance prend à la main sans qu'elles le piquent.

Nous venons de passer près d'un camp hova abandonné qui porte le nom de Miadane, ce qui veut dire « Tranquille ». De petites huttes basses construites sur deux rangées avec des feuilles de palmier servaient sans doute de logement aux soldats. Un peu à l'écart, sur un monticule, une maison recouverte de tôle avec des murs en terre gâchée devait abriter les officiers. Une grande place ombragée par d'énormes manguiers et située entre la maison et les huttes servait probablement de terrain de manœuvre.

Nous campons le soir au hameau d'Andranoulava (Large Rivière), déserté par les Hovas, qui y ont laissé des quantités énormes de riz en écorce. Toutes les cases en sont pleines; elles renferment aussi des objets mobiliers, abandonnés dans la hâte de fuir : petites lampes en fer servant à brûler de la graisse de bœuf, marmites, vases ébréchés et même un immense parapluie en coton rouge qui porte une marque anglaise.

29 mai. — Aussitôt après avoir quitté le champ où nous avons passé la nuit, nous traversons une rivière aux berges vaseuses sur laquelle le génie a jeté un pont de bois. Les mulets ne franchissent pas facilement cette étroite passerelle : quelques-uns, effrayés, renâclent, reculent et jettent de la perturbation dans la colonne. On les attache à l'arrière d'une voiture Lefebvre attelée d'un de leurs congénères, et alors c'est une comédie interminable : le mulet de tête tire d'un côté, le mulet de queue de l'autre; quant au conducteur kabyle, il se croise les bras et assiste impassible à la lutte.

Nous marchons quelques heures à travers un terrain accidenté par des mamelons couverts de beaux arbres, puis nous entrons dans une grande plaine marécageuse couverte de roseaux et parsemée de flaques d'eau stagnante. Des troupeaux de bœufs à bosse paissent en cet endroit; autour d'eux voltigent des troupes d'aigrettes blanches qui viennent se poser sur le dos des animaux pour faire la chasse à la vermine dont leurs poils sont remplis. On ne rencontre pas de gros villages, mais de petits hameaux formés de trois ou quatre huttes d'aspect misérable. Ces hameaux eux-mêmes sont extrêmement rares et nous faisons quelquefois deux étapes sans trouver trace de la présence de l'homme. Les habitants de ce pays ont l'air misérable et souffreteux; on voit qu'ils vivent dans une région malsaine et qu'ils ont eu à pâtir de l'occupation hova.

Nous décrivons des circuits sans nombre dans notre marécage, guidés de temps à autre par des plaques indicatrices que le génie a semées sur la route. Ces plaques sont faites souvent avec une planche de caisse à conserves fichée à l'extrémité d'un bambou; la suscription « Marovoay », qui y a été tracée à l'encre par une main malhabile, recouvre l'adresse d'un fournisseur français ou anglais. La marque de la veuve Clicquot était même imprimée au fer rouge sur l'une d'entre elles; quel est donc le nabab dont la popote a pu s'approvisionner ainsi? Depuis une heure, notre vue est bornée par des collines escarpées, coupées de profonds ravins; la route les contourne, de plus en plus sinueuse. Enfin, au dernier tournant, nous voici en face de Marovoay, qu'on ne peut reconnaître qu'en entrant dans le faubourg sakalave.

Sur toutes les collines qui avoisinent la ville, des ouvrages en terre ont été construits par les Hovas. Le chemin que nous suivons est lui-même défendu par une sorte de rempart en argile élevé à hauteur d'homme. Des embrasures occupées par de gros canons de fonte ont été ménagées dans ce rempart; les pièces, qui se chargent par la bouche, n'ont pas d'affût; elles reposent sur deux troncs d'arbres couchés sur le sol perpendiculairement à l'axe du canon. Pour éviter le recul, les artilleurs hovas avaient appuyé l'arrière de la pièce contre deux gros pieux fichés verticalement en terre. Si c'est là toute l'artillerie que possédaient les défenseurs de Marovoay, ils ont bien fait de fuir.

Le faubourg sakalave par lequel nous pénétrons dans la ville forme une seule rue de 1 kilomètre et demi environ de longueur, côtoyant la petite rivière de Marovoay et bordée de chaque côté par une rangée de paillotes, la plupart inhabitées actuellement. Au bout de ce faubourg et sur son prolongement se trouve le quartier indien, composé en majeure partie de maisons en pisé confortablement construites, avec toitures en tôle, larges varangues, belles portes sculptées. Les Indiens forment à Marovoay une corporation nombreuse et puissante qui a accaparé presque tout le commerce de la région. A côté des Indiens habitent en ce moment quelques trafiquants européens qui se livrent exclusivement à la vente des conserves et des liqueurs; ils sont peu intéressants.

Un bataillon du 200e de ligne est cantonné à Marovoay depuis quinze jours avec deux compagnies du génie qui sont occupées dans les environs aux travaux de la route. Tous les soldats ont la fièvre ou l'auront à brève échéance, car Marovoay, adossée d'une part à la rivière de ce nom qui coule sur un lit de vase de plusieurs mètres de profondeur dont une partie découvre aux basses eaux, est bordée d'autre part par d'immenses marécages qui s'étendent à perte de vue.

La garnison a pris la meilleure installation de la ville, le plateau du Rouve, où était construit le fort hova; ce plateau domine la rivière d'une trentaine de mètres. Les hommes sont installés mi-partie dans des paillotes, mi-partie sous leurs petites tentes de campagne. Ils s'attendent à recevoir d'un jour à l'autre l'ordre de se porter en avant : cet ordre, lorsqu'il arrivera, sera accueilli avec bonheur.

Nous établissons notre campement près de celui de la garnison, sur le plateau du Rouve, non loin d'une ambulance installée depuis peu de jours dans les bâtiments de l'ancien fort et qui déjà regorge de malades. Personne n'oubliera cette fois sa dose de quinine préventive. Dès le départ de France, le commandement, sur la proposition du service de santé, a sagement prescrit que, pendant tout le séjour dans la zone des marécages, les troupes de Madagascar seraient soumises à un traitement préventif par les sels de quinine, destiné à sauver le plus d'hommes possible sinon des atteintes paludéennes, du moins des accès pernicieux. Depuis le débarquement, chaque officier et chaque soldat prennent pendant quatre jours consécutifs une dose journalière de 20 centigrammes de quinine, cessent cette dose pendant le reste de la semaine pour recommencer au prochain septénaire.

Les jours de quinine, rien n'est plus curieux que de nous voir arriver tous à la popote pour prendre le café du matin; chacun tient à la main son petit étui; chacun avale ses pilules consciencieusement; les uns *nature*, les autres, plus difficiles, en les enveloppant dans du papier à cigarette. Tous se moquent bien un peu du médecin, mais s'empressent de suivre exactement ses prescriptions.

30 mai. — Notre colonne va mettre une journée entière pour traverser la rivière de Marovoay, qui n'a pas plus de 20 mètres de largeur. En attendant que le génie ait terminé le pont en voie de construction, le passage s'effectue à l'aide d'un bac manœuvré par des coulis kabyles et somalis, dont la vigueur et la rapidité ne sont pas les qualités dominantes. La rivière est encaissée et ses berges sont extrêmement vaseuses, ce qui rend l'opération particulièrement difficile. La tête de notre colonne a commencé à passer à 7 heures du matin, et les derniers mulets du convoi n'ont pris pied sur l'autre bord qu'à 5 heures du soir. Quel temps mettrait-on pour toute une brigade!

Le groupe du service de santé passe vers 2 heures; en ce moment la marée, qui se fait sentir dans toute la rivière, commence à baisser, ce qui augmente d'autant la zone de vase à franchir. Les coulis mettent près d'une demi-heure pour faire démarrer le bac qui s'est embourbé. Au débarquement les mulets enfoncent jusqu'au poitrail dans une boue noire et nauséabonde; un d'entre eux, qui s'était un peu écarté de la voie jalonnée, enfonce jusqu'au cou et nous avons failli l'abandonner. Une de nos tentes tombe à l'eau; elle est repêchée à 10 mètres de nous par un de nos noirs qui s'est jeté bravement à la rivière, au risque de se faire amputer par un des nombreux caïmans qui l'habitent. Une fois sur l'autre bord, nous cheminons pendant 3 kilomètres à travers une plaine marécageuse et nous arrivons à la nuit tombante au village d'Ampalamanga (Enceinte de Manguiers), situé en terre ferme sur un mamelon couronné de manguiers.

Pendant toute la journée du lendemain, nous marchons à travers un marais desséché, long d'une vingtaine de kilomètres, large de 14 ou 15, qui s'étend à l'est de Marovoay sur la route de Tananarive. La vase, d'un gris noirâtre, s'est, en se desséchant, profondément fendillée et comme craquelée; elle forme actuellement une surface solide couverte de grands roseaux jaunis; mais, pendant la saison des pluies, ce serait un obstacle infranchissable : toute troupe s'engageant au milieu de l'immense nappe d'eau croupissante et infecte qui recouvre le sol à cette époque serait irrémédiablement perdue.

La piste que nous suivons est à peine frayée; il doit être facile de s'égarer dans ce désert de boue solidifiée, dans lequel on n'aperçoit pas même un arbre pouvant servir de point de repère.

Nous atteignons vers 4 heures du soir le village de Marolambo, où nous devons passer la nuit. Il est situé sur un affluent de la Betsiboka, qui n'est guère plus large qu'un ruisseau et qui est infesté de caïmans. On voit ces horribles bêtes étendues par troupes le long de la berge, le corps immobile, comme endormies.

Le village comprend une vingtaine de cases, bâties sur pilotis; c'est la première fois que je vois des huttes indigènes construites avec un plancher placé à une certaine distance du sol; sans doute les naturels veulent se garer ainsi des inondations fréquentes pendant la saison des pluies et peut-être aussi des crocodiles, qui doivent s'avancer très près des maisons quand l'eau recouvre le sol.

Je lie conversation, par l'intermédiaire de mes boys, avec un vieux lépreux à la figure rusée, qui paraît être le chef de ce pauvre village : il m'affirme que les Hovas ont tous fui sur Maévatanana et qu'ils sont maintenant à plus de 200 kilomètres de Majunga; s'ils continuent ainsi, nous ne les rattraperons jamais.

Nous dressons nos tentes à l'extrémité du village, près d'un petit poste du 200ᵉ de ligne qui garde un dépôt de vivres rassemblés à Marolambo pour le ravitaillement des troupes en marche vers le haut pays. Faute de moyens de transport suffisants, les officiers du poste ont été obligés de laisser en arrière la plus grande partie de leurs bagages; ils n'ont plus de tentes. L'un d'eux couche entre deux manguiers aux troncs desquels il a suspendu sa moustiquaire.

1ᵉʳ juin. — Le Général en chef devait nous rejoindre à Marolambo; il nous envoie l'ordre de pousser jusqu'à Ambato. L'ennemi fuit de tous côtés, et le général Metzinger, qui le serre de près, s'avance de plus en plus. A l'heure actuelle, presque tout le cours de la Betsiboka est à nous.

Notre nuit dernière a été tourmentée, d'abord par les moustiques, qui sont légion, ensuite par des troupes de chiens sauvages qui sont venus aboyer dans notre camp. Les habitants de cette région ont presque tous cinq ou six chiens de petite taille qui, à force de croisement, n'appartiennent plus à aucune race. Ces chiens ne reçoivent aucun soin de leurs propriétaires et se nourrissent comme ils peuvent. A force d'errer dans la campagne, beaucoup sont devenus sauvages; toutes les nuits, au bivouac il en vient des bandes de cinquante ou soixante qui hurlent et se battent autour de nos tentes.

Pendant la première partie de notre marche de ce jour, nous avons continué à traverser la grande plaine marécageuse que nous avions commencé à parcourir hier; chaque fois que nous nous retournions, nous apercevions au loin, à 30 kilomètres, la haute colline de Marovoay, et, un peu plus sur la gauche, les monticules de Mahabo, lieu vénéré des Sakalaves, parce qu'il sert de sépulture aux premiers rois du Boéni.

Des mamelons couronnés de verdure, jetés comme des oasis au milieu de la vaste plaine de roseaux, indiquent la fin du marécage; nous revoyons la haute brousse semée de lataniers et, de temps à autre, des bouquets de grands arbres au port majestueux. Le terrain accidenté, au milieu duquel le sentier à peine frayé que nous suivons décrit des courbes sinueuses, est composé d'argile rougeâtre, que les pieds de nos chevaux soulèvent en tourbillons et qui retombe ensuite sur nos vêtements en une couche épaisse. Nous venons de passer un joli ruisseau courant sous bois, près duquel j'ai découvert une civière hova dissimulée dans les herbes. Les deux montants de cette civière sont faits avec de grosses nervures de feuilles de rafia retenues accouplées par des traverses de même provenance. Cette civière est légère, commode, facile à construire en un instant sans un clou, avec des matériaux qu'on trouve partout dans le pays.

A la lisière d'une forêt sous le couvert de laquelle nous allons pénétrer, nous trouvons un petit poste avancé que gardent deux compagnies du 200ᵉ de ligne établies au camp d'Androtra, où nous allons nous-mêmes. Le sentier sous bois que nous suivons ensuite est d'une fraîcheur délicieuse : à droite et à gauche, des arbres immenses couverts de lianes nous forment des arceaux de verdure tellement épais que les rayons du soleil ne peuvent percer jusqu'à nous. Un joli village, dont les cases confortables paraissent tout récemment construites, est établi en plein bois; ses habitants nous regardent passer en se cachant à demi derrière leurs portes entre-bâillées. A côté de ce village, dans une enceinte formée avec de gros pieux placés côte à côte, se trouvent des tombeaux sakalaves très vénérés, appartenant comme ceux de Mahabo à la famille royale du Boéni. Les habitants du village sont préposés par leurs princes à la garde de ces tombes; quelques-uns sont armés de fusils à pierre; d'autres portent seulement la sagaie, l'arme nationale sans laquelle aucun Sakalave de la Grande Terre ne sort jamais.

Nous campons en plein bois, sur un mamelon, à côté des tentes du 200e de ligne. Demain nous faisons séjour; il est temps que les hommes se nettoient, eux et leurs vêtements : les casques n'ont plus de forme; les habits, la barbe, les cheveux, la peau, sont teints en rouge brique par la poussière des chemins. Il y a juste neuf jours que nous nous sommes mis en route et nous avons parcouru 100 kilomètres depuis Majunga.

2 juin. — Cette journée de repos est délicieuse et nous en avions grand besoin. Dès 6 heures du matin j'ai ouvert ma tente, fait transporter dehors la malle qui me sert de siège et j'écris sur mes genoux, à côté de mon boy qui vaque sans bruit aux soins de mon petit ménage. Devant moi, au pied du mamelon dénudé sur lequel nous sommes campés, une rivière coule paresseusement au milieu du sable rouge. Sur l'autre bord et aussi à droite et à gauche de nos tentes, les grands arbres de la forêt forment comme un cadre de verdure. Les troupiers, poitrine et bras nus, font leurs ablutions matinales devant leurs petites tentes de campagne rangées à la file. Dans les cuisines installées en plein vent, le feu pétille joyeusement sous l'eau qui bout pour le repas du matin. Nos chevaux et nos mulets attachés au piquet hennissent et s'ébrouent, et, à deux pas, le colonel de Nonancourt, qui vient de sortir de sa tente, m'appelle joyeusement pour prendre le café sous les grands arbres.

3 juin. — Les jours se suivent, mais sans se ressembler, hélas! Aujourd'hui l'étape a été dure; les premiers kilomètres se sont faits comme par enchantement entre 6 heures et 7 heures du matin, sous bois et dans un sentier ravissant; puis nous atteignons le grand plateau d'Ankarafansika, où ne poussent que de hautes herbes et des arbres rabougris.

A un détour du sentier notre colonne croise une troupe de Sakalaves à la peau brûlée par le soleil et à l'air sournois. Il paraît que cette plaine est le terrain que choisissent les fahavalos (voleurs de grand chemin) pour leurs opérations; il leur est facile en effet de se cacher dans ces broussailles qui, en certains endroits, dépassent la hauteur d'un homme. Aucune case, aucun village ne se montrent dans ce désert. Après l'avoir traversé, nous franchissons un terrain accidenté où poussent des lataniers et des manguiers assez clairsemés, puis nous retrouvons la forêt, ses grands arbres et ses belles lianes.

Le chemin est raide, à peine frayé; il côtoie de grands précipices, et souvent les cavaliers qui nous précèdent sont obligés de mettre pied à terre pour éviter de choir avec leurs montures dans les mauvais passages. Tout à coup mon cheval fait un bond de côté et je me trouve en présence d'un cadavre couché sur le ventre en travers de la route : il porte une calotte rouge, une veste bleue, un petit ceinturon en cuir fauve; sa peau est brune et déjà toute gonflée. Est-ce un Sakalave, un soldat hova? nul ne peut le dire; sa jambe et sa cuisse droite ont été entièrement dévorées par les animaux de nuit.

Vers 10 heures, au sortir de la forêt, nous arrivons à l'extrémité du plateau d'Ankarafansika. Le chemin descend en lacets nombreux le long d'une falaise presque à pic, dont la base se trouve dans la vallée à 100 mètres au-dessous de nous. Avant de m'y engager, je jette un coup d'œil sur le superbe panorama qui se déroule devant mes yeux. Au-dessous de moi, une vallée couverte d'arbres où scintille de place en place l'eau tranquille des rizières, avec deux ou trois villages perdus au milieu des manguiers, s'étend sur une longueur de 20 à 30 kilomètres jusqu'à la rivière Betsiboka, dont le large ruban argenté décrit dans le lointain des méandres capricieux. Plus loin encore, sur l'autre rive, une chaîne de montagnes borne l'horizon et confond ses sommets avec les nuages gris du ciel.

LA SIESTE DES CONVOYEURS. — D'APRÈS UNE PHOTOGRAPHIE.

TRAVERSÉE DU KAMOURE À AMBATO (PAGE 62). — DESSIN DE SLOM

CHAPITRE VI

Un fort hova ; malheureux blessés. — Les rizières. — Ambato. — Traversée du Kamoro ; les caïmans. — Les forêts de bananiers. — Maroakatra. — Le camp des Hauteurs dénudées. — La tombe d'un héros.

AUXILIAIRE SÉNÉGALAIS. — DESSIN DE J. LAVÉE.

Nous comptions camper, aussitôt descendus dans la plaine, au village de Mangabé (le Gros Manguier). Malheureusement la petite source qui alimente ce village est complètement desséchée et il faut aller plus loin. Il est midi ; le soleil tombe d'aplomb sur la colonne, qui soulève autour d'elle un nuage de poussière aveuglante. Hommes et bêtes, qui n'ont pas bu depuis ce matin, baissent le nez et marchent en silence. Vers 2 heures du soir, nous pouvons enfin camper au village de Trabonjy.

Entre Trabonjy et Mahatombo se trouve un fort hova, établi sur une hauteur qui domine notre camp. Les soldats étaient logés dans de petites huttes en feuilles, basses, dégoûtantes de malpropreté. Dans la plus reculée de ces cases, ils ont abandonné en fuyant trois malheureux porteurs blessés aux jambes, mourants de faim, dont les plaies hideuses dégagent une odeur épouvantable. Émus de compassion, nous envoyons nos boys porter quelque nourriture et des vêtements à ces pauvres gens.

4 juin. — Le camp que nous occupions hier aux environs de Trabonjy avait sans doute abrité déjà des troupes hovas; le terrain dégageait une odeur infecte, et toute la nuit j'ai rêvé que j'étais couché sur un fumier. Au départ, nous passons au milieu des cases du village; il était habité par une reine sakalave alliée aux Hovas. La maison de cette reine est plus grande et mieux construite que les autres. Toutes les cases sont ouvertes; les habitants, comme toujours, ont fui précipitamment au moment de notre arrivée, laissant dans le mortier le riz qu'ils étaient en train de battre et, sur le pas des portes, le panier ou la natte qu'ils étaient occupés à confectionner. Ils se sont cachés non loin de leurs maisons, dans la brousse ou les taillis, et ils viendront reprendre tranquillement leurs occupations lorsque nous aurons disparu.

Chose rare, la terre est cultivée par places. Nous passons auprès d'assez jolies rizières dont les épis mûrs viennent d'être coupés et réunis en tas. Dans cette région, on ne cultive plus le riz des montagnes, mais celui de la plaine, dont la qualité est bien supérieure. Les environs de Trabonjy sont semés de nombreux étangs couverts de nénufars et d'herbes aquatiques, et remplis de gibier d'eau : canards, sarcelles, courlis, pluviers, sans compter les pintades qui courent dans les hautes herbes. Au bord de ces étangs, les indigènes ont préparé de petits carrés de terrain où pousse déjà le riz semé en prévision du prochain repiquage.

Nous arrivons vers 10 heures du matin à Ambato, point stratégique très important, car c'est là que se termine la navigation de la Betsiboka pour les grosses embarcations. Nos chaloupes fluviales, qui ne calent que 40 centimètres, pourront peut-être remonter jusqu'à Maévatanana pendant quelque temps encore; mais, en saison sèche, Ambato doit être considéré comme le port fluvial le plus éloigné vers Tananarive.

Le village près duquel nous campons est situé sur une hauteur qui domine le cours de la rivière et qui en est distante d'environ 800 mètres. Il est occupé par deux compagnies de tirailleurs algériens qui logent dans les cases indigènes. Les habitants, qui avaient été emmenés par les Hovas, sont presque tous revenus.

5 juin. — Le général en chef est arrivé hier à 4 heures du soir à Ambato, à bord d'une canonnière fluviale. Il n'a fait que visiter notre campement et il a repris son bateau pour remonter aussi haut que possible le cours de la Betsiboka de façon à se rapprocher du général Metzinger et de l'avant-garde du corps expéditionnaire qui s'avancent sur Maevatanana. Nous avons ordre de rejoindre par terre.

A 7 heures du matin, notre convoi commence le passage du Kamoure, petit affluent de la Betsiboka, qui se réunit à angle aigu à cette grande rivière devant Ambato. Les chevaux harnachés, les mulets tout chargés passent dans un grand bac, remorqué par un canot à vapeur le long d'une corde tendue d'une rive à l'autre. Le Kamoure ou Kamoro n'a guère plus de 80 mètres de large, et cependant, malgré le perfectionnement relatif des moyens de transport, les derniers mulets du convoi n'arrivent à l'autre rive que vers 9 heures du matin.

Le Kamoure et la Betsiboka sont remplis d'énormes caïmans; quand on passe en bateau, on en aperçoit un grand nombre qui sont allongés sur le sable des rives. Il y en a de dimensions monstrueuses; pendant la traversée du convoi, nous les voyions nager par troupes de sept ou huit, la tête hors de l'eau, et aller d'une rive à l'autre.

Après le passage du Kamoure, notre convoi longe la rive droite de la Betsiboka pendant environ 8 kilomètres. Entre Ambato et Ankifiati, où nous allons camper, les bords immédiats du fleuve sont très cultivés : au lieu de la brousse et des palmiers nains que nous avons rencontrés jusqu'ici presque partout, nous trouvons de nombreuses plantations de canne à sucre, de manioc, de riz, de ricin et de patates.

Les bananiers sont en telle abondance que leurs plantations forment de véritables forêts, ayant jusqu'à 2 ou 3 kilomètres d'étendue et d'un aspect étrange. Ces énormes troncs, terminés par des bouquets de feuilles gigantesques, sont tellement pressés les uns contre les autres qu'il a fallu en abattre un grand nombre pour nous frayer une piste, et que leurs larges feuilles interceptent complètement les rayons du soleil.

Il est 2 heures de l'après-midi quand nous arrivons, par une chaleur torride, au campement d'Ankifiati, où nous devons passer la nuit. Ce campement est situé sous de gros manguiers, entre deux marais couverts de roseaux gigantesques et habités par de nombreux caïmans. Les moustiques et les fourmis y foisonnent. Toute la nuit les premiers sont venus, sous la forme de véritables nuages, sonner des fanfares autour de ma moustiquaire, pendant qu'une armée de fourmis donnait l'assaut par tous les pieds de mon lit de campagne. Voilà cinq nuits au moins que ces maudites bêtes empêchent nos hommes et nos chevaux de fermer l'œil. Nos soldats ont une résistance étonnante : tous les Kabyles sont sur le flanc : les Français, au contraire, supportent tout gaiement; ils ne dorment pas, ils ont la fièvre : ils chantent quand même et plaisantent entre eux pendant l'étape.

CANONNIÈRE FLUVIALE REMORQUANT DES CHALANDS. — D'APRÈS UNE PHOTOGRAPHIE.

6 juin. — Il est midi; nous venons de déjeuner sommairement,

EN ROUTE POUR SUBERBIEVILLE. — D'APRÈS UNE PHOTOGRAPHIE.

aussitôt après l'arrivée à Maroakatra, notre gîte d'étape. Il fait une chaleur étouffante sous ma tente : pour ne pas perdre une minute, je rédige mon journal, assis sur ma malle et appuyé sur le lit de campagne qui me sert de table. J'ai à peine le temps de jeter quelques notes sur le papier, que déjà les malades affluent. Beaucoup ont la fièvre ; ils se soignent en route, espérant que, les marécages une fois franchis, le bon air du haut pays les guérira.

Nous venons de faire 15 kilomètres à travers une contrée accidentée, mais absolument déserte : pas un village, rien que la brousse avec de maigres lataniers. Jusqu'à présent Madagascar ne répond guère à l'idée que je m'en étais faite d'après mes lectures. Pendant les 140 kilomètres que nous avons franchis depuis Majunga, nous avons rencontré à peine une douzaine de hameaux, dont les huttes, très basses, faites en roseaux et recouvertes avec des feuilles, avaient un aspect des plus misérables. On sent que tout ce pays manque de bras pour le mettre en valeur. Il paraît que la région que nous venons de quitter était occupée avant notre passage par les immenses troupeaux du premier ministre, qui y trouvaient d'excellents pâturages. Assurément ce désert herbeux suffirait pour alimenter tout le bétail que peuvent contenir la France et l'Allemagne réunies. Pendant cette saison, l'herbe est desséchée, mais les rares habitants de la région ont un procédé très rapide et très économique pour reconstituer leurs pacages : au début de la saison des pluies, ils mettent le feu à la brousse, et les cendres qui recouvrent le sol après l'incendie suffisent pour amener rapidement la poussée d'une herbe tendre et succulente dont le bétail est très friand. Presque tous les palmiers que nous avons rencontrés sur notre route ont le tronc à demi calciné par le fait de cette opération. Ils en souffrent, mais n'en meurent pas pour cela.

Nous campons aujourd'hui sur la rive de la Betsiboka. A Maroakatra, ce cours d'eau atteint 150 mètres de largeur ; il est semé de nombreux bancs de sable, dont les déplacements fréquents augmentent beaucoup les difficultés de la navigation. Le fleuve s'attarde paresseusement dans la vallée ; ses eaux s'étalent au milieu des sables, décrivant des courbes accentuées et capricieuses entre les monticules qui bordent leurs rives.

7 juin. — Départ à 6 heures et demie du matin. La lune se couche à peine et déjà le soleil se montre, émergeant de la grande chaîne de montagnes qui s'étend sur l'autre rive de la Betsiboka, à la limite de l'horizon ; il transforme le ciel en un large fond d'or sur lequel se détachent en silhouette les arbres de la vallée.

Les 8 kilomètres que comporte notre courte étape de ce jour se font dans ce désert d'herbe sèche, coupé de maigres palmiers isolés, que nous avons presque toujours trouvé depuis notre départ de Majunga. Nous nous arrêtons pour camper sur un mamelon planté de quelques arbres rabougris, près duquel coule un petit ruisseau d'eau pure. De ce mamelon nous découvrons le campement d'une partie de la brigade d'avant-garde ; elle est à quelques kilomètres de nous et nous pourrions l'atteindre demain. Le général Metzinger a réussi hier à franchir l'obstacle de la Betsiboka ; il n'est pas campé à plus de 30 kilomètres de Maévatanana.

8 juin. — Départ au jour ; traversée d'un petit bois délicieux ; de grands lataniers, hauts de 7 à 8 mètres, alternent avec des arbres énormes couverts de lianes. La route est toute tracée par la brigade d'avant-garde ; de temps à autre, un bâton planté debout au bord du chemin porte un petit morceau de papier avec une inscription à la main et au crayon. Je lis : « Chemin d'Amparinampoun ».

Vers 10 heures, nous atteignons un mamelon couvert de maigres arbustes et occupé par les avant-postes de la brigade Metzinger. Quelques escarmouches ont eu lieu avant-hier dans ces parages entre les Hovas et nos soldats qui cherchaient à franchir la Betsiboka ; mais il n'y a pas eu d'engagement important et la brigade Metzinger a pu passer tout entière sur l'autre rive. Nous l'y suivrons probablement demain pour aller rejoindre le Général en chef.

A côté de ma tente se trouve une tombe, creusée tout récemment ; j'y lis cette inscription au crayon, tracée sur une planchette de caisse à biscuits plantée debout : *Saïd ben Mohamed, tirailleur au Régiment étranger, mort pour la France.*

* * *

Passage à gué de la Betsiboka; un bain forcé. — Séjour à Marololo. — Communications difficiles. — Cuisine originale. — Le camp de la Légion. — La région de l'or. — Sakoa-Bé. — Installation à Suberbieville. — Le village des mineurs. — La navigation dans la haute rivière.

10 juin. — Le général de Torcy, chef d'état-major, est installé à Marololo, à 8 kilomètres environ de notre campement et sur l'autre bord de la Betsiboka; il nous envoie l'ordre de le rejoindre. Nous nous mettons en route vers 6 heures du matin et nous arrivons à 8 heures sur la rive droite du fleuve, à quelques mètres en amont de l'endroit où il reçoit son plus gros affluent, l'Ikopa. Il y a bien 400 mètres d'une rive à l'autre et nous devons passer à gué; ce gué est assez mal indiqué par de rares jalons qui s'aperçoivent à peine; il est dangereux parce que les fonds de la Betsiboka, formés de sable, se déplacent sans cesse et qu'une reconnaissance de la rivière ne peut donner des indications certaines que si elle est faite le jour même.

Nous nous engageons quand même dans l'eau, suivant avec prudence un officier et quelques hommes de l'escadron de chasseurs d'Afrique qui marchent en tête et sondent les fonds. Les mulets viennent à la file, tenus à la bride par leurs conducteurs kabyles qui leur ont laissé sur le dos leurs bâts et tous leurs chargements.

Bientôt mulets et chevaux ont de l'eau jusqu'au poitrail et les hommes à pied de l'eau jusqu'aux aisselles. Le courant est extrêmement rapide; beaucoup de piétons sont obligés de se tenir à la queue des chevaux pour ne pas être entraînés. Une des grandes difficultés du passage vient de l'inégalité des fonds; après avoir marché quelques pas avec de l'eau jusqu'aux mollets, les hommes peuvent tomber brusquement dans un trou où ils ont de l'eau jusqu'au cou.

Devant moi, le cheval d'un gendarme rencontrant une de ces dépressions s'abat avec son cavalier, qui prend un bain dans la rivière; plus loin c'est un mulet qui manque des quatre pieds et s'en va à la dérive; un autre dont le bât tourne et dont tout le chargement est précipité au fond de l'eau; certains Kabyles prennent peur et poussent des hurlements épouvantables, abandonnant leurs animaux, qui s'en tirent comme ils peuvent. Tous les hommes ont enlevé leurs chaussures et leurs pantalons, qu'ils tiennent au-dessus de leurs têtes. Heureusement au milieu du fleuve se trouve un petit îlot de sable qui permet aux gens et aux bêtes de reprendre haleine.

TRAVERSÉE DE LA BETSIBOKA.

REPOS APRÈS LA TRAVERSÉE DE LA BETSIBOKA. — DESSIN DE GOTORBE.

L'arrivée sur l'autre rive est lamentable; nous sommes trempés de la tête aux pieds. Quelques pauvres diables qui ont eu la fièvre la veille grelottent au soleil. Nombre de cantines d'officiers, de tentes, de lits de camp, qui ont pris un bain dans la rivière, sèchent sur le sable. Il faut longtemps pour refaire les chargements et remettre le convoi en marche. Ce n'est qu'à 10 heures que nous quittons le bord sablonneux de la Betsiboka pour prendre un joli sentier sous bois qui aboutit au camp de Marololo.

13 juin. — Nous attendons à Marololo les ordres du Général en chef, parti en avant avec le général Metzinger. Maévatanana a été occupé sans coup férir et nos troupes campent dans les anciens établissements Suberbie.

Marololo veut dire en malgache « Beaucoup d'esprits follets ». Ce n'est pas un village, mais une grande clairière au milieu d'une jolie forêt. Nos tentes disséminées çà et là au milieu des grands arbres font le plus joli effet.

Le campement est à deux pas de l'Ikopa; toute la journée, un grand nombre de soldats du poste sont occupés à laver leur linge au bord de la rivière. Les eaux n'ont pas encore baissé et les canonnières fluviales qui ont pu remonter jusqu'ici se hâtent de débarquer des vivres et du matériel. Le commandement veut accumuler à Marololo de grands approvisionnements de toutes sortes pour les conduire ensuite à dos de mulets jusqu'à Suberbieville. Le transport par les voitures Lefebvre est toujours très lent, à cause des obstacles de toute nature que ces voitures rencontrent à chaque instant sur la route de terre. D'autre part les canonnières fluviales sont encore peu nombreuses; elles s'échouent fréquemment dans le haut fleuve; à partir d'Ambato, elles ne peuvent plus remorquer qu'un chaland au lieu de deux. Elles sont d'un faible tirant d'eau et d'une grande largeur, de sorte qu'elles gouvernent mal dans un fleuve où la navigation est difficile à cause des coudes brusques et surtout des bancs de sable qui se déplacent continuellement.

LE CAMP DE MAROLOLO.
BATTERIE HOVA DÉFENDANT L'IKOPA.

MAROLOLO : LE LAVOIR DES TIRAILLEURS. — DESSIN DE GOTORBE.

Les communications entre la base de ravitaillement, qui est Majunga, et le nouveau point de concentration des troupes, qui va être Suberbieville, sont actuellement très difficiles : indépendamment de la longueur du trajet (200 kilomètres), le service postal n'est pour ainsi dire pas encore organisé; le télégraphe électrique ne va que jusqu'à Marovoay et le terrain ne permet pas le fonctionnement des postes optiques. L'état-major cherche à organiser comme au Tonkin un service de *trams* postaux, en utilisant les indigènes; mais leur recrutement offre de grandes difficultés. Les 200 kilomètres que nous venons de parcourir sont pour ainsi dire inhabités; les quelques hameaux que nous avons traversés sont en majeure partie abandonnés par leurs habitants, qui ont fui dans la brousse. Comment dans de pareilles conditions recruter le nombreux personnel nécessaire pour le service des trams?

14 juin. — Depuis notre départ de Majunga nous sommes condamnés à la viande de bœuf, que nous commençons à prendre en horreur; les haricots secs et les lentilles de l'administration font prime à la popote, et chacun de nous s'ingénie à trouver le plat inédit qui remplacera les légumes verts. Nous avions déjà la salade de palmier rafia, qui n'est vraiment pas trop mauvaise quand on sait choisir des cœurs de palmiers suffisamment jeunes. Tout dernièrement nous avons inauguré la friture de bananes vertes : on prend les bananes aussi vertes que possible; on les fait bouillir à l'eau et ressuer; on les pèle, on les coupe en long comme des pommes paille et on les fait frire dans la graisse. Ce plat rappelle de loin les pommes de terre frites. La racine de manioc cuite à l'eau et sautée en petits morceaux dans de la friture remplit le même but; mais le *nec plus ultra* de cette cuisine spéciale est bien certainement la salade de pourpier. Accommodé au vinaigre, le pourpier rappelle le cresson; quand nos cuisiniers en rencontrent dans les mares près desquelles passe la colonne, c'est une véritable course au clocher pour savoir qui arrivera le premier et fera la plus ample provision.

Ah! si l'on pouvait chasser! Le gibier court la brousse en telle abondance qu'on approvisionnerait facilement toutes les popotes; mais le général en chef a défendu, avec juste raison, de tirer des coups de fusil, qui, dans le voisinage de l'ennemi, pourraient donner l'alarme et mettre toutes les troupes en rumeur. Il faut laisser courir à deux pas de soi les pintades à joues bleues, les canards sauvages, les perdrix et les pigeons verts. Un jour, le Grand Prévôt partant en avant pour préparer le campement a réussi à abattre un pigeon d'un coup de son revolver d'ordonnance; le gibier, rapporté triomphalement à la popote, a été rôti séance tenante. Tout le monde a voulu en avoir sa part; il a fallu le partager entre seize convives.

15 juin. — Nous partons de Marololo à 6 heures et demie du matin pour remonter vers Suberbieville. Au sortir du camp, la colonne laisse à droite des terrassements assez intéressants construits par les Hovas pour abriter une de leurs batteries destinée à défendre un des coudes de l'Ikopa; elle s'engage ensuite dans un chemin accidenté qui côtoie pendant un certain temps la rivière, déjà très rétrécie à ce niveau. La route est bordée de chaque côté par de grandes plaines marécageuses; ces plaines sont couvertes d'une forêt de roseaux hauts de 2 mètres dont les feuilles coupent comme des rasoirs; elles sont habitées par des troupeaux de bœufs sauvages que nos hommes sont allés chasser les jours précédents pour nous réapprovisionner en viande fraîche.

La route est assez difficile et les soldats de la Légion étrangère, échelonnés de distance en distance, sont occupés à l'arranger avec les seuls instruments qu'ils portent d'ordinaire sur le sac : la pelle à

SUBERBIEVILLE ET VILLAGE DE MINEURS. — DESSIN DE BOUDIER.

LE CORPS EXPÉDITIONNAIRE À SUBERBIEVILLE (PAGE 68). — DESSIN DE GOTORBE.

manche court réglementaire et la petite serpe dont on a pourvu au départ tous les soldats du Corps Expéditionnaire.

A mi-route nous rencontrons le camp de la Légion installé au milieu de la plaine dans un ordre admirable : les petites tentes de troupe sont placées à la file suivant plusieurs lignes parallèles qui semblent tracées au cordeau. Devant ces tentes sont rangés les faisceaux d'armes; à droite et à gauche du campement, les chevaux et les mulets, attachés à des piquets, broutent les hautes herbes environnantes.

Nous campons à Bératsimanana, à 12 kilomètres environ de Maévatanana.

16 juin. — Au fur et à mesure que nous avançons, la campagne devient de plus en plus laide et les arbres de plus en plus rabougris. Nous approchons de Maévatanana et nous entrons dans la région de l'or.

Bientôt nous traversons à gué la Nandrojia, affluent de droite de l'Ikopa : ses eaux claires et peu profondes coulent sur un lit de sable fin entre deux berges très basses. Des centaines de troupiers en pantalons de treillis, les bras et le torse nus, le crâne couvert du casque pour se préserver du soleil, lavent, en bavardant comme des pies, leur linge à la rivière : ce sont les soldats de la brigade d'avant-garde, chasseurs, tirailleurs algériens, artilleurs, dont les bataillons et les batteries sont provisoirement rassemblés à Suberbieville.

A 300 mètres de la rivière, nous trouvons le grand village sakalave de Sakoa-Bé (le Gros Prunier). Il est complètement désert; toutes les cases sont bouleversées, comme si les indigènes avaient fui précipitamment : des monceaux de *paddy* (riz non décortiqué) jonchent le sol; des tonneaux vides, des caisses éventrées sur lesquelles on lit encore la suscription *Absinthe Suisse*, encombrent les rues.

Le mode de construction des habitations n'est plus le même que dans le bas pays : les cloisons sont faites en nervures de rafia et la toiture est formée d'une épaisse couche d'herbe qui doit protéger très efficacement les habitants contre le soleil. Beaucoup de maisons sont munies de petites varangues au-dessous desquelles on remarque, à côté de la porte d'entrée, dont les dimensions sont toujours très exiguës, une sorte de lit de repos construit avec un clayonnage de joncs monté sur quatre pieux.

De Sakoa-Bé à Suberbieville, la route paraît interminable, tant les lacets en sont nombreux; à chaque détour du sentier, Maévatanana, la ville militaire et commerçante construite au sommet d'une colline qui domine les environs, nous apparaît tellement rapprochée qu'il me semble que nous tournons autour d'elle.

Suberbieville est située au-dessous dans un pli de terrain limité par de petits mamelons absolument dénudés, à environ 400 mètres de l'Ikopa et sur la rive droite de ce cours d'eau; elle comprend une vingtaine de maisons couvertes de tôle avec varangues circulaires; ces maisons étaient habitées par les employés européens; elles sont dominées par une grande construction à deux étages où logeait le directeur de l'exploitation.

Au sud de Suberbieville se trouve une agglomération de petites paillotes qui servaient de logement aux mineurs indigènes employés à l'exploitation de l'or : c'est le village de Ranoumangasiaka (l'Eau Froide).

Le Général en chef et ses officiers d'ordonnance logent dans la maison Suberbie ainsi que M. Ranchot, ancien Résident à Madagascar, envoyé par le Ministère des affaires étrangères pour accompagner le général Duchesne et pour lui fournir les renseignements qui lui permettront, après la campagne, de commencer les pourparlers diplomatiques avec les Hovas. Les postes, l'intendance, la 1re ambulance, le général Metzinger et les différents services sont installés dans le quartier européen; une compagnie de tirailleurs algériens est cantonnée dans le village des mineurs.

Suberbieville occupe une sorte de bas-fond, bordé à l'ouest par l'Ikopa, dont les eaux s'étalent et forment de grands marécages couverts de roseaux, fermé au nord et à l'est par de petits monticules dénudés dont les plus voisins sont

TIRAILLEURS HAOUSSAS AU CAMPEMENT DE MAROLOLO (PAGE 65). — DESSIN DE SLOM.

occupés par l'artillerie, le régiment d'Algérie, le train des équipages, qui y campent; vus de Suberbieville, ces campements installés sous tentes ou dans de petites huttes de feuillage font un effet très pittoresque. A cause du voisinage des marais de l'Ikopa, l'endroit est assez malsain. Heureusement en cette saison il souffle à peu près constamment une forte brise du sud-est qui balaie les marécages et en disperse les miasmes loin des campements; quand cette brise cesse de se faire sentir, tout le monde a la fièvre.

La chaleur est considérable entre midi et trois heures du soir; le soleil tombe d'aplomb sur le sol argileux qui emmagasine ses rayons et qui s'échauffe tellement qu'en certains points

UNE POPOTE D'OFFICIER.

HALTE DANS LA BROUSSE. — DESSIN DE SLOM.

la main peut à peine en supporter le contact.

Avant notre arrivée, Suberbieville et sa voisine Maévatane ou Maévatanana étaient occupées par les troupes hovas, qui avaient élevé au sommet des collines des ouvrages de défense en terre pour y loger leurs batteries: les officiers s'étaient installés sur les monticules avoisinant la ville, dans de jolies maisons bien construites qu'occupent maintenant les directions du service de santé, du génie et de l'artillerie. L'ennemi en fuyant a emmené tous les indigènes et les bourjanes de la Concession; toutes les petites maisons des mineurs malgaches sont vides, et partout dans les rues de Ranoumangasiaka on se heurte à des vases brisés, à des malles défoncées, à des tas de riz décortiqué et aussi à des débris de viande de bœuf à demi décomposée qui dégagent une odeur affreuse. La prévôté va faire enterrer immédiatement tous ces détritus ainsi que les quelques cadavres de bourjanes et de Hovas qui sont restés couchés dans les hautes herbes.

Les Malgaches n'ont aucune idée de l'hygiène la plus élémentaire : quand ils tuent un bœuf, ils en jettent les viscères et les os à demi dépouillés dans la brousse, à côté de leurs cases. Dans tous les campements hovas qui environnent la ville, il y a des monceaux de ces détritus en putréfaction. Certainement les indigènes vivaient à côté sans se préoccuper le moins du monde de leur odeur; leur sens de l'odorat doit être beaucoup moins perfectionné que le nôtre.

Au milieu du village des mineurs coule un ruisseau à demi desséché, qui traverse la route sous un pont formé de cinq ou six poutrelles branlantes, pour aller à 400 mètres plus loin se jeter dans l'Ikopa. Près du pont s'élève une maisonnette qui ne comprend qu'un rez-de-chaussée, divisé en cinq ou six compartiments de la dimension des cellules de moines. C'est là que j'ai élu domicile dans deux cellules contiguës qui communiquent entre elles par une petite porte basse.

Les murs sont faits d'argile comprimée; le toit en tôle ondulée est doublé à l'intérieur d'un plafond de roseaux; le sol est en argile battue. Mon ordonnance, en furetant dans les cases abandonnées du village, m'a trouvé deux ou trois nattes qui me font un tapis convenable. Par deux étroites fenêtres fermant à l'aide de deux volets pleins, j'ai vue sur la campagne. Au premier plan, un ravin profond dans lequel coule le petit ruisseau; au second, une plaine couverte d'herbe jaune brûlée par le soleil, avec de grandes places où l'on voit l'argile semée de blocs de granit ou de quartz. Tout au fond les grands roseaux des immenses marais d'Ikopa ondulent sous la brise, et de l'autre côté de la rivière une ligne ininterrompue de collines peu élevées, couvertes de grands arbres, ferme l'horizon.

Nous sommes à Suberbieville pour longtemps, pour un mois encore peut-être; il faut que le Général en chef, avant de se remettre en route, rassemble ici les approvisionnements nécessaires pour ravitailler les troupes qui poursuivront la marche en avant. Fidèles à leur tactique, les Hovas font le vide partout; les villages que nous rencontrons sur notre route sont à peu près déserts; les bœufs, que nous devions trouver, sur la foi des voyageurs, par troupeaux innombrables, ont disparu. Heureusement rien n'est brûlé, mais qu'il y a loin de la situation actuelle aux prévisions d'antan! Avant que le Corps Expéditionnaire ait quitté la France, les gens qui paraissaient le mieux informés sur Madagascar, ceux qui avaient couru le pays et même les fonctionnaires qui y avaient fait séjour, prétendaient que, dès l'arrivée du gros des troupes à Marovoay et, à plus forte raison, à Suberbieville, les Hovas, voyant que nous sommes bien décidés à aller jusqu'au bout, demanderaient certainement à traiter. Aucune de ces prévisions ne s'est réalisée; l'ennemi ne se défend pour ainsi dire pas, c'est vrai; aussitôt que nous apparaissons sur un point, il se retire devant notre avant-garde, tirant à peine quelques coups de fusil : mais il compte toujours sur la longueur et sur les difficultés de la route, sur les rigueurs du climat, pour lasser notre patience. Évidemment nous irons jusqu'au bout, mais on se rendra toujours difficilement compte en France des obstacles de toute nature qu'il aura fallu surmonter pour arriver au but.

J'ai déjà écrit que, au début, la grosse difficulté a été la pénurie des moyens de débarquement et de transport; au lieu de conduire le gros des troupes et tout le matériel par eau jusqu'à Maévatane comme on le croyait au départ, il a fallu les débarquer à Majunga, c'est-à-dire à 200 kilomètres plus bas, augmentant d'autant la route qu'il fallait faire par terre. Aujourd'hui, 19 juin, il reste encore en rade de Majunga une énorme quantité de matériel à débarquer, dont plusieurs hôpitaux de campagne, et tout un approvisionnement de réserve du service de santé, qui ne pourront être entièrement mis à terre que vers le 14 juillet. De plus, sur les douze canonnières fluviales envoyées de France, huit seulement sont montées; les quatre autres sont encore en chantier à l'heure actuelle. Ces canonnières sont de deux types : les grandes, qui calent 70 centimètres en charge, peuvent encore en cette saison remonter jusqu'à Ambato en remorquant deux chalands chargés chacun à 25 tonnes; les petites, qui calent 40 centimètres, étaient destinées en principe à transporter le matériel et les vivres d'Ambato jusqu'à Suberbieville; mais actuellement elles ne peuvent plus remonter que jusqu'à Marololo, à 25 kilomètres environ en deçà de Suberbieville, et encore avec un seul chaland, à cause de la baisse progressive des eaux. Il faut même prévoir que, pour le même motif, les transports fluviaux devront, d'ici à un mois ou deux, cesser complètement entre Ambato et Marololo. Déjà, pour parer à cet inconvénient et aussi pour augmenter dès à présent le rendement de la navigation fluviale, le commandement, aidé par le service des renseignements, a fait ressembler un certain nombre de grandes pirogues sakalaves se chargeant à 7 ou 8 tonnes, qui pourront en tous temps, avec des pilotes et des rameurs indigènes, faire le trajet entre Ambato et Suberbieville.

On a fait venir de France pour les transports par voie de terre 5 000 voitures Lefebvre, attelées avec des mulets, mais j'ai déjà dit que pour utiliser ces véhicules dans un pays aussi accidenté, où il n'y a aucun chemin tracé, il fallait créer une route et aplanir les obstacles naturels; il est bien entendu qu'il ne s'agit pas d'une route comme celles de France, mais d'une piste praticable pour nos moyens de transport. Même avec cette restriction le travail est gigantesque, puisqu'il y a 500 kilomètres de Majunga à Tananarive et que ce long parcours est semé de cours d'eau, de marais, de montagnes, au milieu desquels le génie devra exécuter des ponts, faire des déblais et des remblais. La main-d'œuvre indigène, sur laquelle on comptait peut-être pour établir cette route, a fait complètement défaut, et ce sont nos soldats qui, aidés des troupes noires, ont dû quitter le fusil pour prendre la pioche, au prix de quelles fatigues et de quels accès de fièvre, je le laisse à penser.

* * *

Les travaux de la route. — Le service des transports. — Organisation du pays déjà conquis. — Les mines d'or : une battée; les différentes phases de l'exploitation Suberbie. — L'usine.

20 juin. — Le Général en chef a échelonné les troupes des deux brigades entre Majunga et Suberbieville et même au delà de ce dernier poste jusqu'à Tsarasoatra, pour faire la route. Chaque unité, bataillon, compagnie, aussi bien la troupe européenne que la troupe indigène, a sa tâche fixée d'avance : un tronçon de plusieurs kilomètres à ouvrir et à terminer dans le minimum de temps possible. Tous les hommes ont été pourvus de pelles et de pioches; tous travaillent de leur mieux. Ils savent que cette corvée est indispensable pour arriver jusqu'à Tananarive, que c'est le seul moyen de faire parvenir à l'avant de quoi nourrir les hommes et les animaux. A partir de Suberbieville, il n'y a plus à compter sur les canonnières : elles n'arrivent même pas actuellement à monter à elles seules jusqu'à Marololo tout le matériel et les vivres nécessaires aux troupes qu'il va falloir porter en avant. J'ai dit qu'à partir d'Ambato, les petites canonnières et les pirogues du pays pouvaient

seules naviguer en rivière : avec ces moyens réduits, on ne peut faire monter par eau à Marololo que 2 800 tonnes de matériel au lieu des 3 500 qui sont absolument nécessaires pour ravitailler les brigades de l'avant ; le reliquat, soit 500 ou 600 tonnes, doit donc être transporté par voie de terre, c'est-à-dire avec environ 700 voitures Lefebvre marchant en trois étapes d'Ambato à Marololo. Mais ce n'est pas Marololo qui constitue le centre de ravitaillement des colonnes, c'est Suberbieville, plus éloignée encore de deux étapes, qu'on ne peut parcourir qu'avec des voitures, et il faut 2 200 de ces voitures circulant entre Marololo et Suberbieville pour rassembler dans ce dernier poste tous les colis arrivés à la tête d'étape fluviale à la fois par la route de terre et par le fleuve.

Cet aperçu sommaire donne une idée du mouvement qui va se produire à l'arrivée des colonnes pour assurer leur ravitaillement : le service des transports se compliquera encore au fur et à mesure que les troupes s'éloigneront davantage de la côte ; il n'y a pas à compter sur les ressources du pays ; il faudra tout faire venir de notre base d'opérations de Majunga.

C'est pourquoi, avant de porter ses brigades en avant, le Commandant du Corps Expéditionnaire veut, sinon organiser le vaste territoire déjà conquis, du moins y assurer son autorité et la sécurité des nombreux convois qui vont se croiser continuellement par terre et par eau entre Majunga et Suberbieville.

Aussitôt après la concentration des deux brigades à Suberbieville, mouvement qui est en cours d'exécution, la route de l'arrière sera jalonnée par des postes militaires établis à Majunga, Marovoay, Ankabouka, Ambato,

CONSTRUCTION DE LA ROUTE. — DESSIN DE J. LAVÉE.

Marololo, etc., jusqu'à Andriba. Ces postes assureront le déchargement éventuel du matériel, la garde des magasins établis de distance en distance, celle des stations télégraphiques isolées. Ils auront aussi dans leurs attributions la transmission des courriers et les soins à donner aux malades et aux blessés dirigés vers l'arrière pour être évacués sur la France ou sur le sanatorium de Nossi-Comba ; à cet effet, il sera autant que possible placé auprès de chacun d'eux une formation sanitaire qui, suivant l'importance du poste, sera une infirmerie-ambulance ou un hôpital de campagne. Les garnisons qui occuperont ces postes devront pouvoir se déplacer facilement ; elles feront de fréquentes reconnaissances aux environs, pour maintenir l'ordre dans leur zone d'action ; elles seront toutes placées sous les ordres du colonel directeur des étapes qui, par délégation spéciale, exercera sur cette vaste région tous les pouvoirs civils et politiques dévolus au général Duchesne.

Ces sages mesures, en organisant sur des bases solides les services importants de l'arrière, vont permettre au Général en chef de concentrer toute son attention sur la route de Tananarive. En attendant qu'il puisse se porter en avant, il cherche par tous les moyens possibles à ramener dans leurs hameaux les Sakalaves de la région qui, terrorisés par les Hovas, se sont enfuis dans la brousse et dans les marais qui bordent l'Ikopa. Les Hovas ont réussi à leur inspirer une telle frayeur des soldats français, que beaucoup d'entre eux préfèrent se laisser mourir de faim plutôt que de venir demander des secours à nos avant-postes. Il faut que nous arrivions à vaincre cette défiance : les Sakalaves sont seuls capables de repeupler ces régions meurtrières du Boéni. Les habitants des plateaux centraux de l'Imerina ne peuvent y vivre longtemps ; ils y gagnent la fièvre aussi facilement que nos soldats ; aussi n'y viennent-ils qu'avec répugnance et par ordre. Être envoyé dans l'Ouest équivaut pour un natif de Tananarive à une sentence d'exil.

26 juin. — Il paraît que nous marchons sur l'or : les employés de l'usine Suberbie, qui sont revenus ici, nous ont prouvé que dans chacune des mottes de terre qui nous environnent on peut trouver des paillettes de ce précieux métal. Un des domestiques hovas qui les accompagnent a fait pour nous une *battée* : c'est le terme qui sert à désigner l'opération de la recherche de l'or par lavage à la main. Le Hova a pris un grand plat en fer ayant à peu près la forme d'un bouclier renversé; il y a placé une ou deux poignées de terre ocreuse ramassée à deux pas de nous, et il s'est mis à laver cette terre dans la mare voisine en imprimant à son plat une série de mouvements circulaires ayant pour but de le débarrasser de la boue et de garder au fond tout ce qui est lourd. Au bout de quelques minutes de ce manège, il restait dans le plat une demi-douzaine de cailloux et des fragments de gravier au milieu desquels brillaient cinq ou six paillettes d'or, fines comme des pointes d'aiguille.

Il est évident qu'à ce métier, l'ouvrier indigène n'aurait pas gagné une bonne journée, mais il doit y avoir des filons beaucoup plus riches. D'après les contremaîtres de l'usine, la Concession occupait au début près de 2 000 travailleurs libres appartenant aux peuplades de la région; ces indigènes pouvaient, par le procédé primitif de la battée et grâce à leur connaissance des bons endroits, gagner de 3 à 5 francs par jour, ce qui pour les Sakalaves est une fortune. Le directeur de l'exploitation, qui rachetait l'or trouvé par les indigènes, réalisait, lui aussi, un joli bénéfice. Malheureusement cet état de choses ne dura pas : le premier ministre hova voulut se mettre de la partie; il fut entendu qu'il fournirait la main-d'œuvre et partagerait les bénéfices réalisés. Deux ou trois milliers de pauvres diables furent envoyés de force à Suberbieville où ils devaient travailler pour ce qu'on appelait la *Corvée de la Reine*. Ils travaillèrent comme on les payait, c'est-à-dire fort mal, et les revenus des mines d'or diminuèrent d'autant plus vite qu'un grand nombre d'entre eux se dérobèrent par la fuite. Le premier ministre, qui ne trouvait pas dans l'entreprise le gain qu'il comptait réaliser, se refroidit singulièrement. Les rapports qu'il entretenait avec le directeur de l'exploitation devinrent de plus en plus tendus et les bras finirent par manquer presque complètement. M. Suberbie voulut alors remplacer les ouvriers par des machines, et il fit construire la grande usine que les Hovas ont respectée malgré la guerre et que nous avons trouvée intacte à notre arrivée dans la région. Cette usine est située sur le bord d'un étroit canal dans lequel les eaux de l'Ikopa ont été dérivées pour alimenter une turbine; la turbine fournit toute la force motrice nécessaire pour le broyage du minerai. L'usine comprend cinq ou six bâtiments, construits les uns en pisé, les autres simplement en planches; le plus grand abrite les machines; dans les petits sont les services accessoires (forges, magasins, etc.).

L'usine Suberbie est très bien comprise et fort bien construite : après avoir traversé l'immense désert qui s'étend entre Majunga et Suberbieville, le voyageur, arrivant dans cette dernière bourgade, éprouve un sentiment d'étonnement, presque d'admiration, en voyant, dans ces régions si lointaines et si désolées, tous ces bâtiments et ces machines élevés par la volonté d'un seul homme. Malheureusement, s'ils ont coûté beaucoup de temps et de peine, ils ont nécessité aussi de grosses dépenses, qui ont englouti une grande partie des bénéfices de l'exploitation. Celle-ci finira-t-elle, après la pacification du pays, par reprendre un nouvel essor; réalisera-t-elle les espérances que quelques Français enthousiastes font miroiter aux yeux des capitalistes en quête de bons placements? Je n'ai pas la compétence nécessaire pour me prononcer sur cette question. Il y a de l'or, c'est certain; peut-être trouvera-t-on des filons suffisamment rémunérateurs; mais il y a bien peu de bras indigènes pour exploiter la mine, et la région est bien malsaine pour les ouvriers européens qui tenteraient de s'expatrier.

ARRIVÉE D'UNE PIROGUE SAKALAVE CHARGÉE DE MATÉRIEL. — DESSIN DE SLOM.

FUNÉRAILLES DU CAPORAL SAPIN ET DU LIEUTENANT AUGEY-DUFRESSE. — DESSIN DE GOTORBE.

CHAPITRE VII

Mévatanana. — La colonie indienne. — La maison de Ramasombaza. — Passeports hovas. — Le combat de Tsarasoatra. Morts au champ d'honneur.

UN BLESSÉ KABYLE SE RENDANT À L'AMBULANCE. DESSIN D'OULEVAY.

Le 28 juin. — A deux ou trois kilomètres à l'est de Suberbieville se trouve la petite bourgade de Mévatanana (le Joli Village), mi-partie hova et mi-partie indienne; elle est perchée au sommet d'une colline qui domine tous les environs et qui, taillée presque à pic, constitue une des positions les plus fortes que nous ayons rencontrées depuis notre départ de Majunga. Les Hovas y avaient construit des épaulements en terre avec des meurtrières pour leurs canons; de là, les pièces d'artillerie pouvaient battre toute la campagne environnante et même envoyer des projectiles sur les embarcations qui auraient tenté de gagner le port de Suberbieville en remontant l'Ikopa.

Le chemin qui conduit à Mévatanana est difficile; il est semé de précipices et de crevasses; en certains endroits ses pentes dépassent 45 degrés, de sorte qu'il faut mettre pied à terre à chaque instant quand on y monte à cheval.

Au moment de l'arrivée de la brigade d'avant-garde en vue de la place, les Hovas ont tenté un semblant de résistance; leurs batteries ont lancé quelques projectiles qui sont arrivés jusque sur nos lignes; mais, aussitôt que nos troupes ont été sur les pentes, ils ont lâché pied et se sont enfuis par les ravins en abandonnant leur artillerie. En entrant dans la ville, les troupes de la 1re brigade ont trouvé quelques canons en fonte de très anciens modèles et trois hotchkiss en excellent état, munis d'un approvisionnement de projectiles. Les Hovas avaient fabriqué des affûts de campagne pour leurs canons en fonte en utilisant les roues de plusieurs charrues appartenant à l'usine Suberbie.

Les maisons étaient presque toutes désertes; quelques Indiens, à la mine sournoise, étaient restés pour garder leurs magasins encore remplis de marchandises qu'ils n'avaient pas eu le temps d'emporter; dans deux des plus misérables huttes, nos soldats ont trouvé une vingtaine de Sakalaves de la région qui, blessés ou malades, n'avaient pu suivre les Hovas dans leur fuite.

Quelques-uns de ces indigènes portaient un ornement assez original : c'est une large coquille plate et ronde, d'un blanc d'argent, qu'ils placent au milieu de leur front et qu'ils y retiennent à l'aide d'un cercle de perles de verre qui fait le tour de la tête.

Mévatanana n'a qu'une seule rue, qui s'étend du nord au sud sur une croupe étroite et allongée qu'elle occupe tout entière. Vers le milieu, la rue est coupée par un profond ravin qu'on traverse sur un pont branlant. Au sud de ce ravin, c'est la ville commerçante; au nord, la ville officielle.

Le quartier commerçant est formé par une cinquantaine de petites cases construites avec des roseaux et de l'herbe desséchée, et par une dizaine de grandes maisons à deux étages dont les murs sont en pisé et la toiture en tôle. Ces dernières étaient louées par les Hovas aux commerçants indiens, qui y tenaient boutiques d'étoffes, d'épicerie, de liqueurs et de conserves. Il paraît que ce n'est pas de ces produits qu'ils tiraient le plus clair de leurs bénéfices : ils s'enrichissaient surtout en achetant aux mineurs indigènes une partie de la poudre d'or que ceux-ci récoltaient sur le terrain de la concession et leur vendaient en contrebande.

PASIPAORO.

Isany 2

Anaran' olona Ikasa

Foibana hody

Baharana hody

Any ny Governora

Ao Mevatanana

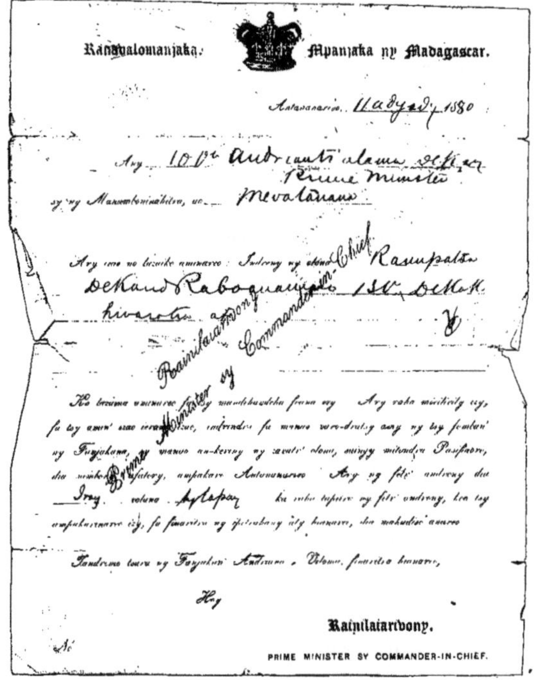

Ranavalomanjaka. Mpanjaka ny Madagascar.

Antananarivo. 11 Adijady 1880

Rainilaiarivony.

PRIME MINISTER SY COMMANDER-IN-CHIEF.

PASSEPORT HOVA. — D'APRÈS UNE PHOTOGRAPHIE.

Les Indiens avaient des correspondants de leur nationalité à Marovoay et même à Majunga; c'est par l'intermédiaire de ces correspondants qu'ils pouvaient écouler l'or recélé. Ils vivaient en bonne intelligence avec les fonctionnaires hovas, qui sans doute prélevaient une dîme sur les bénéfices. Plusieurs d'entre eux sont partis avec nos ennemis; ceux qui restent sont fortement tenus en suspicion par le Général en chef. Il les laisse cependant en paix jusqu'à nouvel ordre pour éviter des difficultés diplomatiques, car ils sont sujets anglais et ils se réclament volontiers de leur consul, M. Knott. Ce dernier habite Majunga; étant lui-même le représentant d'une grande maison de commerce anglaise, il devait avant la guerre entretenir avec eux surtout des relations d'affaires.

Au nord de Mévatanana, à l'extrême pointe de la falaise, se trouve une grande maison à deux étages, construite en pisé, qu'une palissade faite en gros pieux de bois mal équarris entoure de toutes parts : c'est là que demeurait Ramasombaza, 16ᵉ Honneur, ancien gouverneur de la province du Boéni. Dans une salle du rez-de-chaussée qui servait pour les réceptions, on voit encore des lambeaux d'une cretonne à ramages qui formait les tentures des portes et des fenêtres. Au mur sont accrochés des cadres en bois noir qui contiennent de mauvaises chromolithographies représentant la reine d'Angleterre, l'empereur et l'impératrice des Français, etc.

Dans une petite pièce latérale, le docteur Lacaze, ancien médecin de l'usine Suberbie, qui m'accompagne, trouve au fond d'une vieille malle des liasses de papiers divers, lettres officielles, correspondance privée, vieux passeports, etc. Il parle couramment le hova et prend un grand plaisir à dépouiller tous ces griffonnages. Il y en a qui sont vraiment intéressants et qui donnent bien mieux que de longues descriptions une idée des rapports officiels entre Malgaches. Voici le fac-similé et la traduction mot à mot d'un passeport tel qu'on le délivre dans les bureaux du premier ministre à Tananarive; il est imprimé sur papier anglais rose clair.

« RANAVALOMANJAKA, REINE DE MADAGASCAR.

« Tananarive, 11 adijadj 1880.

« *Au* 10

« *Au* 10e *Honneur Andriantsalama, aide de camp du premier ministre, et aux officiers, à Mevatanana.*

« *Et voici ce que je vous dis : Voilà le nommé* Rainipatsa (*le Père de la Chevrette*), *aide de camp de* Raboanamino, 13e *Honneur, mon aide de camp, qui va vendre des marchandises là-bas.*

« *Et on vous fait savoir qu'il ne voyage pas sans motifs et s'il s'écarte de la route qui lui est permise, surtout s'il fait de mauvais trafics non autorisés par le gouvernement, s'il prend de force le bien d'autrui, quoiqu'il porte un passeport, saisissez-le, liez-le, faites-le monter à Tananarive. Et le délai à lui accordé est de un mois et demi; et lorsque son délai sera expiré, si vous ne le faites pas remonter, mais que vous soyez contents qu'il séjourne là-bas, vous serez fautifs.*

« *Veillez bien au service de la reine; vivez: soyez heureux.*

« *Dit :*

« RAINILAIARIVONY,

« Premier ministre et commandant en chef. »

Ces passeports sont généralement envoyés sous enveloppes timbrées du sceau de la reine et de celui du premier ministre. Voici la traduction d'une de ces enveloppes, dont je reproduis le fac-similé :

PASSEPORT

Nombre : Trois.
Noms : Ikosa.
Terme : A son retour.
Affaire : Rentre chez lui.

Au Gouverneur
de Mevatanana.

Les gouverneurs de province ont qualité pour délivrer de semblables passeports, valables seulement dans l'étendue de la région qu'ils administrent. Souvent ces gouverneurs sont trop éloignés de la capitale pour pouvoir faire fabriquer par les Anglais ou les autres Européens des cachets perfectionnés : ils timbrent alors leurs pièces officielles avec un morceau de bois grossièrement gravé.

29 juin. — Aujourd'hui les Hovas ont tenté d'enlever les avant-postes que nous avions poussés jusqu'à Tsarasoatra, à environ 45 kilomètres de Suberbieville, sur la route d'Andribe. Ils avaient reçu un millier d'hommes de renfort venus de l'Imerina, et la reine, ajoutant foi aux rapports qui accusaient Ramasombaza de manquer d'énergie, leur avait envoyé un nouveau chef, du nom de Ranianzalahy. Le gouvernement hova faisait ainsi d'une pierre deux coups : ce Ranianzalahy est un très riche banquier de Tananarive, d'un caractère très énergique; il était homme à réussir un coup de main contre nos troupes, et, s'il échouait, on pouvait, sous prétexte de haute trahison, mettre la main sur ses richesses, que l'on convoitait depuis long-

VUE DE MÉVATANANA. — DESSIN DE BOUDIER.

TSARASOATRA.
DESSIN DE TH. WEBER.

temps dans l'entourage de la reine. Trompé par ses espions, Ranianzalahy se figurait que nos avant-postes n'étaient gardés que par une compagnie ou deux de tirailleurs sakalaves commandées par un petit nombre d'Européens; il pensait en avoir facilement raison, et, dans un kabar tenu avec ses lieutenants, il leur avait déjà partagé les chevaux des officiers français, tant il se croyait sûr de la victoire.

Encouragés par la faiblesse numérique de nos troupes, les Hovas nous attaquèrent avec assez d'énergie et tentèrent, par des mouvements tournants, de nous déborder à droite et à gauche. Il y eut, en certains points, lutte corps à corps et charge à la baïonnette. Ils nous tuèrent, dans cette première journée, un officier, le lieutenant Augey-Dufresse, et un caporal de tirailleurs; ils laissèrent environ cent cadavres des leurs dans les ravins.

Dès que le général Duchesne eut connaissance à Suberbieville de l'engagement de Tsarasoatra, il dépêcha immédiatement en avant le bataillon de chasseurs à pied bivouaqué près de lui. Il était absolument indispensable d'envoyer sans le moindre délai du renfort aux avant-postes, et, malgré une chaleur torride, le bataillon partit à midi pour aller coucher à 20 kilomètres plus loin, de façon à achever, le lendemain matin à la première heure, les 30 kilomètres qui séparent Suberbieville de Tsarasoatra.

Les Hovas, nullement découragés par leur échec de la veille, s'étaient reformés à 4 kilomètres à peine de l'ancien champ de bataille, sur une série de hauteurs où ils avaient orgueilleusement planté leurs tentes en face de nos lignes. Dès l'arrivée des chasseurs, le général Metzinger, qui avait rejoint les avant-postes depuis la veille, lança ses troupes à l'assaut pour culbuter les Hovas. Loin de fuir au premier coup de feu comme ils en avaient l'habitude, ceux-ci se rangèrent en bataille devant leur bivouac et soutinrent assez bravement le premier choc; mais, assaillis par nos soldats qui chargeaient vigoureusement à la baïonnette, ils se débandèrent bientôt dans les ravins, abandonnant deux tentes et deux pièces d'artillerie hotchkiss. Des centaines de chapeaux de paille, la coiffure ordinaire des soldats hovas, jonchaient le sol le soir de la bataille; les officiers avaient même laissé leurs filanzanes.

Les honneurs de cette belle journée reviennent sans contredit au bataillon de chasseurs; après avoir marché sans presque s'arrêter sous un soleil de feu, il a, sans se reposer, enlevé à la baïonnette les lignes ennemies; mais cet effort surhumain a épuisé les vaillants petits soldats; sous ce terrible climat, des fatigues semblables sont chèrement payées. J'ai bien peur que cette troupe si courageuse ne soit décimée jusqu'à la fin de la campagne.

1er juillet. — Ce soir, à 5 heures, tous les officiers réunis à Suberbieville sont convoqués par le général Duchesne pour accompagner au cimetière deux braves soldats morts pour le drapeau. Obéissant à une noble et délicate pensée, nos généraux ont voulu que les restes de ces deux victimes du devoir reposent, sinon en terre française, du moins dans un poste qui sera toujours gardé de toute profanation par des Français.

PRISONNIERS HOVAS. — DESSIN D'OULEVAY.

Le funèbre convoi arrive à Suberbieville vers 5 heures et demie du soir, au moment où le soleil déjà très bas sur l'horizon lance ses derniers rayons obliques sur la route poudreuse le long de laquelle nous sommes tous rangés, émus et recueillis. La première civière, sur laquelle est jeté un dolman de lieutenant, porte le corps de M. Augey-Dufresse, un officier de 24 ans, fils d'un général, neveu d'un amiral; la seconde est recouverte d'une veste en gros drap de troupe dont les manches sont soulignées par deux modestes galons de laine : c'est celle du caporal de tirailleurs Sapin.

Les deux braves que la mort a fauchés sur le même champ de bataille reposeront côte à côte; leur cercueil est le même : des planches empruntées aux caisses des vivres fournis par l'intendance et, par-dessus, une natte grossière maintenue par des cordes. Les mercenaires sénégalais qui les ont portés de Tsarasoatra jusqu'ici les déposent devant l'ambulance, et, tandis que les officiers se découvrent silencieusement, que les chasseurs d'Afrique qui forment l'escorte saluent du sabre, que la compagnie de tirailleurs algériens rangée le long de la chaussée porte les armes, l'aumônier récite à voix haute les prières des morts.

LE CHEF LEHADO ET SA FEMME (PAGE 78). — DESSIN DE RONJAT.

Puis, lentement, par l'étroit chemin qui déjà disparaît dans la nuit envahissante, le cortège reprend sa marche vers le cimetière, et pendant que sur les deux corps descendus dans les fosses béantes on rejette par pelletées la terre étrangère, je pense à ces deux mères attendant là-bas les lettres de l'absent qui, hélas! n'écrira plus jamais.

* * *

Les prisonniers de Tsarasoatra. — Constitution des approvisionnements en viande fraîche. — Les gourbis des soldats. — La presse à Suberbieville. — La revue du 14 Juillet. — L'hôpital de Ranoumangasiaka. — Antsaalina. — Le camp des Grands Arbres. — Les convois navettes. — Les monts Béritsoka.

2 juillet. — Je viens de voir arriver à Suberbieville les prisonniers hovas capturés pendant les journées de Tsarasoatra. Ils marchaient à la file indienne, attachés à une même corde qui va de l'un à l'autre. Vêtus de loques, pieds et jambes nus, les cheveux rasés, l'air misérable, ils donnent une piètre idée de l'administration des troupes hovas.

Ces malheureux sont recrutés de force et choisis parmi ceux qui n'ont pas assez d'argent pour payer leur liberté aux fonctionnaires envoyés par la cour afin de procéder aux enrôlements. Ils ne reçoivent aucune solde et sont obligés de pourvoir à leur nourriture et à leur habillement : c'est déjà difficile en temps de paix; c'est à peu près impossible en temps de guerre, aussi un grand nombre d'entre eux désertent-ils. Les autres trouvent à peine de quoi ne pas mourir de faim; beaucoup ne restent à l'armée et ne se battent que par peur : on leur a dit que s'ils désertaient, s'ils abandonnaient les fusils confiés par la reine, ils seraient brûlés vifs à Tananarive.

D'autre part, on a fait circuler dans leurs rangs des fables absurdes sur la cruauté des Français; aussi, en arrivant à Suberbieville, les prisonniers ont-ils l'air hébété et abattu de gens qui s'attendent à un supplice horrible. L'un d'eux n'a même pas voulu aller jusque-là; il a préféré mourir tout de suite; il s'est couché dans un fossé de la route et il

PLACE DE MÉVATANANA : CANONS PRIS AUX HOVAS. DESSIN DE FAUCHER-GUDIN.

a fait la sourde oreille à toutes les sommations. Avant d'être conduits chez le général en chef qui voulait les interroger, les prisonniers se figuraient que leur dernière heure était venue. A leur grand étonnement, on les mène sous une tente, on leur enlève leurs cordes, on leur donne à manger du riz et de la viande, sur laquelle ils se jettent comme des affamés. Convaincus enfin qu'au lieu des atroces tortures qu'on leur avait prédites, ils seront bien traités, bien nourris, astreints seulement à des travaux faciles de voirie, ils passent subitement de l'affaissement le plus profond à la joie la plus vive.

7 juillet. — Malgré tout ce qu'on nous avait dit, le pays ne se repeuple pas. Le Général en chef avait prescrit de ne pas occuper le village de Ranoumangasiaka, comptant que les habitants reviendraient après la défaite des Hovas à Tsarasoatra; les cases sont restées vides; deux ou trois bourjanes, quelques vieilles femmes, sont seuls revenus habiter les plus pauvres maisons. En revanche, les indigènes commencent à nous amener des bœufs. Tous les jours, des corvées de soldats et d'auxiliaires kabyles sont occupées à construire de grands enclos pour les loger. Ces bœufs arrivent par troupeaux de 100 à 150 têtes, conduits par quelques Sakalaves alléchés par le prix assez rémunérateur que leur paie l'intendance. La race du zébu de Madagascar est petite, mais elle est très résistante et elle se nourrit à peu de frais; d'ici à quelques jours, il va y avoir autour de Suberbieville de 1 500 à 2 000 têtes de bétail. Les bœufs ne rentrent au parc que la nuit; tous les matins, on les fait sortir de l'enceinte pour les mener dans la brousse; ils trouvent à se nourrir parmi les herbes desséchées, dans les grandes plaines de roseaux durs et piquants qui environnent l'Ikopa. Nos bœufs de France ne résisteraient pas à ce régime.

Les troupeaux constituent une grosse partie du revenu des hauts fonctionnaires et des riches habitants de l'Imerina. Ceux du premier ministre, qui comprennent des milliers de bêtes, étaient parqués dans les pâturages qui s'étendent entre Suberbieville et Majunga; lorsque les Hovas se sont retirés devant nos troupes, ils ont chassé devant eux ces troupeaux, mais un grand nombre de bœufs à demi sauvages ont été oubliés dans la brousse; les Sakalaves les chassent et nous les amènent pour nous les vendre; pour les reconnaître, chacun des nouveaux propriétaires leur taille dans les oreilles de profondes échancrures orientées de différentes façons. Le meilleur pourvoyeur de bœufs de l'intendance est un petit chef de district des environs qui porte le nom de Lehabo.

11 juillet. — Les soldats, très dédaigneux au début des principes d'hygiène dont nous avions cherché par tous les moyens possibles à leur faire comprendre l'importance, commencent à se rendre compte aujourd'hui de la nécessité qu'il y a de suivre à ce point de vue les conseils qu'on leur donne. Chacun d'eux prend bien régulièrement sa dose de quinine et cherche

SCÈNES DE L'AMBULANCE À SUBERBIEVILLE (PAGE 80). — DESSIN DE PROFIT.

DÉPART D'UN CONVOI DE MALADES DE SUBERBIEVILLE. — DESSIN DE MADAME PAUL CRAMPEL.

à se préserver des émanations du sol et du refroidissement de la nuit en se construisant un gourbi et un lit de campagne. Quelques-uns de ces gourbis sont faits avec des feuilles et des roseaux; d'autres avec des nattes grossières qu'on trouve assez facilement dans le pays, d'autres avec de vieilles plaques de tôle ondulée dont il existait un assez grand approvisionnement à l'usine Suberbie. Tous ces abris donnent aux bivouacs qui entourent la ville un aspect curieux et original.

Les représentants de la presse sont venus nous rejoindre, les uns en canonnière, d'autres en filanzanes, d'autres à dos de mulets. Ils se sont installés tout près de l'état-major, dans un terrain vague où ils ont dressé leurs petites tentes. Le courrier est proche; ils travaillent en costume léger sous leurs portières de toile relevées entre deux piquets; non loin de là, leurs boys affairés dressent sous un gros arbre à demi desséché le couvert qui va servir pour le repas du soir.

14 juillet. — Ce matin, le Général en chef a passé en revue toutes les troupes cantonnées à Suberbieville; le soir, il y a eu grande réception sur la terrasse de la maison Suberbie, que le général Duchesne habite avec son état-major particulier. On a bu à la France, au succès de l'expédition.

17 juillet. — La grande route praticable aux voitures Lefebvre est maintenant ouverte entre Majunga et Suberbieville; ce sont nos soldats qui, à défaut de main-d'œuvre indigène, ont accompli ce travail colossal. Le génie a construit sur la Betsiboka, au confluent de l'Ikopa, un pont de 400 mètres sur lequel nos convois peuvent facilement circuler. Mais toutes ces fatigues, jointes aux ardeurs du soleil, aux miasmes paludéens, aux nuits sans sommeil passées à chasser les moustiques, commencent à décimer les bataillons et à remplir nos formations sanitaires.

Nous avons déjà près de 3 000 hommes aux hôpitaux; l'ambulance n° 1 installée à Suberbieville a dû augmenter le nombre des places dont elle dispose en dressant à côté des bâtiments qu'elle occupe de grandes tentes coniques qu'on a doublées à l'extérieur d'une couche de roseaux; les médecins et les infirmiers ont abandonné aux malades, toujours plus nombreux, les hangars qu'ils occupaient, pour coucher sous leurs petites tentes.

Le poison paludéen agit avec une telle violence sur ces organismes débilités que, dès le premier accès, beaucoup d'hommes atteints de gonflement des jambes, d'œdème du poumon, sont incapables de reprendre du service jusqu'à la fin de la campagne. Très peu de malades rentrent à leur corps en sortant des hôpitaux; la plupart doivent être évacués au fur et à mesure sur le sanatorium de Nossi-Comba et sur la France; dans ces conditions, les formations sanitaires ne désemplissent pas; le personnel médical paie, lui aussi, son tribut au climat; il faut, malgré les vides, que le service se fasse et chacun dépense sans compter son énergie et ses forces.

Nos auxiliaires sénégalais, somalis, kabyles, qui supportent des fatigues assez grandes, fournissent également beaucoup de malades, à cause de leur hygiène déplorable; il est impossible de les empêcher de boire dans les ruisseaux les plus vaseux, de manger les choses les plus invraisemblables, de coucher sur le sol au bord des marais. Ils sont décimés par le paludisme, les affections des voies digestives, les ulcères produits par les nombreuses piqûres de moustiques; ils emplissent nos infirmeries et il va falloir en rapatrier un grand nombre.

Chaque jour, ils viennent à l'ambulance par groupes nombreux qui se succèdent sur la route; ils se couchent sur l'herbe en attendant leur tour d'être examinés, et les abords du bâtiment où se passe la visite médicale en sont encombrés pendant toute la matinée. A chaque visite, ils sont plusieurs centaines : c'est une vraie cour des miracles. Vêtus de loques rapiécées, de vieux burnous, quelquefois emballés dans une grande couverture rouge, ils arrivent clopin-clopant, soutenus par un camarade plus valide, ou appuyés sur un bâton; ceux qui ne peuvent plus marcher du tout sont montés sur un mulet qu'un ami complaisant conduit par la bride. Tous reçoivent des soins, des médicaments, et repartent un peu réconfortés et plus contents. Ils ont une confiance absolue dans le médecin et n'hési-

PONT CONSTRUIT PAR LE GÉNIE SUR LA BETSIBOKA. — DESSIN D'OULEVAY.

tent pas à assigner à ses drogues des vertus merveilleuses.

LES MONTS BÉRITSOKA (PAGE 83). — UN MAUVAIS PASSAGE. — DESSIN DE TH. WEBER.

En prévision du séjour sur les hauts plateaux, le Général en chef a demandé par dépêche au ministre de la guerre, pour tous ces pauvres diables à demi nus, des pantalons et des blouses de drap, qui sont arrivés à Majunga et qu'on va leur monter au plus vite jusqu'ici. Malheureusement le service des transports amène à peine de quoi nourrir les hommes, et il est bien difficile d'obtenir de lui quelques voitures pour transporter les objets les plus indispensables aux autres services. Les officiers et les soldats qui, pour ne pas surcharger les convois, sont partis de Majunga presque sans vêtements et sans linge, ne peuvent pas se réapprovisionner; j'ai vu à la revue du 14 Juillet un commandant qui, ayant perdu ses bottes dans un incendie, s'en était confectionné de nouvelles avec un sac à distribution de l'intendance et des morceaux de vieux cuir provenant d'un sac de soldat.

Le tabac est introuvable; les soldats en sont réduits à fumer de l'herbe desséchée et hachée ou des feuilles de tamarinier; j'ai vu vendre 8 francs un paquet de tabac de cantine. Heureusement, un entrepositaire envoyé par le ministère des finances, sur la proposition du Général en chef, avec un gros approvisionnement de tabac français, remonte la Betsiboka et arrivera incessamment à Suberbieville. Il est attendu comme le Messie par les troupes d'Afrique, pour lesquelles le tabac est presque aussi nécessaire que le biscuit.

A cause de l'insuffisance des moyens de transport, les médecins de régiment ont reçu l'ordre de laisser en route une partie de leurs approvisionnements médicaux, et le service de santé a eu mille peines pour faire arriver jusqu'à Suberbieville un hôpital de campagne destiné à relever la première ambulance, déjà trop encombrée. Le choix d'un emplacement convenable pour une formation sanitaire de cette importance n'était pas facile à faire.

On ne pouvait songer à utiliser les anciens bâtiments de la concession Suberbie; ils sont tellement éloignés les uns des autres que le service n'aurait pas été possible. L'habitation du directeur de l'exploitation ne pouvait non plus convenir; ses planchers se seraient effondrés sous le poids des malades. Le Général en chef nous a donné les cases du village de Ranoumangasiaka, toujours sans habitants. Dans chacune de ces cases nous avons placé cinq ou six malades. Ils y sont fort bien, couchés sur leurs lits-brancards garnis de moustiquaires, à l'abri du soleil, grâce aux épaisses couvertures d'herbe desséchée qui forment la toiture des maisons.

Si l'état sanitaire des hommes laisse à désirer, celui des chevaux et des mulets est au contraire excellent; c'est heureux, car sans ces utiles auxiliaires il serait impossible de tenir la campagne. Ils sont cependant assez mal nourris : 2 kilogrammes d'orge, 1 kilogramme de paddy, voilà ce dont ils doivent se contenter chaque jour. De plus, ils sont dévorés par des quantités innombrables de mouches, plates comme des punaises, qui se logent par nombreux essaims sous leurs queues et qui, une fois fixées, ne veulent plus lâcher prise.

19 juillet. — Je viens de voir passer devant une case le convoi d'un malheureux Kabyle que l'on conduisait au cimetière; le corps, cousu dans un grand linceul blanc, était porté sur un brancard par quatre camarades du défunt, qui allaient à toute vitesse. Les coreligionnaires (convoyeurs sénégalais, tirailleurs algériens) qui formaient le cortège, couraient derrière en hurlant je ne sais quelle plainte lugubre.

21 juillet. — Les prisonniers hovas qui sont employés à faire des corvées autour du camp jouissent d'une liberté relative : très souvent on les envoie, au nombre de cinq ou six, sous la conduite d'un seul gendarme, chercher dans des villages éloignés, à 8 ou 10 kilomètres de notre cantonnement, le paddy qui sert à nourrir nos chevaux et nos mulets. Ils auraient beau jeu pour s'échapper, et cependant ils ne l'ont pas tenté; ils ne se soucient pas d'aller retrouver leurs officiers; ils croient qu'ils seraient mis à mort parce qu'ils ne pourraient pas présenter les fusils qui leur ont été confiés par la reine.

Les généraux vaincus, eux-mêmes, n'oseraient pas retourner à Tananarive, certains qu'on leur ferait un mauvais parti. A chaque défaite que nous infligeons aux Hovas, le chef qui s'est laissé battre est remplacé, à la tête des troupes, par un autre commandant venant directement de la capitale. Les généraux ainsi dépossédés restent quand même à l'armée, où ils sont beaucoup plus en sûreté que dans leurs propres maisons.

A la suite des troupes que nous avons devant nous, il y a Ramosombaza, ancien gouverneur de Boéni, et le 13e Honneur qui commandait à Tsarasoatra; ils ne reviendront en Imerina qu'avec l'armée hova, qui se retire lentement devant nous, et s'ils rentrent à Tananarive, ce sera la veille de notre arrivée dans la place, sachant bien qu'à ce moment le gouvernement de la reine aura de trop sérieuses occupations pour leur demander des comptes.

Les grades dans l'armée hova portent le nom de *vohitra*, que nous avons traduit par le mot *honneur*, mais qui veut dire littéralement « la fleur de l'herbe ». L'étymologie de ce mot est assez curieuse : Radama Ier, le Napoléon hova, récompensait chaque action d'éclat de ses guerriers en leur offrant de sa main royale un brin d'herbe cueilli sur le champ de bataille. Ce présent était remplacé plus tard par des dignités et des honneurs d'autant plus importants que le titulaire avait recueilli plus de brins d'herbe. Depuis le 1er Honneur, qui est caporal, jusqu'au 16e Honneur, qui est maréchal, la hiérarchie des grades dans l'armée hova se poursuit à peu près comme dans la nôtre.

22 juillet. — Les convois de voitures Lefebvre se succèdent sans interruption sur la route de Suberbieville; chaque véhicule amène 200 kilos de vivres et de matériel; des pirogues indigènes chargées à couler, des chalands et même de petites canonnières arrivent à chaque instant à Port-Tafia, le port de Suberbieville; ils déchargent sur la berge des amas énormes de sacs et de caisses, que de longues files de mulets de bâts ou de voitures transportent ensuite jusqu'au magasin des subsistances. Les conserves, les pains de guerre s'y entassent en piles aussi hautes que des maisons; sept fours de campagne cuisent jour et nuit le pain destiné à la brigade d'avant-garde massée vers Tsarasoatra et prête à se porter en avant au premier signal.

Malheureusement les convois qui vont conduire à l'avant les vivres des troupes ne reviennent pas vides; ils ramènent des centaines de malades qui, après s'être reposés un jour ou deux à l'hôpital de Suberbieville, s'en vont, les plus valides à dos de mulets, les plus atteints en voitures Lefebvre, s'embarquer à Port-Tafia pour rejoindre par eau les hôpitaux d'Ankabouka et de Majunga.

24 juillet. — La 1re brigade est tout entière portée en avant; la brigade des troupes de la marine a fait aujourd'hui son entrée à Suberbieville. Les tirailleurs haoussas et sakalaves ont fort bon air; ils ont l'allure tout à fait martiale et manœuvrent aussi bien que des bataillons européens. Presque tous ces noirs sont mariés et quelques-unes de leurs femmes les ont suivis; elles marchent à un très court intervalle derrière les compagnies; la plupart portent d'énormes paquets sur la tête; quelques-unes ont des petits enfants fixés derrière leur dos dans un pli du *lamba*.

27 juillet. — L'état-major part demain pour l'avant; je quitte avec joie Suberbieville, un pays malsain dont la réputation a été bien surfaite par les journaux de France; mais que de difficultés pour préparer mon bagage!

Nous allons voyager pendant deux mois environ, coucher dans la brousse et sous la tente; je ne puis emmener qu'une seule cantine, et les besoins de la route sont nombreux et variés. Toute la journée se passe en combinaisons multiples pour faire tenir le plus grand nombre d'objets dans le moins de place possible.

28 juillet. — C'est dimanche; avant de nous mettre en route, nous assistons tous à la messe dite par le Père Bardon, aumônier de l'hôpital no 3, sur un petit autel portatif qui ne le quitte jamais et sous un grand hangar recouvert de paille.

Le soleil n'est pas encore levé; une large bande rouge se montre seulement à l'horizon, à la limite du ciel et des montagnes. Les auditeurs sont debout, aussi recueillis que le permet le brouhaha environnant : les voitures arrivent pour charger les bagages, et au milieu d'un nuage de poussière s'agitent les conducteurs sénégalais, qui ne comprennent pas un mot de français, et les soldats du train, qui s'époumonent en vain pour leur donner des ordres. Les mulets qu'on nous a réservés viennent d'arriver à Madagascar; ils n'ont pas encore été attelés et ils protestent violemment entre leurs brancards.

ENTERREMENT D'UN KABYLE (PAGE 81). — DESSIN DE FAUCHER-GUDIN.

Nous partons avec le Général en chef, laissant le convoi à la garde de nos ordonnances chargées de faire suivre les bagages. La route entre Suberbieville et Behanana court d'abord entre de petits mamelons pelés; nos chevaux soulèvent des tourbillons de poussière rouge sur la nouvelle voie tracée par nos soldats.

Vers 9 heures, la colonne fait halte au lieu dit Antsaalina, où, à côté de deux pauvres cases malgaches, se trouve un immense parc de voitures Lefebvre, gardé par des soldats du train. A chaque pas, sur le bord du chemin, nous rencontrons une ou deux de ces voitures abandonnées avec les brancards cassés, tous au même endroit, au niveau de la traverse d'arrière.

LES TROUPES NOIRES DE LA 2e BRIGADE ARRIVANT À SUBERBIEVILLE.
DESSIN DE GOTORBE.

FEMMES SUIVANT LA COLONNE.

La 2e ambulance en marche sur Tsarasoatra s'est massée dans la brousse pour nous laisser passer : les mulets tout chargés, la bride sur le cou, broutent l'herbe sèche; les hommes grignotent une galette de pain de guerre qu'ils trempent dans leur quart rempli de café. Ce pain de guerre réalise un réel progrès sur l'ancien biscuit, lequel moins soigneusement préparé, était plus indigeste et contenait de nombreuses larves d'insectes. L'Intendance le transporte dans de petites caisses quadrangulaires en fer-blanc soudé, qui ne se laissent pas pénétrer par l'humidité et qui sont très commodes pour le chargement à dos de mulets.

Nous atteignons, vers 11 heures, le camp dit des *Grands Arbres*, où nous devons installer notre bivouac. Ce camp doit son nom à des bouquets de ficus et de tamariniers qui poussent près de là au bord d'un petit ruisseau; c'est la seule verdure qu'on aperçoive au milieu des hautes herbes desséchées qui recouvrent la plaine et les collines aussi loin que s'étend la vue.

29 juillet. — Départ à 6 h. 1/2 du matin : le soleil est à peine levé et il fait une jolie brise fraîche. La route se déroule au milieu d'un véritable désert, sans un passant, sans une maison.

Voici Behanana, hameau composé de six ou sept gourbis perchés sur un mamelon dénudé; ils sont habités par un poste de cavalerie qui garde la route. Je n'ai rien vu encore d'aussi mélancolique. « Si seulement on me donnait un arbre pour me distraire! » me crie en passant le chef de poste.

La route monte en lacets nombreux et nous gravissons des pentes raides pour arriver jusqu'à Tsarasoatra (« Aux Bons Souhaits »), où l'on s'est battu il y a un mois. Dans ce village est campée une compagnie de chasseurs à pied.

Plus loin, sur un autre mamelon séparé du premier par une coupure profonde, se trouve le grand parc aux voitures du relais d'étapes.

Nous arrivons vers 10 heures du matin au camp du Ponceau, ainsi nommé parce que le génie a jeté un petit pont sur le ruisselet qui coule au fond du ravin. L'emplacement sur lequel nous devons établir nos tentes est couvert de grandes herbes sèches qu'une section de tirailleurs haoussas, sous les ordres d'un sergent, est en train de faucher pour nous permettre de bivouaquer.

Nous ne sommes pas sans inquiétude sur le sort de nos bagages; la route est bien accidentée et bien difficile pour les voitures Lefebvre qui portent nos tentes; debout dans la brousse, nous regardons d'un œil mélancolique le long ruban rouge que nous venons de parcourir et sur lequel nous ne voyons poindre aucune trace du convoi. Le soleil nous crible de ses rayons et il n'y a d'autre abri aux environs que deux pauvres gourbis d'herbes sèches dont les dimensions sont des plus exiguës. Le Général en chef en prend un et nous nous empilons dans l'autre.

L'après-midi se passe lentement à regarder de temps en temps si nos ordonnances arrivent; ils nous rejoignent enfin vers les 5 heures du soir, ruisselants de sueur et absolument fourbus, pour avoir poussé toute la journée aux roues des voitures dans les passages difficiles. Nous leur donnerons un jour de repos demain; sans cela, gare à la fièvre!

30 juillet. — Nous sommes au pied des monts Béritsoka. Le matin, quand j'ouvre ma tente, le coup d'œil est joli. Au premier plan, notre camp avec ses petites maisons en toile blanche; puis le ravin profond dans lequel coule le ruisselet aux eaux claires dont le cours est marqué par une ligne d'arbres verts. Au delà, à flanc de coteau, le magasin des vivres avec ses tentes coniques, ses piles de caisses et de tonneaux; plus loin encore, sur

la croupe de deux ou trois monticules qui se succèdent, sont les gourbis des tirailleurs sakalaves, les tentes en bonnet de police d'une batterie d'artillerie dont les canons découpent sur le ciel leurs silhouettes noires, enfin la masse sombre des mulets et des voitures du train. Comme fond, les grandes montagnes du Béritsoka, aux flancs desquelles se dessine la route qui semble escalader le ciel.

31 juillet. — Au jour, nous commençons à gravir les pentes du Béritsoka ; ces pentes sont raides, et il faut aider les pauvres mulets, qui s'arrêtent de temps à autre, malgré les coups de fouet et les cris.

Vers 9 heures, nous sommes au sommet du massif et de là j'embrasse une étendue considérable : des montagnes dénudées, coupées de vallées profondes, s'entassent les unes sur les autres, donnant absolument l'aspect d'une mer en fureur dont les vagues se seraient solidifiées tout à coup. Pas un village dans cet immense chaos montagneux; à peine, au creux de quelques ravins, un ou deux maigres bouquets d'arbres. Le spectacle est grandiose, mais profondément triste.

Quel parti pourrons-nous donc tirer de ces immenses déserts remplis d'herbe sèche où nulle part n'existe une trace de la présence de l'homme?

Au sommet du Béritsoka, à 500 mètres d'altitude, une ambulance est installée, mi-partie sous des tentes doublées de feuillage, mi-partie dans des gourbis assez confortablement construits. Si des malades atteints de fièvre et d'anémie doivent se rétablir dans ce pays, c'est bien au sommet de ces hautes cimes constamment balayées par les vents qui viennent des montagnes.

3 août. — Le service des étapes par route vient d'être modifié pour obtenir le maximum de rendement avec le minimum d'effort possible.

Le nombre des gîtes d'étapes a été augmenté de façon qu'ils ne soient pas écartés de plus de 25 kilomètres l'un de l'autre.

Chaque gîte est pourvu de deux échelons de voitures qui assurent la correspondance de la façon suivante : tous les matins, les deux échelons de chaque poste partent en sens contraire : l'un, chargé, vers l'avant; l'autre, vide, vers l'arrière; ils s'arrêtent à mi-route entre les deux gîtes et trouvent, l'un l'échelon précédent, l'autre l'échelon suivant, qui viennent de la même façon à leur rencontre. Les conducteurs d'échelons dételllent leurs animaux, échangent entre eux leurs voitures et reviennent à leurs gîtes d'étapes respectifs. Il résulte de ce procédé une sorte de mouvement de *navette* entre les échelons, qui semble devoir diminuer beaucoup la fatigue des attelages et des conducteurs.

Les malheureux convoyeurs kabyles et somalis commencent à ne plus tenir debout. Le métier qu'ils font est particulièrement pénible et ils s'étiolent de plus en plus. Seuls les Sénégalais tiennent bon. Ce sont des hommes superbes, travaillant comme des nègres qu'ils sont, toujours contents et prêts à tout. Ah ! si nous en avions davantage ! je suis sûr que le commandement aurait moins de préoccupations. Son grand souci, c'est la voiture Lefebvre; matin et soir elle est l'objet de conversations interminables entre officiers. Ira-t-elle jusqu'au bout malgré les difficultés du terrain, qui s'accentuent de plus en plus? Je crois que le Général en chef commence à ne plus trop y compter.

GOURBI D'UN LÉGIONNAIRE. — DESSIN DE SLOM.

ARRIVÉE D'UNE BATTERIE À ANKOLATOKANA (PAGE 88). — DESSIN DE SLOM.

CHAPITRE VIII

Le camp des Sources : un convoi de malades. — Les *moukafouilles*. — Andjedjié. — Concentration des deux brigades. Combat d'Andriba. — Les camps hovas. — Les travaux de la route.

Le 4 août. — Nous avons fait encore un pas en avant; nous sommes allés planter nos tentes au camp des Sources, de l'autre côté de la chaîne du Béritsoka. Il est probable que nous allons demeurer quelques jours sur le mamelon pelé où nous avons élu domicile; le séjour est loin d'être enchanteur, mais en raison des difficultés qui augmentent au fur et à mesure qu'on avance, nous ne pouvons aller plus vite. Il faut procéder par bonds successifs et attendre après chaque bond la constitution d'un approvisionnement de vivres qui est long à venir de l'arrière, et l'ouverture d'un nouveau tronçon de route. De ce dernier côté nos soldats ont à vaincre des obstacles de plus en plus nombreux; les coulis sont épuisés; les Européens doivent travailler seuls avec les troupes noires; leur énergie, leurs qualités de race les soutiennent encore malgré l'anémie croissante, les attaques redoublées de la fièvre et l'organisme qui se révolte.

LE PRINCE SAÏDINA (PAGE 95). — DESSIN DOULEVAY.

5 août. — Nous nous rendons tous compte de l'impossibilité qu'il y a de conduire, malgré tous les efforts et toute la ténacité déployés, une route praticable pour les voitures Lefebvre jusqu'à Tananarive. Pour traverser le massif du Béritsoka, il a fallu faire des lacets nombreux qui allongent considérablement le chemin. Malgré tout, certaines pentes sont tellement raides, certains tournants tellement brusques, que, souvent, les voitures sont précipitées dans les ravins avec leurs chargements et leurs mulets. Ce sera bien pis, paraît-il, lorsque nous traverserons le col d'Andriba et la grande chaîne des monts Ambohimènes. Dans ces conditions, il faut abandonner tout espoir de conduire avant la saison des pluies les voitures Lefebvre dans la capitale de l'Imerina. Tout ce que l'on peut faire, c'est de pousser la route le plus loin possible, au moins jusqu'à Andriba, pour permettre de réunir en ce dernier point une quantité de vivres suffisante. Ce résultat obtenu, le général en chef lancera en avant une colonne légère formée de toutes les troupes valides et suivie de tout ce qu'on pourra rassembler de mulets de bât, de façon à parcourir rapidement les 180 kilomètres restant à faire pour aller d'Andriba à Tananarive.

6 août. — Je me suis rendu ce matin au sommet du Béritsoka, à 12 kilomètres environ du camp des

Sources, pour assister au départ d'un convoi de malades à rapatrier, que la 1re ambulance dirige sur l'arrière. Pour arriver à temps, je me suis mis en route à 2 heures du matin. Il faisait un clair de lune superbe et une fraîcheur délicieuse; mon petit cheval arabe marchait d'un pas allègre; sa robe avait, sous les rayons de lune, des reflets de velours blanc. Avec cette lumière égale et douce, les creux et les reliefs du terrain s'atténuent et se fondent, tandis qu'au contraire le moindre arbuste prend des proportions gigantesques. De temps en temps un obstacle, un point lumineux, font dresser l'oreille à mon cheval : c'est une voiture renversée, un timon brisé; une caisse en fer-blanc vide qui brille au loin comme un miroir. Un silence profond m'environne : pas un bruissement d'insecte, pas un cri d'oiseau de nuit.

Il y a cent voitures Lefebvre rangées devant l'ambulance. Avec des toiles de tentes repliées et tendues sur des courroies de sac, on a installé, dans chaque voiture, deux banquettes pour des malades assis, ou bien un grand hamac suspendu pour un malade couché. Les sacs sont placés dans le fond ; les fusils sont attachés aux ridelles latérales. Une grande bâche surélevée avec des piquets protégera les malades contre le soleil. On les installe peu à peu ; sous les rayons de lune, leurs figures amaigries et souffreteuses paraissent plus pâles encore. Ils sont heureux cependant : ce retour en arrière est une première étape vers le cher pays de France, que chacun d'eux espère revoir.

8 août. — Nous devions partir pour Andjedjié avec le général en chef. Il a été obligé de nous laisser avec le convoi au camp des Sources ; la route n'est pas encore terminée et les voitures ne pourraient passer. Au fur et à mesure que nous avançons, le terrain devient plus difficile et les obstacles matériels s'accumulent. Nos effectifs fondent aussi : le bataillon de chasseurs, campé à Béritsoka, n'a plus que cinquante hommes valides par compagnie. Presque tous les gradés français des tirailleurs algériens ont été laissés en route dans les hôpitaux. Les hommes de vingt et un ans pris dans les garnisons de France résistent beaucoup moins bien que les légionnaires ou que les rengagés du 13e régiment d'infanterie de marine, tous âgés de vingt-huit ou trente ans. C'est une observation dont il faudra tenir compte lorsqu'on organisera plus tard l'armée coloniale.

9 août. — Le camp des Sources est situé au centre de cette immense région désolée que les Malgaches appellent le *Désert sakalave*. Chaque soir, un vent violent, qui dure toute la nuit, souffle en tempête sur le mamelon où nous sommes installés. Il vient du sud-est en soulevant des torrents de poussière fine qui nous emplissent les yeux et les oreilles; il secoue nos tentes, qui font un bruit de tonnerre et qui quelquefois se déchirent et s'abattent. Ce vent désagréable règne en permanence dans cette région jusqu'au mois de novembre; il ne disparaît qu'au changement de mousson.

Un autre fléau particulier au désert sakalave, ce sont les *moukafohis* ou *moukafouilles* ; on appelle ainsi de petites mouches qui se montrent par essaims nombreux le matin et le soir et qui, dès que le soleil est couché, vont se cacher dans les hautes herbes. Ces mouches diffèrent complètement des moustiques par leurs mœurs, par leur forme et par leur taille. Elles se précipitent comme un trait sur les parties découvertes du corps, les mains, les poignets, le visage; chacune de leurs piqûres fait apparaître une goutte de sang sur la peau, et cause une douleur aiguë beaucoup plus vive que celle des piqûres de moustiques.

11 août. — Encore un léger bond en avant pour franchir les quelques kilomètres de route qui viennent d'être terminés par nos troupes. Nous partons, à 6 heures et demie du matin, du camp des Sources par un chemin qui forme des lacets nombreux pour contourner ou escalader des monticules pelés, séparés par d'étroites et profondes vallées. Nous ne voyons, sur ces sommets arides, que de la terre rouge ou de grandes herbes desséchées par le soleil, mais au fond des vallées coulent des ruisseaux bordés de vertes prairies et ombragés par de beaux arbres. Au-dessus de nous, nous voyons planer de grands oiseaux de proie : on les appelle les *voromahéry* (oiseaux forts)

TROUPEAU DE BŒUFS PARQUÉ DANS UN RAVIN (PAGE 89). — DESSIN DE FAUCHER-GUDIN.

et les Hovas ont adopté leur image comme emblème royal.

La route n'est ouverte que jusqu'au gué de la Ranandriantoana, rivière aux eaux vives, aux berges boisées, qui coule dans un site charmant, sur un lit d'énormes galets. Plus loin, les troupes travaillent encore aux terrassements, et nous ne pouvons poursuivre avant deux heures notre marche sur Andjedjié. Nous décidons de déjeuner pour tuer le temps et nous nous installons à côté d'une compagnie de tirailleurs, dans un gourbi abandonné. Pendant que nous expédions le plat de bœuf froid, notre ordinaire de chaque jour depuis que nous sommes en terre malgache, nous regardons passer un échelon du convoi de ravitaillement formé de deux cents de ces petits mulets achetés en Abyssinie pour le compte du Corps expéditionnaire. Ils sont beaucoup moins grands et portent beaucoup moins que nos mulets français; en revanche, ils sont très vigoureux et très faciles à nourrir. Pendant la halte, un de ces mulets, arrêté devant notre gourbi, s'est mis à dévorer, avec une satisfaction visible, un bottillon de copeaux de bois qui servait aux emballages de notre popote.

EN COLONNE, FIÉVREUX TRANSPORTÉ À DOS DE MULET (PAGE 88). — DESSIN DE J. LAVÉE.

12 août. — Andjedjié, où nous sommes campés depuis hier, n'est pas un village, c'est un mamelon dénudé au pied duquel coule une petite rivière. La légion, un bataillon de tirailleurs algériens, une batterie d'artillerie, campent près de nous sous des gourbis d'herbe sèche. Ces gourbis sont beaucoup plus confortables que les petites tentes de troupes. Il y fait beaucoup moins chaud et les hommes y sont plus à l'aise. Les troupiers les construisent très rapidement.

Deux ou trois heures après l'arrivée au gîte d'étape, ces huttes semblent sorties de terre comme par enchantement. Bien alignées, elles forment, au bivouac de la légion, des rues qui se coupent à angle droit; ces rues aboutissent à une place centrale, où se fait la distribution des vivres aux escouades et où une sentinelle se promène devant le drapeau, couché sur deux fourches de bois et bien à l'abri sous un toit de paille.

13 août. — Séjour à Andjedjié jusqu'à ce que les travaux de route nous permettent d'aller plus loin. Les officiers tuent le temps comme ils peuvent ; seuls les médecins ne chôment pas, car les malades abondent. Nous sommes à 600 mètres d'altitude : l'air est vif sur le plateau, il y vente ferme et les tentes ont de la peine à tenir. Le jour on étouffe, la nuit on gèle.

Nous croyions, d'après les récits des voyageurs, que nos malades se referaient à cet air vif et pur. Ce n'est vrai qu'en partie : ceux qui n'ont eu que des accès légers pendant leur séjour dans les régions basses guérissent assez vite de leur anémie commençante et regagnent du teint et des forces ; mais les cachectiques, ceux dont les jambes sont gonflées, dont la face est devenue bouffie dès les premiers accès de fièvre, voient au contraire leur affection s'aggraver et doivent être évacués sur l'arrière. D'ailleurs le changement de température dû à l'altitude amène chez beaucoup d'hommes de nouveaux accès de fièvre.

En résumé, le séjour sur les hauts plateaux permettra seulement d'opérer une sélection complète entre les malades mis définitivement hors de service et qu'il faut rapatrier au plus vite, et ceux qui, grâce à leur constitution plus résistante, ont été moins affaiblis par le poison paludéen et se retremperont à l'air vif des montagnes. Mon sentiment est que cette opération nous laissera au grand maximum 4 000 hommes capables de marcher, sur les 14 000 que comprenait au début l'effectif du Corps expéditionnaire.

15 août. — Nous en avons fini avec les monticules et les ravins; nous abordons maintenant les grandes montagnes et les précipices sans fond. On comprend sans peine qu'avec de pareils accidents de terrain, les travaux de la route n'avancent pas vite.

Le chemin s'accroche aux flancs des rochers, et, malgré ses lacets nombreux, la pente est extrêmement rapide pour arriver à Antsiafabositra. Ce nom malgache, dont il ne serait pas convenable de donner le mot à mot dans notre langue, veut dire en substance que le sentier ne peut être abordé que par des hommes vigoureux. De temps à autre, une voiture Lefebvre dégringole dans la vallée avec tout son chargement. Je dois à la vérité de dire que ces véhicules sont extrêmement solides; les brancards se rompent facilement, il est vrai, mais la caisse et les roues résistent aux chutes les plus formidables.

Quant aux mulets, ils ne se font presque jamais de mal. Quand, après les culbutes les plus extraordinaires, on va les chercher au fond des ravins, ont les y trouve en train de brouter l'herbe le plus tranquillement du monde.

Les bataillons qui sont passés avant nous ont laissé en arrière un certain nombre de pauvres diables grelottant de fièvre; les uns marchent péniblement sans sac sous la conduite d'un gradé; les autres, assis sur des

VUE PRISE D'ANTSIAFABOSITRA. — DESSIN DE TAYLOR.

cacolets ou couchés dans des litières, sont transportés à dos de mulets sous la surveillance d'un médecin de leur corps de troupe.

Au sommet du massif, à 700 mètres au-dessus du niveau de la mer, il fait un vent terrible. Une petite pluie fine, la première que je vois depuis Nossi-Bé, nous glace et nous fait grelotter sous nos vêtements de toile.

16 août. — Le piton sur lequel nous sommes bivouaqués depuis hier s'appelle Ankolatokana, nom assez difficile à retenir. De l'endroit où j'ai planté ma tente, j'ai vue sur un immense chaos de montagnes arides. Au-dessous de moi, dans la vallée, les petites tentes du bataillon de chasseurs campé à Antsiafabositra m'apparaissent comme des fleurs blanches semées au milieu d'un tapis de verdure. A côté de notre campement, la 2e ambulance s'est installée dans des gourbis d'herbe sèche, beaucoup moins froids que les tentes. Elle abrite déjà 100 malades, presque tous atteints de fièvre.

Charmant séjour que ce camp d'Ankolatokana! La nuit, un vent épouvantable fait gémir et vibrer ma tente comme si elle allait se fendre et s'abattre; il faut se lever de temps à autre pour aller cogner sur les piquets qui menacent de lâcher prise. Le jour, nous sommes assaillis par des milliers de moukafouilles, et ces petites mouches, qui fondent sur la peau avec la vitesse d'une flèche, préfèrent se laisser écraser sur place plutôt que de lâcher prise. Impossible avant cinq heures du soir de découvrir une partie quelconque du corps sans qu'elle soit immédiatement criblée par une centaine de dards microscopiques; c'est parfois grotesque et c'est toujours gênant.

18 août. — Quelle surprise de voir arriver aujourd'hui sur notre montagne presque à pic une batterie de

gros canons de campagne! Nous nous demandons comment elle a pu passer par ces chemins affreux. Les artilleurs sont épuisés, mais rayonnants; ils aimeraient mieux périr de fatigue que d'abandonner leurs pièces.

Derrière la batterie vient un bataillon de tirailleurs algériens. Il y a quelques traits tirés, quelques figures pâlies, mais chaque soldat se redresse en passant devant le Général en chef; les compagnies ont un air martial qui fait battre le cœur.

19 août. — Les deux brigades se concentrent pour opérer de concert le mouvement en avant sur Andriba. La légion étrangère a installé ses petites tentes basses sur un sommet entouré de toutes parts par des gorges profondes. De cet endroit, on distingue dans le lointain les troupes de la brigade Voyron échelonnées le long de la route qu'elles viennent de faire et qui apparaît comme une étroite ligne rouge sur le tapis vert des herbes.

CHUTE D'EAU DU CAMP DE LA CASCADE. DESSIN DE BOUDIER.

Les montagnes qui environnent notre camp d'Ankolatokana sont recouvertes d'une épaisse couche d'argile rouge, en ce moment fendillée et comme craquelée sous l'ardeur du soleil, mais dans laquelle, pendant la saison des pluies, les eaux en s'écoulant vers la plaine creusent des failles profondes, des ravins dont les bords sont absolument à pic. Le soir, les bouviers sakalaves qui gardent nos troupeaux et qui tout le jour les ont fait pâturer dans la brousse, les rassemblent dans une de ces failles qui se terminent généralement en cul-de-sac. Les animaux ne peuvent s'échapper; un seul homme se plaçant à l'entrée du cul-de-sac suffit pour garder pendant la nuit un millier de bœufs ainsi parqués.

20 août. — Nous partons à la pointe du jour pour le camp de la Cascade, où se trouvait hier le général Voyron. Je suis toujours étonné de la rapidité avec laquelle le camp se lève. Les petites tentes des officiers, qui sont vraiment pratiques dans ce pays, sont abattues et roulées en un tour de main. En une demi-heure, tout est chargé dans les voitures, et, là où se trouvait un campement de deux ou trois cents hommes, il ne reste plus que des herbes plus ou moins foulées, des boîtes à conserves vides et des débris de ces grandes caisses en fer-blanc qui servent à transporter le pain de guerre. Aussitôt que nous sommes partis, les quelques Sakalaves qui habitent les environs quittent la brousse où ils se tiennent cachés et viennent ramasser soigneusement ces débris.

Les travaux de terrassement qu'il a fallu faire pour rendre la route que nous suivons praticable aux voitures Lefebvre sont gigantesques et forcent l'admiration : cette route descend, en formant quatorze ou quinze lacets allongés, une pente absolument à pic, pour s'enfoncer dans un ravin de 150 mètres environ de profondeur, et remonter ensuite par d'autres lacets sur une montagne plus élevée encore.

BIVOUAC DE L'ÉTAT-MAJOR AU CAMP DES SOURCES (PAGE 85).

CONSTRUCTION D'UN GOURBI PAR LES TIRAILLEURS. — DESSIN DE G. PROFIT.

La cascade qui donne son nom au camp où nous allons passer la nuit est formée par une petite rivière qui se précipite tout entière d'une hauteur de 100 mètres au fond d'un ravin d'aspect sauvage parsemé de blocs énormes de rochers.

21 août. — A partir du camp de la Cascade, il n'y a plus de route frayée. Toutes les troupes qui vont prendre part à l'attaque d'Andriba ont laissé au camp leurs voitures, ne conservant que des mulets de bât, qui passent partout. A cause de la pénurie des moyens de transport, l'effectif a été réduit au strict minimum. Nous laissons en arrière un certain nombre de nos camarades, qui nous voient partir avec une pointe d'envie. Le bataillon de la légion attend le Général en chef à 2 kilomètres en avant, rangé sur une longue ligne qui occupe toute la pente d'une colline. Dès que le Général paraît, les clairons sonnent aux champs et les troupes présentent les armes. Un peu plus loin nous passons près du bataillon de tirailleurs sakalaves, qui n'a pas encore quitté son bivouac. Ces indigènes, bien nourris, sont luisants de graisse et de santé. Sous un arbre, à l'écart, les femmes de ces messieurs, accroupies dans la brousse, forment un groupe compact. Elles suivent le bataillon depuis Majunga et elles n'ont pas l'air d'avoir trop souffert de la disette. Elles rient, causent entre elles et se montrent le général Duchesne et le général de Torcy, qui, debout sur un petit mamelon, fouillent à la lorgnette les positions ennemies. Les Hovas paraissent avoir replié leurs avant-postes.

Nous descendons une pente tellement raide qu'il a fallu mettre pied à terre; elle aboutit à un ruisseau profondément encaissé, que la colonne passe à gué. Deux pièces de 80 de campagne qui avaient essayé de pousser jusqu'à Andriba sont restées en détresse dans ce mauvais passage, malgré les douze mulets qui sont attelés à chacune d'elles.

Vers 9 heures le général fait halte au milieu de la brousse dans un bas-fond bordé de grands rafias. Nos chevaux trouvent là une herbe courte et odorante, qu'ils mangent gloutonnement.

Un gendarme à cheval arrive avec un mot du général Voyron, commandant la brigade d'avant-garde : l'ennemi occupe en avant d'Andriba une série de positions élevées dans lesquelles il a placé de nombreuses batteries; les troupes de tête sont près d'arriver à son contact; elles n'ont pas attaqué encore.

Il est onze heures du matin quand nous nous remettons en route; la colonne gravit une montagne à pic sous un soleil de plomb. Les légionnaires, qui nous précèdent, sèment un grand nombre d'hommes que la chaleur accable et qui s'assoient haletants sur le bord du sentier; ces pauvres gens s'arrêtent quelques minutes, le temps de reprendre haleine et d'étancher la sueur qui trace de nombreuses rigoles sur leur face enduite de poussière rouge; ils

LES MULETS DE BÂT DE LA COLONNE.

DESCENTE VERS LE CAMP DE LA CASCADE (PAGE 89). — DESSIN DE BOUDIER.

SCÈNES DU COMBAT D'ANDRIBA (PAGE 92). — DESSIN DE BOUDIER.

reprennent leur sac et repartent ensuite courageusement. Vers 4 heures du soir nous sommes en face de la montagne d'Andriba, énorme bloc de granit de 880 mètres de hauteur. Au sommet même du pic et sur les collines qui l'environnent, les Hovas ont placé des batteries qui tirent sur nos troupes. Les artilleurs ennemis sont commandés par des Anglais; ceux-ci ont établi leur demeure sur le plateau qui couronne la montagne. Les pièces sont bien pointées, et, dès les premiers coups, un obus vient éclater sur le mamelon où se tient le général Voyron, tue un tirailleur malgache et blesse légèrement deux de nos hommes.

Mais pendant ce temps l'artillerie de marine a pu mettre ses pièces en batterie : un de ses obus à *mélinite* tombe juste au milieu d'un des forts ennemis, dans les retranchements duquel il fait, en éclatant, une brèche énorme, tuant du coup cinq ou six Hovas, qu'on reconnaît facilement à la lunette, grâce à leurs lambas blancs. Panique épouvantable chez nos ennemis, qui, cessant leur feu, abandonnent précipitamment leur première ligne de défense pour se réfugier dans une autre série de fortins, situés beaucoup plus en arrière et que nous distinguons à peine. Seule la batterie d'Andriba, commandée par les Anglais, continue à tirer jusqu'à la chute du jour.

22 août. — Nous nous étions endormis avec l'espoir que les Hovas tiendraient le lendemain, malgré leur lâcheté ordinaire, tant les défenses qu'ils avaient accumulées autour d'Andriba paraissaient formidables. Le général Voyron, qui doit commander l'attaque, a pris avant le jour ses dispositions de combat; le Général en chef se tient dès l'aube aux avant-postes d'Ambodiamontana, près d'un petit bouquet de bois d'où l'on a vue sur le mont Andriba et sur toute la ligne des défenses de l'ennemi.

Peine perdue! Les tranchées et les camps existent bien, mais leurs défenseurs ont fui avec leurs canons pendant la nuit précédente. Ramasombaza et les principaux chefs n'ont même pas attendu les ténèbres pour battre en retraite; ils se sont esquivés la veille dès les premiers coups de feu.

La reine avait cependant envoyé de Tananarive l'ordre formel à ses troupes de tenir jusqu'à la mort. Quels lâches que ces Hovas! Nos soldats, qui se sont imposé de grandes fatigues et qui ont piétiné toute la matinée, sont furieux de n'avoir pu joindre l'ennemi.

Nous quittons Ambodiamontana vers 10 heures du matin et, après avoir traversé une petite rivière appelée Kamolandy, dont le lit profondément encaissé et semé de gros rochers constituera un sérieux obstacle pour les travaux de route, nous montons sur un mamelon pour arriver, en traversant un camp incendié de Hovas, au petit village d'Ambontona qui a été respecté par l'ennemi. Il est formé d'une douzaine de maisons, assez bien construites en terre et en roseaux et entourées d'une haie de figuiers épineux et de pignons d'Inde. Les cases sont désertes; à l'intérieur, des paniers pleins de paddy et de manioc, des marmites en terre, des calebasses, de grosses bottes de ficelle faite avec les fibres du palmier rafia, jonchent le sol.

En furetant partout, nos soldats trouvent dans un coin une pauvre lépreuse abandonnée. Vêtue à peine de quelques loques sordides, elle est accroupie sur une natte, ayant à côté d'elle une poignée de riz rouge cuit à l'eau. Elle regarde d'un œil terne et indifférent les *vazahas* qui l'entourent et qu'elle voit peut-être pour la première fois.

L'interprète l'interroge : « Pourquoi es-tu restée ici? — Personne n'a voulu de moi, parce que j'ai la maladie qui ne pardonne pas! »

Émus de pitié, nos soldats déposent, en passant auprès de la malheureuse, des morceaux de pain de guerre ou de viande. Très rapidement la natte est couverte de victuailles, que la lépreuse se met à dévorer avidement.

Les Hovas devaient être extrêmement nombreux autour d'Andriba. Sur presque tous les sommets, et même au creux de certains vallons, on aperçoit leurs ouvrages de défense et les petites huttes d'herbe qui servaient d'abri à leurs soldats. Ces huttes, dont la hauteur ne dépasse pas 1 mètre, ont tout au plus 2 mètres et demi de longueur; elles sont munies d'une porte basse, sous laquelle on ne peut passer qu'en se courbant en deux. Elles n'ont pas d'autre ouverture que cette porte; les interprètes assurent qu'il y avait trois soldats au moins dans chacune de ces niches dont nos chiens français se contenteraient à peine. Elles sont alignées de façon à former des rues qui se coupent à angle droit.

LA LÉPREUSE D'AMBOUNTONA. — DESSIN D'OULEVAY.

Nous avons trouvé dans toutes les huttes d'abondants approvisionnements de paddy et de manioc; les débris de viande, les ossements, les peaux de bœufs, répandus à profusion aux environs des camps, indiquent que les soldats de la reine vivaient dans l'abondance. La vallée d'Andriba passe d'ailleurs pour relativement riche et fertile; elle contenait de nombreux villages. En se retirant, les Hovas en ont brûlé un grand nombre, mais il en reste encore beaucoup qu'ils n'ont pas eu le temps d'incendier. L'importante agglomération de

Malatsy est en partie détruite. Le village où se tenait le marché d'Andriba a été également la proie des flammes. Ce dernier village occupe le centre d'une vaste plaine mamelonnée entourée de toutes parts par un cercle de hautes montagnes; le sommet des mamelons est complètement inculte, mais dans toutes les petites vallées qu'ils limitent il y a des ruisseaux d'eau courante et de belles rizières bien cultivées.

24 août. — Malgré la fatigue croissante des hommes, malgré les vides creusés par la maladie dans les effectifs, il faut absolument continuer la route carrossable jusqu'à Andriba, afin de pouvoir y amener de l'arrière les approvisionnements nécessaires pour alimenter la colonne légère que le Général en chef se propose de lancer de là sur Tananarive. Les deux brigades se sont déjà partagé cette besogne ingrate. Le général Duchesne veut se reporter un peu en arrière, à 8 ou 10 kilomètres du campement que nous occupons actuellement, pour mieux surveiller ces travaux indispensables et pour les activer dans la mesure du possible.

TIRAILLEURS SAKALAVES PARTANT POUR TRAVAILLER À LA CONSTRUCTION DE LA ROUTE.

LES BOUCHERS DE LA COLONNE. — DESSIN DE BOUDIER.

* * *

Mission pénible des officiers convoyeurs. — Les Kabyles déserteurs et pillards. — Le prince Saïdina. — Le travail en musique. L'hôpital d'Andriba. — L'état sanitaire. — Village fortifié. — Organisation de la colonne légère.

26 août. — Tout le monde parle de la colonne légère qui va partir dans quinze jours pour Tananarive; tout le monde veut en être. Malheureusement, à cause des difficultés du ravitaillement, le Général en chef est obligé de réduire les officiers au minimum strictement nécessaire et il y aura bien peu d'élus. Déjà un grand nombre de nos camarades de l'artillerie, de la cavalerie, de l'infanterie, sont échelonnés sur la route pour diriger les convois dans les gîtes d'étape. Ces fonctions sont extrêmement pénibles; elles exigent une énergie peu commune et une endurance morale et physique à toute épreuve. Chaque matin, les chefs de convoi se lèvent avant le jour; ils doivent, avant le départ, surveiller le chargement des voitures, l'attelage des mulets, remédier pendant la route à toutes les difficultés qui peuvent se produire : voitures renversées, mauvais passages, maladies des conducteurs, et aussi parer aux insubordinations des Kabyles et à leurs désertions de plus en plus fréquentes. Ces auxiliaires,

affaiblis par l'anémie, énervés par le travail continu et fatigant auquel ils sont soumis, n'obéissent plus qu'avec peine et désertent en grand nombre dans les échelons de l'arrière; ils s'installent dans la brousse, loin des routes frayées, construisent des gourbis et forment des agglomérations d'individus qui mettent le pays en coupe réglée. Ils ont gardé des relations secrètes avec leurs compatriotes restés dans les convois; grâce à eux, ils réussissent, si l'on n'y prend garde, à prélever sur les approvisionnements transportés tout ce qui est nécessaire à leur existence. Leurs affiliés s'arrangent pour faire verser une voiture à vivres dans un ravin profond d'où il est impossible de la tirer immédiatement. Après que le convoi a poursuivi sa route, la bande des réfractaires arrive, descend dans le ravin, pille la voiture et disparaît avec son butin. Le général en chef a dû prescrire à la gendarmerie de faire, le long des routes d'étapes, des battues ayant pour but de s'emparer de ces maraudeurs et de les mettre hors d'état de nuire. Des exécutions sommaires ont été faites pour l'exemple, mais le désert est vaste, le parcours que suivent les voitures Lefebvre est considérable.

29 août. — Le prince Saïdina, frère du sultan de la Grande Comore, vient d'arriver à notre camp; il veut se présenter au Général en chef et lui demander de servir la France pendant la durée de la guerre. C'est un jeune homme de vingt-quatre à vingt-cinq ans, au teint couleur safran, aux traits réguliers et distingués. Il est très intelligent et il parle très bien le français. Il est vêtu d'une grande robe noire brodée d'or ouverte sur une longue *gandoura* blanche. Un poignard damasquiné est passé dans une large ceinture de soie qui lui fait le tour des reins. Il est coiffé d'un turban à pointe et il porte au côté un grand sabre à lame recourbée.

Le général Duchesne lui fait le plus bienveillant accueil et l'invite à sa table, mais il ne peut rien lui accorder, n'ayant pas qualité pour nommer des officiers au titre indigène et ne pouvant pas, d'autre part, enrôler comme simple convoyeur auxiliaire un prince de sa race pour conduire les mulets ou piocher la terre à côté du plus infime de ses sujets.

1er septembre. — Je suis parti aux avant-postes à la recherche d'un emplacement convenable pour installer le grand hôpital que nous voulons établir à la base d'opérations de la colonne légère avant son départ pour Tananarive. La route tracée par le génie commence à dessiner ses lacets autour du pic d'Andriba, qu'elle contourne. Les nombreux camps hovas, remplis de détritus infects, ont été incendiés sur l'ordre du Général en chef et dans un but purement hygiénique. Les mouches qui les habitaient n'ont pas été toutes détruites par les flammes : quand je passe auprès des emplacements qu'ils occupaient, ces insectes viennent par milliers s'accrocher, côte à côte et presque à se toucher, sur mon casque, sur mon pantalon, sur la selle et sur le dos de mon cheval; j'en suis entièrement couvert du côté opposé au vent. J'ai beau les chasser, ils reviennent aussitôt se cramponner à moi, et mon cheval les emporte dans sa course.

Près d'Ambountona, je croise des compagnies de tirailleurs sakalaves occupées aux terrassements de la route. Ces noirs ne travaillent bien qu'en musique : l'un d'eux se place devant la file des terrassiers et entonne un chant bien rythmé, que tous les autres répètent en chœur. Il s'accompagne en frappant sur le plat d'une pelle, et les pioches s'abattent ensemble en suivant exactement la cadence indiquée. Les Sakalaves travaillent très vite ainsi : ils déplacent en une journée une quantité considérable de terre.

En passant à Ambountona, mon cheval fait un brusque écart : un cadavre couché en travers de la porte nord du village l'a effrayé; c'est le corps de la pauvre lépreuse à qui nos soldats donnaient si charitablement leurs galettes de pain de guerre.

4 septembre. — L'hôpital d'Andriba sera bien installé. Il y a près d'une petite rivière appelée Mamokomita, à 4 kilomètres environ au delà du marché d'Andriba, un grand village du nom de Mangasoavina, que les Hovas avaient essayé de brûler, mais dans lequel le feu a respecté quinze belles cases; elles serviront à loger les malades quand on les aura débarrassées des amas de paddy, de manioc, des paniers et des calebasses qui les encombrent et surtout quand on leur aura fait subir une désinfection énergique qui aura pour effet de détruire non seulement les microbes, mais les insectes, poux et puces, commensaux ordinaires des Hovas. Ceux-ci sont beaucoup plus malpropres que les Sakalaves. Partout où ils se tiennent, l'air devient rapidement empesté.

TOMBEAU D'UN HOVA AUX ENVIRONS D'ANDRIBA. — DESSIN DE BOUDIER.

Le nombre des malades va toujours croissant : il y en a 3 800 dans les hôpitaux, sans compter les 2 000 hommes rapatriés et les nombreux décès qui se sont produits depuis le commencement de la campagne. Nos formations sanitaires doivent faire face à tous les besoins au prix d'efforts surhumains, d'autant plus que des ordres venus de France prescrivent de suspendre les rapatriements jusqu'au mois de septembre, à cause des dangers que présente pour les convalescents la

TROUPIER ÉCRIVANT EN FRANCE. — DESSIN DE J. LAVÉE.

traversée de la mer Rouge pendant la saison chaude. Nous pensions que l'île de la Réunion pourrait, en cette occurrence, nous offrir quelques ressources; le gouverneur de l'île avait été pressenti à ce sujet par le directeur du service de santé. La réponse qu'il a fournie est loin de réaliser nos espérances; la colonie de la Réunion peut ne disposer que de trois cents places dans ses hôpitaux, qu'elle offre au Corps expéditionnaire au prix de 9 francs par place et par journée de soldat. C'est suffisant tout au plus pour les besoins de la garnison de Tamatave, la plus rapprochée de l'île. D'ailleurs nos malades de la côte ouest ne vont pas volontiers à la Réunion; la traversée dure sept jours et se fait en cette saison par mousson contraire. « Ne vaut-il pas mieux, disent-ils, mettre dix jours de plus et aller jusqu'en France? »

Le Général en chef vient de prescrire qu'une sélection sévère serait faite parmi les troupes appelées à prendre part à la colonne légère. Tout homme fatigué, jugé dès à présent incapable pour raison de santé d'aller jusqu'au bout, sera versé dans les corps de troupes qui demeurent à Andriba. Sur les 6 000 hommes concentrés à l'avant, il y en aura à peine 3 000 qui rempliront les conditions demandées. La colonne légère sera surtout composée de troupes noires. C'est un résultat à noter pour l'avenir.

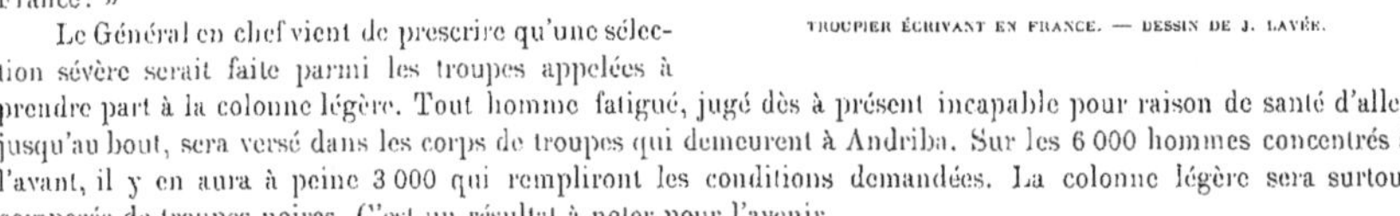

La nécessité de faire une route de 300 kilomètres dans un pays complètement insalubre doit bien certainement entrer en ligne de compte pour expliquer cette morbidité considérable; ce n'est pas tout cependant, puisque les secrétaires d'état-major, les batteries d'artillerie, les cavaliers et les gendarmes qui n'ont pas pris part aux travaux de la route ont fourni au moins autant de malades que les autres corps. Le climat doit surtout être incriminé; les troupes de relève du bataillon de la légion et des compagnies du génie qui viennent d'arriver à Ambodiamontana en fournissent, à mon avis, une preuve absolument convaincante. Aussitôt débarqués à Majunga, ces hommes sont remontés par eau jusqu'à Suberbieville. Ils n'ont pas séjourné dans ce dernier poste; ils ont été immédiatement mis en route de façon à arriver le plus rapidement possible à Andriba, c'est-à-dire dans une région située à une bonne altitude et qui passe pour saine. Eh bien, presque tous ces nouveaux venus sont tombés malades à Ambodiamontana; ils ont été frappés en masse par le paludisme, et plusieurs sont, en arrivant, morts d'accès pernicieux, malgré la quinine préventive dont on les avait pourvus et le traitement énergique qu'on leur avait institué dès le début.

En dépit de la maladie, nos troupiers trouvent encore le mot pour rire. Deux pauvres diables sortaient de ma tente où ils étaient venus me conter leurs misères et où l'un d'eux m'avait demandé une consultation pour ses chevilles toutes gonflées : « *Eh bien, ma pauv'vieille rosse, lui crie son camarade, te v'là à c'l'heure avec les boulets enflés!* »

Toute la plaine d'Andriba est semée de tombes dont la plupart sont récemment creusées; les unes sont complètement isolées; d'autres sont réunies, au nombre de trois ou quatre, au sommet d'un mamelon bien découvert. Contrairement aux Sakalaves, qui cachent soigneusement leurs morts sous de gros blocs de rochers ou dans les endroits les plus sauvages de leurs forêts, les Hovas enterrent leurs parents sur le bord des chemins fréquentés, au sommet des collines d'où on peut les apercevoir de fort loin. Les tombes les plus récentes sont placées dans le voisinage des camps qu'habitaient les soldats. Leur nombre relativement considérable semble indiquer que les Hovas, pas plus que les Français, ne sont à l'abri des atteintes du climat meurtrier du Boéni. Il ne faudrait pas croire pourtant qu'elles renferment toutes des corps de soldats morts de maladie ou tués à l'ennemi : il en est qui contiennent des cadavres de déserteurs hovas que les soldats de la reine ont passés par les armes.

HUTTE DE SOLDAT HOVA. — DESSIN DE J. LAVÉE.

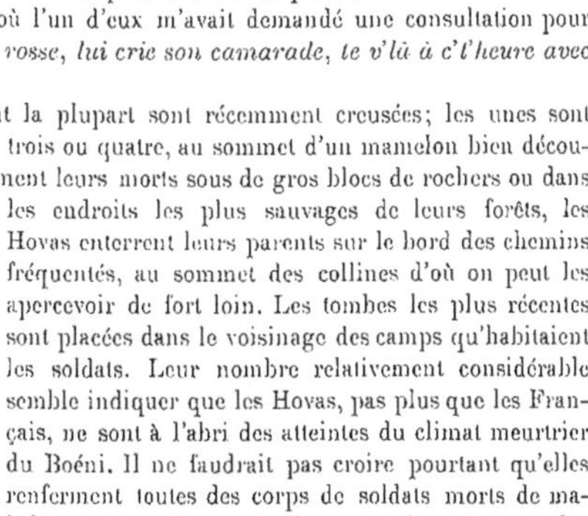

La désertion dans l'armée ennemie avait pris, dans ces derniers temps, des proportions telles, que les chefs hovas ont dû placer des postes à l'entrée des défilés par lesquels la route de Tananarive traverse la chaîne montagneuse pour arrêter les fuyards. Tous les déserteurs surpris aux environs de ces postes ont été exécutés.

Comme tous les villages de cette région, Mangosoavina avait été fortifié d'une façon absolument remarquable par ses habitants, qui devaient d'autant plus redouter les Fahavalos qu'ils semblaient bien à leur aise; il y avait en effet de nombreux silos creusés le long des maisons.

Le village était complètement fermé par un large fossé doublé d'une haie de cactus épineux hauts de 2 mètres et plantés de façon à former un taillis inextricable, profond de 5 ou 6 mètres. Ces cactus sont extrêmement dangereux, et l'imprudent qui s'engage au milieu d'eux est immédiatement piqué par un million de petites épines microscopiques qui disparaissent sous la peau, d'où l'on ne peut les extraire qu'avec la plus grande difficulté et en s'aidant de la loupe. Fixées dans le derme, elles y font l'office de corps étranger et y déterminent une cuisson insupportable qui dure souvent plusieurs jours.

Tout près de Mangasoavina passe la grande route qui conduit au marché d'Andriba; ce n'est pas une route comme celles de France, mais plutôt une série de pistes. courant parallèlement les unes aux autres et séparées par des bandes d'herbe à peine foulée. Le service des ponts et chaussées n'existe pas à Magadascar, où les voitures sont inconnues et où tout, même les voyageurs, est transporté à dos d'hommes. Ce sont les porteurs qui créent les sentiers en passant toujours à la même place. Leur règle, c'est de choisir le plus court, sans tenir compte des obstacles.

13 septembre. — La colonne légère part demain; les troupes qui y prennent part ne comprennent guère plus de 3 000 fusils; elles marcheront divisées en trois colonnes; l'avant-garde, composée de 3 bataillons, de 2 batteries d'artillerie, d'une compagnie du génie, d'une section de munitions, d'une fraction d'ambulance, sera suivie d'un convoi qui portera les vivres; le gros, qui aura, à peu près, la même composition, suivra à vingt-quatre heures d'intervalle; enfin l'arrière-garde, comprenant seulement 2 bataillons d'infanterie et un immense convoi, se mettra en route deux jours après le gros. Tous les convois sont composés de mulets de bât. Pendant la première partie de la route, les ravitaillements se feront par des échelons de mulets partant de Mangasoavina; les bêtes de somme dont le chargement aura été consommé reviendront chaque jour à cette base d'opérations, ramenant à l'hôpital d'Andriba les malades tombés pendant la route. Mais quand la colonne sera trop éloignée, ce va-et-vient ne pourra plus se faire : les malades et les mulets déchargés devront suivre les troupes jusqu'à Tananarive.

Il me faut encore réduire mon bagage; c'est la troisième opération de ce genre que j'exécute depuis Majunga : je sème mon linge et mes vêtements un peu partout; il y en a à Nossi-Bé, à Suberbieville, à Andriba; les reverrai-je jamais? Il faut s'alléger, s'alléger toujours : c'est égal, nous arriverons dans un joli état à Tananarive, et les Hovas auront une piètre idée de nous s'ils nous jugent d'après le costume.

Je garde ma tente d'abord et surtout mon lit de campagne : c'est grâce à lui que j'ai à peu près conservé ma santé. Je suis sûr qu'un très grand nombre de cas de fièvre sont dus à ce fait que les hommes couchent sur le sol et que, malgré toutes les recommandations qu'on leur a faites, ils ne s'isolent pas en se plaçant sur un lit épais d'herbe sèche, doublé du morceau de toile chiné qu'on leur a distribué à tous pour cet usage

LA POPOTE DU BATAILLON. — DESSIN DE J. LAVÉE

AMBOHIDRAHARA (PAGE 105). — LE GÉNÉRAL EN CHEF INTERROGEANT DES PAYSANS.

CHAPITRE IX

Les débuts de la colonne légère. — Défilés d'Antafofotra. — Les marais d'Ampotaka. — Combat de Tsimaïnhandry. — Chemins impossibles. — Le col de Kiangara : fanfaronade hova. — Vallée du Manankaso. — Interrogatoire des prisonniers. — Traversée des grands Ambohiménes. — La plaine de Maharidaza.

UN DES BOYS QUI SUIVAIENT LA COLONNE. DESSIN D'OULEVAY.

Le 14 septembre. — Je quitte Mangasoavina à 4 heures et demie, du matin avec l'avant-garde de la colonne légère. La route n'existe plus; nous suivons la piste malgache, sur laquelle nos mulets s'avancent d'un pied sûr malgré les pierres roulantes. De temps en temps la colonne s'arrête pour permettre aux hommes du génie qui marchent en avant de construire un ponceau, d'aplanir à coups de pioche un passage difficile.

Nous traversons une fois, puis deux, le Mamokomita, qui serpente capricieusement entre deux chaînes de collines élevées et qui, sur différents points de son parcours, précipite ses eaux du sommet des roches en jolies cascades.

Halte de près d'une heure au pied d'une montée très rude que les sapeurs arrangent de leur mieux. Le sentier n'a pas plus de 60 centimètres de largeur : à droite, c'est un précipice presque à pic; à gauche, contre la montagne, les pluies de l'hivernage ont creusé de profondes crevasses dans lesquelles les chevaux pourraient s'enfoncer jusqu'au cou. Les trois premiers mulets engagés s'abattent avec leur chargement et, après trois ou quatre tours sur eux-mêmes, roulent au fond du ravin. Heureusement ce mauvais passage est le dernier que nous rencontrerons aujourd'hui.

La colonne arrive à 3 heures au pied des monts Antafofotra (au Vent Violent), dans un joli vallon où nous campons pour la nuit.

15 septembre. — Nous nous mettons en route avant le jour. Les camps hovas sont dans les environs. Le Général en chef, renseigné par ses patrouilles, espère que la colonne rencontrera l'ennemi aujourd'hui.

Nous gagnons l'extrême pointe d'avant-garde en doublant le bataillon de la Légion, et nous nous engageons à la file indienne dans la série de petits sentiers parallèles qui forment la grande route de Tananarive. Les hommes marchent en silence, avec l'air attentif et intéressé qu'ils prennent lorsqu'ils sont dans le voisinage immédiat de l'ennemi. Je suis sûr qu'il n'y aura pas de traînards aujourd'hui, et cependant la journée sera rude.

Au loin, les grandes montagnes qu'il va falloir gravir forment, dans la pénombre, une énorme masse grise; autour de nous les innombrables feux de bivouacs semblent autant de petites étoiles rouges accrochées au flanc des coteaux et semées au fond des ravins.

Le jour paraît peu à peu : une large bande claire d'un jaune safran se forme derrière la ligne de montagnes qui borne l'horizon à l'orient; autour de nous, les grandes brousses desséchées prennent des tons dorés. A 6 heures le soleil sort brusquement de derrière les cimes et le paysage s'éclaire comme par un coup de baguette magique.

Du piton où nous sommes placés, nous dominons toute la région. A nos pieds, une vallée étroite et encaissée dans laquelle la colonne commence à descendre en serpentant; plus loin, un chaos montagneux dont les crêtes s'élèvent peu à peu par étages successifs vers un massif bleuâtre qui se perd dans le ciel. Devant nous, au bord du plateau, le Général en chef, en mac-farlane bleu, et le général Metzinger, emmitouflé dans un capuchon gris-souris, fouillent l'horizon de leurs lorgnettes et discutent sur les positions de l'ennemi. A quelques pas derrière eux, des groupes d'officiers d'état-major échangent leurs réflexions en consultant la carte, tandis qu'un tirailleur haoussa qui tient leurs chevaux, les écoute, sans comprendre, en ouvrant la bouche toute grande et en écarquillant les yeux.

Tout à coup un gros tourbillon de fumée noire s'élève au-dessus d'une des cimes les plus éloignées : ce sont les Hovas qui brûlent le village d'Ampotaka dans lequel nous devions aller camper. C'est une grosse déception : l'ennemi va donc fuir; il s'échappe cette fois encore sans essayer de combattre.

La colonne descend rapidement dans la vallée; elle serpente pour contourner les mamelons, pour grimper sans trop de fatigue au sommet des pics dénudés et pour redescendre ensuite dans les fonds couverts de rizières, qu'elle traverse sur des digues étroites.

Un grand marais où pousse une forêt de roseaux hauts de 2 mètres lui barre la route; les chevaux enfoncent jusqu'au poitrail; les soldats du génie qui travaillent pour améliorer le chemin, en vue des convois de mulets qui nous suivent, ont de la vase jusqu'au-dessus de la ceinture.

Ampotaka était un grand village militaire comme il en existe beaucoup dans la région; il a été complètement détruit par le feu; sur son emplacement, il ne reste plus qu'une enceinte de cactus, quelques pans de murs noircis et des tas de cendres encore fumantes. Ce village formait un point stratégique assez important, car il était construit à la jonction de deux routes, celles du Firingalava et celle du Mamokomita, qui viennent à ce niveau se brancher sur la grande route de Tananarive.

A partir d'Ampotaka, les montagnes se resserrent et le chemin s'engage dans une vallée profonde limitée à droite et à gauche par une ligne à peu près continue de montagnes dénudées et à pic. Les indigènes ont donné à cette vallée le nom de Tsimaïnhundry (Boyau de Mouton) qui rappelle d'une façon pittoresque les caractères topographiques de la région.

La vallée de Tsimaïnhundry est facile à défendre; les Hovas ont construit de nombreux ouvrages armés de canons sur les crêtes qui la dominent et c'est là qu'ils nous attendent. L'avant-garde, qui vient de s'engager dans le défilé, est saluée à coups d'obus. Un de ces projectiles vient tomber à 20 mètres du Général en chef; un autre passe au-dessus de nos têtes. Pour compléter la fête, le crépitement de la fusillade se fait entendre un peu partout. Les officiers, dont la figure s'était rembrunie à la vue de l'incendie d'Ampotaka, commencent à se dérider.

Nous sommes pris en écharpe par les feux d'un fort hova qui tire avec une précision remarquable et dont presque tous les obus arrivent jusqu'à nos lignes. C'est là que se trouve un nommé Graves, sujet anglais qui sert parmi les troupes ennemies.

Une de nos batteries d'artillerie vient se poster sur le mamelon que nous occupons. En dix coups de canon, elle a réglé son tir et fait cesser le feu des Hovas.

Pendant le combat d'artillerie, les tirailleurs sakalaves sont montés sur la ligne des crêtes, et les tirailleurs algériens ont escaladé les cimes de gauche; ils ont surpris l'ennemi, qui ne supposait pas qu'on pourrait l'aller chercher à cette hauteur. Les Sakalaves, plus agiles et meilleurs coureurs, ont tué une cinquantaine de Hovas; le reste a pris la fuite. Nous avons eu deux blessés seulement, dont un pauvre diable de la Légion, atteint d'une balle dans la tête; il ne passera probablement pas la nuit.

Nous déjeunons sur le champ de bataille et, avant de rentrer au bivouac, nous allons visiter un camp hova retranché, placé à cheval sur la route au sommet d'un petit monticule. Les huttes de paille, séparées par des ruelles étroites et tortueuses, dégagent une odeur affreuse de viande en putréfaction et de riz moisi. Des légions de mouches nous entourent en bourdonnant.

16 septembre. — Le Général en chef a donné l'ordre de détruire par le feu les nombreux camps hovas de la vallée de Tsimaïnhundry, et ce matin, au départ, des incendies s'allument sur tous les pitons.

La route devient de plus en plus difficile et accidentée; il eût fallu des travaux considérables pour permettre aux voitures Lefebvre de passer par là. Nous campons ce soir en avant du village d'Ambohinoro (la Ville de Joie), brûlé comme les autres par les Hovas et dont les ruines fument encore. L'artillerie dresse ses tentes le long de la route, au pied d'une superbe cascade qui descend les pentes d'une montagne pelée. Nous nous établissons dans un cimetière malgache et j'entrave mon cheval à la pierre levée d'un tombeau.

TRAVERSÉE DES MARAIS D'AMPOTAKA.

CAMPEMENT DE L'ARTILLERIE À AMBOHINORO. — DESSIN DE GOTORBE.

17 septembre. — Départ à 5 heures et demie du matin avec l'extrême pointe d'avant-garde. Une batterie d'artillerie nous suit, portée sur des mulets de bât; un mulet porte un canon, un autre son affût; l'artillerie peut ainsi passer facilement par les chemins de chèvres que nous suivons. Nous marchons à flanc de montagne; à chaque instant, le chemin est coupé par d'étroits et profonds ravins semés de grosses pierres; ces ravins doivent être transformés en torrents au moment de la saison des pluies. Toutes les dix minutes, il faut mettre pied à terre et tirer les chevaux par la bride.

Les troupiers marchent bien; il y a peu d'éclopés. Comme on a bien fait de passer une visite minutieuse des malingres et de les laisser à Andriba! Si nous avions eu beaucoup de malades, il nous eût été impossible, dans les conditions où nous sommes, et avec les moyens forcément rudimentaires que nous possédons, de leur assurer les soins nécessaires. Tout a été réduit, le service de santé comme le reste, à cause des difficultés considérables de ravitaillement. Pour transporter les malades, le matériel sanitaire et les médicaments, les deux sections d'ambulance de la colonne légère ne possèdent en tout que 25 mulets.

A 7 heures du matin, nous sommes au pied du col de Kiangara. Une montée très dure, d'environ 300 mètres, permet d'atteindre le col, qui forme un étroit passage entre deux montagnes à pic. On dirait une porte gigantesque ouverte sur le pays hova.

L'ennemi a laissé un écriteau à notre adresse; il est planté sur un sabre de bois au milieu du passage. L'interprète qui nous accompagne le traduit séance tenante au Général en chef : « Vous n'irez pas plus loin; les Voromahéry vous arrêteront. »

Les Hovas ont donné le nom du *voromahéry*, l'aigle malgache, aux soldats de la garde particulière de la reine. Il paraît que nous avons devant nous plusieurs centaines de ces soldats, armés de fusils à répétition et récemment arrivés de Tananarive.

Arrêtés au sommet du Kiangara, nos généraux fouillent attentivement avec leurs lorgnettes l'immense vallée mamelonnée qui se déroule à leurs pieds jusqu'aux grands Ambohimènes, dont les hautes cimes bleuâtres limitent l'horizon : cette vallée, arrosée par la petite rivière du Manankaso, dont les eaux scintillent au soleil, est occupée par de nombreux villages militaires. C'est aux Ambohimènes que les troupes hovas nous attendent pour tenter un dernier effort; en se repliant, elles ont brûlé tous les villages de la plaine : Kinadjy est entouré de flammes qu'un vent violent active encore; Antanétibé et Kiangara dégagent des tourbillons de fumée noire.

Sur l'autre versant du col, la descente est encore plus rapide. La route, malgré ses nombreux circuits en colimaçon, est très difficile et semée d'obstacles. Quand, arrivé au bas, je me retourne pour revoir le défilé des troupes qui nous suivent, j'ai la sensation d'une procession de termites descendant du sommet de leur énorme fourmilière en tronc de cône.

18 septembre. — Nous avons passé la nuit au milieu de la plaine qui sépare le col de Kiangara des monts Ambohimènes. Le soir, la température est très fraîche relativement : le thermomètre, qui monte à 22 ou 24 degrés

dans le milieu de la journée, descend brusquement la nuit à 11 ou 12. Les Sakalaves, trop légèrement vêtus, grelottent; on a dû les doter de vêtements de laine.

Vers 10 heures, le général Metzinger envoie à l'état-major pour y être interrogés quelques traînards hovas qui ont été cueillis dans la plaine par nos patrouilles. Ils ont les cheveux courts, le teint bronzé, la taille petite, les membres grêles, la figure intelligente, l'air misérable. Ils font contraste avec un bourjane qu'on a ramassé en même temps qu'eux. Celui-ci a un torse d'athlète et des jambes prodigieusement musclées. Il a sur l'épaule et sur la nuque les deux bosses caractéristiques produites par le frottement du bambou qui sert à porter les paquets.

Soldats et porteur sont presque nus; leur unique vêtement consiste, outre le pagne étroit, en une pièce d'étoffe de coton dans laquelle ils se drapent, à la romaine. Comment avec un costume aussi sommaire peuvent-ils supporter la fraîcheur des nuits, exposés comme ils le sont à coucher le plus souvent à la belle étoile?

L'interrogatoire n'apprend pas grand'chose : « L'armée que nous chassons devant nous est forte de 7 000 à

LES MONTS AMBOHIMÈNES. — DESSIN DE BOUCHER.

8 000 hommes. Elle est commandée par Ranianzala, assisté de Ramasombaza et du nommé Graves, le seul Européen qui soit resté avec les Hovas ».

Nous comptions avoir un jour de repos aujourd'hui : il faut au contraire lever le camp à 3 heures du soir pour aller planter nos tentes à 2 kilomètres et demi en avant, sur le plateau de Kinadjy. Nous devons demain, dès la première heure, être prêts à nous porter en avant avec l'avant-garde. Les reconnaissances envoyées pour examiner les positions ennemies annoncent que les Hovas sont disséminés dans quatorze forts très bien construits qui battent plus ou moins la route conduisant à Tananarive; le Général en chef veut que les troupes aient pris leurs positions de combat suffisamment à temps pour que l'ennemi puisse être délogé avant la nuit.

19 septembre. — Départ dès la pointe du jour. Aussitôt après avoir atteint le sommet d'un petit mamelon qui domine notre camp, nous faisons halte. Devant nous, la grande chaîne des Ambohimènes se dresse comme les marches d'un escalier gigantesque. Le tracé rouge qui marque la route de Tananarive s'accroche aux flancs abrupts des montagnes et s'élance en ligne perpendiculaire, comme s'il voulait se perdre dans le ciel. A droite et à gauche, sur les pitons les plus inaccessibles, on découvre à la lorgnette les forts hovas.

Le pays garde toujours le même aspect sauvage et désolé : de l'argile rouge recouverte d'herbe sèche, avec, de place en place, de gros blocs de granit. Dans les ravins profonds, quelques arbres et une mince ligne de verdure.

Les deux brigades vont opérer de concert sous le commandement du général en chef : pendant que les bataillons noirs (Haoussas et Sakalaves) du général Voyron tourneront les forts à droite, par la ligne des crêtes, la brigade Metzinger attaquera de front les positions ennemies par la route directe de Tananarive.

EN COLONNE. — OFFICIER APPORTANT DES RENSEIGNEMENTS. — DESSIN DE PROFIT.

Nous sommes avec le général Metzinger, qui ne doit commencer l'attaque que lorsque le mouvement tournant du général Voyron aura abouti. Devant nous, la légion, dissimulée dans les ravins, a mis sacs à terre et attend patiemment le moment d'entrer en ligne; mais les Hovas, auxquels les accidents du terrain cachent complètement le mouvement des troupes noires, nous ont au contraire aperçus et commencent à tirer sur nous de leurs forts. Ils ne peuvent nous faire aucun mal; nous sommes à plus de 3 000 mètres d'eux, tout à fait hors de la portée de leurs canons.

Pour tuer le temps, j'emprunte la grosse lunette d'un appareil de télégraphie optique qui me permet de fouiller les retranchements hovas. Je vois les soldats ennemis, les *lambas blancs*, comme nous les appelons à cause de leurs vêtements, sortir par groupes de leurs fortins et descendre sur la route pour examiner les mouvements des troupes françaises; tous les chemins en sont couverts; des groupes nombreux se montrent également sur les parapets de tous les forts. Je distingue tous les mouvements des soldats et jusqu'aux moindres détails de leurs armes et de leurs costumes.

Tout à coup un va-et-vient se produit du côté de l'ennemi; les Hovas courent d'un fort à l'autre, se concertent; une troupe nombreuse sort d'un des ouvrages les plus élevés du massif et se dirige vers la crête où aboutit le chemin que suivent les tirailleurs de la 2e brigade; sans doute ils ont aperçu notre deuxième colonne. En effet, déjà les tirailleurs sakalaves couronnent les crêtes; ils sont encore à 1 800 ou 2 000 mètres des Hovas. Ceux-ci, sans attendre la bonne portée, commencent à décharger leurs fusils. Les lâches! ils n'épaulent même pas leurs armes. Les nôtres approchent toujours sans répondre. Les Hovas prennent peur; ils rentrent précipitamment dans leurs forts. Voilà qu'ils les évacuent successivement. J'aperçois des nuées de bourjanes portant des paquets énormes; ils se sauvent à toutes jambes. La route est couverte de lambas blancs en fuite; à la lunette, elle paraît toute blanche.

La bataille est finie et la brigade Metzinger peut s'engager sans crainte sur

INTERROGATOIRE DES PRISONNIERS. — DESSIN DE GOTORBE.

la route de Tananarive. C était bien la peine de construire tous ces forts pour les défendre si mal! A quoi nous sert, de notre côté, de nous fatiguer pour chercher à tourner l'ennemi, s'il n'attend même pas d'être à portée pour fuir?

A 11 heures du matin, nous sommes au sommet des Ambohimènes et nous nous arrêtons pour laisser souffler nos hommes et nos chevaux, tout en déjeunant sommairement. De cette hauteur, nous dominons tous les ouvrages hovas. Si ces gens avaient voulu se défendre, c'eût été pour nous une rude journée de combat. Pour arriver jusqu'ici, il a fallu traîner nos chevaux par la bride à travers les blocs de rochers et les crevasses. Un malheureux mulet de l'artillerie, qui passait devant nous, a manqué pied et, après deux tours sur lui-même, est allé s'écraser au fond du ravin.

Nous repartons vers 1 heure de l'après-midi, et avant de redescendre le versant opposé du massif, nous faisons une courte halte dans un fort hova, où les deux généraux de brigade attendent le Général en chef. Là encore il y a des prisonniers, de pauvres diables dont les côtes saillent et dont l'un a été blessé d'un coup de sabre par les cavaliers. Le général Voyron disposait d'un peloton de cavalerie qui a descendu les pentes et qui a piqué une charge dans la plaine sur les derniers fuyards hovas. Il n'a pu les empêcher de mettre le feu aux quatre ou cinq villages qui bordent la route de la vallée et qui flambent en ce moment comme des allumettes.

Ce n'est qu'à 5 heures du soir que nous arrivons sur l'emplacement du village de Maharidaza, près duquel nous devons bivouaquer. Maharidaza (mot à mot : « Dont la gloire restera ») n'est plus représenté que par des tas de cendres encore brûlantes, une haie de cactus à demi rôtis et trois malheureux chiens, qui nous regardent passer du haut d'un tombeau malgache en aboyant tristement.

Nous allons nous reposer un jour dans la plaine. Nos soldats l'ont bien mérité ; ils ont fait leurs six étapes sans broncher, malgré les difficultés du terrain. Tout va bien : la moitié du chemin que doit parcourir la colonne légère est faite. Il ne nous reste plus que 90 kilomètres par des routes relativement faciles. Dans huit jours, si rien ne vient contrarier les projets du Général en chef, nous ferons notre entrée dans Tananarive.

* * *

A la poursuite de l'ennemi. — Le campement des tirailleurs indigènes. — Ankazobé; traînards malgaches. — La ferme d'Andranobé. — Le pays hova. — Ambohidrarara. — Concentration de la colonne. — Interrogatoire des paysans. — Babay. — Combat d'Ampantokana. — Les habitations hovas. — La route d'Ambohimanga; la ville sainte.

21 septembre. — Le jour pointe à peine; il est 5 heures du matin. A gauche du chemin, la série de collines qui nous masque la vue figure une rangée de silhouettes qui paraissent découpées dans une feuille de carton noirci; au-dessus se dessine une mince ligne de lumière; elle colore en rose pâle les herbes desséchées dont sont couverts les monticules entassés en amphithéâtre à droite du sentier.

Nous suivons les Hovas à la trace; ils ont semé sur la piste leurs nattes, leurs marmites, des sacs de riz et de manioc, et même des affûts de canon et des caisses de projectiles. Au loin, le mont Angave, autour duquel nous allons tourner pendant toute la matinée, semble un monstrueux éléphant à demi couché dans les grandes herbes.

FERME HOVA.

RUINES D'ANKAZOBÉ (PAGE 104). — DESSIN DE GOTORBE.

La route est mal tracée et inégale; les convois ont cherché un autre chemin; ils se sont presque égarés et le

HALTE DE L'ÉTAT-MAJOR AU COL DE KIANGARA (PAGE 99). — TRAVERSÉE D'UN ARROYO (PAGE 105). — DESSIN DE J. LAVÉE.

Général en chef envoie de tous côtés des cavaliers à leur recherche. Ces allées et venues nous font stationner près d'une heure, après quoi nous reprenons notre marche pour aller coucher sans incident près d'un grand village brûlé qui porte le nom de Talata.

Le bataillon des Malgaches s'est installé derrière nous, dans un champ de manioc; près de leurs gourbis, un tirailleur indigène fume dans une pipe à eau originale; elle est formée d'une petite courge creuse, dans la partie renflée de laquelle est planté un fragment de roseau. La courge sert de récipient pour l'eau; à l'extrémité du roseau se trouve le fourneau qui contient le tabac.

22 septembre. — Nous nous mettons en route avec le gros de l'avant-garde, entre une compagnie de tirailleurs sakalaves et une batterie d'artillerie de montagne. Les Sakalaves n'ont pas de sacs; ils portent leur campement ficelé en ballot sur leur tête; la plupart vont nu-pieds; quelques-uns se sont procuré, je ne sais par quel moyen, de gros souliers de troupe à semelles ferrées qui les alourdissent singulièrement, mais qui les rendent si fiers que leurs officiers n'ont pas le courage de les leur supprimer. Il fait un vent glacial qui nous donne presque l'onglée; tout à l'heure, quand le soleil se lèvera, nous étoufferons.

Le pays n'a pas changé d'aspect : c'est toujours la série des mamelons dénudés coupés par des gorges étroites, avec quelques arbres dans les fonds; mais il y a de nombreux villages. Sur chaque crête je distingue une agglomération de maisons dont les murs sont faits d'argile rouge et dont le toit est formé d'herbe sèche ou de paille de riz. Quelques-unes de ces habitations sont à deux étages. Beaucoup de villages ont été brûlés par l'ennemi, mais ils sont tellement nombreux que les Hovas n'ont pas eu le temps de tout incendier avant de fuir.

A 11 heures, la colonne arrive devant Ankazobé, ville frontière de l'Imerina. C'est une grande bourgade d'une cinquantaine de maisons, avec des rues étroites, mais bien alignées, et une enceinte circulaire formée d'un mur en argile gâchée et d'un fossé profond. On pénètre dans l'enceinte par une grande porte recouverte d'un toit de paille. Les Hovas ont mis le feu aux quatre coins de la ville; mais ils n'ont guère brûlé que les toitures.

Nous campons non loin d'Antoby, sur le bord d'une petite rivière appelée Andranobé, près d'une grande ferme entourée d'un mur circulaire percé d'une porte étroite. Cette porte, munie à l'intérieur d'une plate-forme de laquelle on pouvait surveiller la campagne environnante, était fermée le soir par une énorme pierre plate taillée comme une meule et maintenue debout contre l'ouverture par deux gros pieux en bois plantés solidement.

23 septembre. — Depuis Ankazobé, c'est-à-dire depuis que nous sommes en Imerina, les Hovas ne brûlent plus les villages. Ranianzala, leur chef, leur a donné l'ordre de les respecter, mais il n'a pu empêcher le pillage. Les malheureux habitants sont chassés à coups de bâton par les *miramiles* (soldats réguliers hovas), qui les forcent à faire le vide devant nous et à fuir dans les montagnes pour qu'ils ne puissent nous donner aucun renseignement sur le pays.

Nous plantons ce soir nos tentes à Ambohidrarara, à 50 kilomètres à peine de Tananarive. Les troupes hovas, n'osant pas rentrer dans la capitale, sont campées au sommet des monts Lavohitra, à quelques kilomètres de nous. Ce matin, elles avaient essayé de nous arrêter dans notre marche en tirant sur l'avant-garde quelques coups de fusil hors de portée.

24 septembre. — Nous séjournons dans notre campement pour attendre la 1re brigade, qui est à une étape en arrière et qui, continuant à marcher, nous rejoindra aujourd'hui. Le Général en chef veut avoir toutes ses troupes rassemblées avant d'approcher de Tananarive.

En allant faire des patrouilles dans les environs, les cavaliers ont découvert dans une anfractuosité de rocher, où ils se tenaient cachés, une centaine d'hommes, de femmes et d'enfants appartenant aux villages de la plaine. Ils les ont rassurés, leur disant qu'ils n'avaient rien à

HABITANTS REGARDANT PASSER LA COLONNE ENTRE AMBOHIDRATRINO ET AMBOHIMANGA (PAGE 108).
DESSIN DE SLOM.

craindre des Français, que nous venions faire la guerre au gouvernement hova et non aux populations paisibles de l'Imerina, qu'ils pouvaient apporter des provisions à notre camp et qu'on les leur payerait très bien. Toute cette population a suivi notre patrouille jusqu'à la tente du Général en chef, qui, après l'avoir interrogée, l'a renvoyée enchantée avec des présents.

ENTRÉE EN LIGNE DU 200ᵉ.

MARCHE SUR TANANARIVE : LE GÉNÉRAL EN CHEF OBSERVE LES POSITIONS ENNEMIES. DESSIN DE GOTORBE.

25 septembre. — En route vers Babay à 6 heures du matin; le pays est toujours accidenté : pas d'arbres, mais des mamelons couverts de grandes herbes. Les villages deviennent de plus en plus nombreux; sur tous les sommets et au creux des vallées, on découvre de petites maisons en pisé avec toitures de chaume.

Le fond des vallées est presque partout cultivé en rizières. Les semailles sont faites et, dans un petit coin de chaque champ, on voit les pousses de riz déjà grandes, presque à point pour le repiquage. Les Hovas savent canaliser les ruisseaux pour irriguer leurs plantations. Pour faciliter la répartition de l'eau, ils les disposent en gradins. On me montre des pêchers déjà couverts de fruits bien formés.

Les habitants reprennent confiance; ils forment des groupes qui nous observent à distance. Avec leurs lambas blancs, ils tranchent vivement au milieu des herbes. Les gens avec qui le Général a fait kabar hier sont venus nous attendre sur la route; ils nous disent bonjour d'un air joyeux. Les petits enfants ont été débarbouillés et les femmes ont fait un brin de toilette. Les hommes portent la coiffure nationale, le chapeau de paille de riz à grands bords avec large ruban noir; ils paraissent beaucoup plus intelligents, mais bien moins robustes que les Sakalaves; tous ont les cheveux lisses et les portent ras.

A 11 heures, nous traversons un petit arroyo, dont les rives très accores donnent beaucoup de peine aux mulets du convoi. Dans le fond de la plaine se dresse un piton en forme de pain de sucre, au sommet duquel est perché le joli village de Babay; ses cases disparaissent à demi dans la verdure. Nous allons camper près de là, et, en attendant l'arrivée de nos tentes, nous déjeunons près d'un hameau hova, à l'ombre d'un mur en pisé.

26 septembre. — Le premier ministre a envoyé de Tananarive de grands renforts de troupes. Ces soldats ont été chauffés à blanc dans des kabars solennels où on leur a fait jurer de défendre jusqu'à la mort la terre des ancêtres. Toute la garde royale (les Voromahéry) est à 3 kilomètres de nous, retranchée sur une série de crêtes qui nous séparent des grandes rizières au milieu desquelles s'élève la montagne de Tananarive.

Dans la soirée d'hier, l'ennemi s'était montré en assez grand nombre en avant de nos lignes. Aujourd'hui il semble s'être retiré plus en arrière, car l'officier qui commande aux avant-postes nous crie, lorsque nous passons près de lui, qu'il a complètement disparu. Le bataillon de la Légion qui nous précède marche en silence et d'un pas tellement allongé que nos chevaux ont de la peine à suivre sans prendre le trot. L'air est vif et la plupart des soldats portent allègrement leur sac; les éclopés, ceux qui sont fatigués par un accès de fièvre, suivent derrière l'artillerie et se cramponnent à la queue des mulets, qui les aident beaucoup à marcher; nous sommes trop loin maintenant pour renvoyer des malades à l'arrière, et nos mulets de cacolets ne peuvent recevoir que ceux qui sont dans l'impossibilité absolue de se mouvoir.

Il fait une température exquise et un temps superbe; on se croirait en France par une matinée de printemps. Le paysage ajoute encore à l'illusion : un bosquet de lilas en fleur planté en bordure le long d'un petit village dégage une odeur délicieuse, et nous venons de passer près d'une coquette chapelle catholique dont les vitres scintillent au soleil levant.

De la colline où nous sommes montés, la vue s'étend fort loin. Au premier plan, la plaine mamelonnée semée de maisons rouges avec des toits de paille; dans les fonds, de nombreux ruisselets courant au milieu du tapis vert des rizières; plus loin, la ligne des crêtes abruptes au sommet desquelles l'ennemi nous attend.

Soudain, d'un des points les plus élevés de ces crêtes, s'élève un panache de fumée bientôt suivi d'un coup de canon. L'extrême pointe d'avant-garde qui nous précède vient d'essuyer les premiers feux de l'ennemi en avant du village d'Ampantokana, qu'on aperçoit dans la plaine à droite de la route. Nous hâtons l'allure de nos chevaux pendant que le bataillon de la Légion se déploie par sections dans la plaine.

Le Général en chef veut gagner les premières maisons d'Ampantokana, où le général Metzinger se trouve déjà, mais la route qui conduit à ce village est balayée par les feux convergents de l'ennemi. Les tirailleurs hovas prennent comme objectif le groupe très facile à reconnaître de nos chevaux, et bientôt nous sommes environnés d'une grêle de balles qui sifflent à nos oreilles et qui s'enfoncent dans la terre en soulevant de petits nuages de poussière. Le poney blanc que monte le général de Torcy fait tout à coup un brusque écart : c'est un projectile qui a atteint le harnachement, a troué une des sacoches et est venu s'aplatir contre une des ferrures de la selle.

Nous mettons pied à terre derrière les maisons du village et, laissant nos chevaux à l'abri du mur d'enceinte, nous voulons prendre par les rues pour chercher à voir la ligne des tirailleurs. C'est peine perdue : des murs élevés d'un mètre limitent autour de chaque maison d'étroites cours qui communiquent les unes avec les autres par des ouvertures dissimulées; une fois engagé dans ce dédale, il est impossible d'en sortir. Nous prenons le parti de faire le tour du village.

En avant des maisons, les Légionnaires viennent de recevoir deux ou trois feux de salve à bonne portée qui leur ont couché en une minute cinq ou six blessés dans la rizière. Pendant que le Général en chef se concerte avec le général Metzinger, je m'empresse autour de ces pauvres diables et, en attendant l'arrivée de l'ambulance, nous installons, le médecin de bataillon et moi, un poste de secours à l'abri du mur d'enceinte, dans un champ de riz. L'ambulance arrive un quart d'heure après, mais déjà le général Duchesne est reparti en avant et il me faut doubler les deux brigades pour arriver à le rejoindre.

Le chemin étroit grimpe à flanc de coteau; de temps en temps il y a entre deux roches des points rétrécis où l'écoulement de la colonne subit un temps d'arrêt. Puis ce sont des ravins dont les bords très accores doivent être arrangés par le génie, qui marche en tête de chaque brigade, armé de pelles et de pioches. Les mulets chargés avec les pièces d'artillerie, ceux du train de combat, passent difficilement et arrêtent à chaque instant les troupes.

A un moment donné, nous nous engageons à la file indienne sur une série de digues étroites bordées par des rizières pleines de vase, puis nous traversons un arroyo aux berges à pic, que nos hommes gravissent comme des chèvres.

Le Général s'arrête sur un monticule faisant face à une série de crêtes qui nous masquent l'horizon comme un grand mur. Deux chemins conduisent à ces crêtes; la 1re brigade s'est divisée en deux colonnes qui les gravissent simultanément. Il faut voir, avant de continuer la route, ce qu'il y a derrière ce rempart naturel.

Notre prudence n'a pas été inutile : aussitôt arrivées au sommet, nos troupes reçoivent des coups de fusil et, d'une série de mamelons plus élevés dominant en avant la route de Tananarive, partent des coups de canon tirés trop court, dont les obus ne nous atteignent pas. La Légion riposte par des feux de salve envoyés avec un ensemble et une précision admirables; on se croirait au tir à la cible. L'ennemi, qui avait eu le courage de nous attendre dans la plaine, subit en un instant des pertes considérables. Il lâche pied; des hauteurs où nous sommes, on voit fuir les lambas blancs à toute vitesse; les routes en sont couvertes.

CADAVRE HOVA. — DESSIN DE RONJAT.

L'ennemi semble en déroute complète; nous nous engageons sur les pentes raides qui conduisent à la plaine. A gauche du chemin et sur une profondeur de 150 mètres, j'examine successivement vingt soldats hovas morts ou mourants; ils sont étendus dans leurs grands lambas blancs; leurs chapeaux de paille, des sabres, des baïonnettes gisent à côté d'eux, mais je ne vois aucun fusil; sans doute les fuyards les auront ramassés au passage.

La route traverse un hameau dont toutes les maisons sont abandonnées; les portes sont obstruées par de grosses mottes de terre; quelques-unes sont seulement fermées à clef. Contre l'une de ces dernières est collée une grande inscription, dont l'interprète me donne la traduction suivante : « Ne brûlez pas ma maison, je vous prie, Monsieur, car j'ai l'intention d'y revenir. »

ÉCOLES SUR LA ROUTE D'AMBOHIDRATRIMO (PAGE 108) A AMBOHIMANGA.

PAYSAGE SUR LA ROUTE D'AMBOHIMANGA. — DESSIN DE BOUDIER.

Le Général en chef fait halte en avant du hameau; à la lorgnette on distingue des troupes ennemies établies sur les derniers contreforts qui nous séparent encore de Tananarive. Nous n'avançons plus qu'avec prudence. La colonne traverse un petit arroyo, puis monte sur un mamelon. Tout à coup un obus ennemi vient éclater au milieu du bataillon de tirailleurs algériens qui nous précède immédiatement; un des éclats atteint un soldat en pleine poitrine. Le Général fait avancer deux batteries d'artillerie et envoie un bataillon d'infanterie fouiller les pentes qui sont devant nous. A ce moment, l'ennemi abandonne ses positions et se replie vers Tananarive.

La journée est finie et nous pouvons enfin déjeuner sous un gros arbre devant un groupe de maisons; de là on aperçoit le village d'Ambohipiarre où est née Ranavalo-Manjaka, la reine actuelle de Madagascar.

27 septembre. — Nous avons couché sur nos positions et aujourd'hui nous y demeurons pour attendre les troupes d'arrière-garde et la dernière fraction du convoi, qui jusqu'à présent ont marché derrière nous à la distance d'une étape. Nous profitons de ce séjour pour examiner minutieusement nos blessés et faire les opérations les plus urgentes. Les tirailleurs haoussas nous ont construit pour cette besogne un petit gourbi avec de l'herbe et des branchages. Nous y serons beaucoup mieux que dans les maisons infectées des villages voisins. Il est impossible de se faire une idée de la malpropreté des paysans hovas. Leurs maisons, dans lesquelles on entre par une ouverture basse, généralement surélevée de deux marches, sont divisées en deux compartiments par une cloison percée d'une porte. Dans le compartiment qui fait face à l'entrée, presque toute la place est occupée par un gros cube creux en maçonnerie qui s'élève presque jusqu'au toit et qu'une cloison horizontale divise en deux parties : la partie inférieure sert d'étable; le paysan y loge des cochons et des poules; la partie supérieure, à laquelle conduit un escalier latéral, sert de grenier à paddy. La famille habite dans l'autre compartiment, qui prend jour par une étroite fenêtre; on y trouve un grabat fait avec un clayonnage en bambous monté sur quatre pieux, des nattes, des paniers de différentes dimensions et une ou deux marmites en terre. C'est, avec le mortier à broyer le riz, tout le mobilier de la maison.

Depuis notre entrée en Imerina, nous vivons dans l'abondance. Notre cuisinier peut acheter des poules, des canards, des œufs. Il y a même des moutons, dont la chair, qui n'est pas fameuse, permet cependant de varier notre ordinaire.

28 septembre. — Les renseignements reçus par l'état-major sur Tananarive concluent tous à la résistance des Hovas, qui nous attendent par la route directe de la capitale et qui sont résolus à la défendre. Nous nous garderons bien de les attaquer par là. De ce côté, Tananarive est entourée par une large ceinture de rizières à demi remplies d'eau; les mulets et les chevaux auraient beaucoup de peine à en sortir et l'attaque serait difficile, peut-être meurtrière. Le Général en chef préfère tourner la ville par l'est et l'aborder par la route

d'Ambohimanga, beaucoup plus facile parce qu'elle est relativement large et qu'elle suit presque partout une ligne de crêtes. Nous quittons donc ce matin à 5 heures et demie la route directe de la capitale et nous prenons à l'est par la route d'Ambohidratrino.

A part un ou deux passages de rizières, le chemin est facile. Il fait un froid intense et nous allons à pied devant nos chevaux pour nous réchauffer un peu. Le ciel est couvert et le temps brumeux; on se croirait en France pendant les grandes manœuvres d'automne. Les villas dont les murs en briques sont recouverts de tuiles, les petites églises des villages flanquées de grands bâtiments pour les écoles, les agglomérations de maisons en pisé que nous rencontrons à chaque instant, font songer aux campagnes d'Europe. Voici même une pluie froide et fine qui nous cingle la figure et qui nous fait grelotter sous nos pèlerines et nos caoutchoucs.

La proclamation que le Général en chef a adressée aux habitants de l'Imerina, leur promettant de respecter leurs propriétés et leurs personnes, s'est répandue rapidement; nous trouvons maintenant les paysans réunis par groupes devant leurs maisons; ils nous regardent passer sans crainte; quelques-uns viennent même nous vendre des poules et des œufs. Ce sont surtout les villages catholiques qui montrent de la confiance; les maisons habitées par des protestants sont presque partout désertes.

La colonne décrit un demi-cercle dont Tananarive est le centre; le rayon de ce cercle ne dépasse pas 18 ou 20 kilomètres. Nous tournons autour de la grande ville sans perdre de vue la haute montagne sur laquelle elle est construite. A la lorgnette et même à l'œil nu, je distingue la masse des maisons blanches se pressant les unes contre les autres au flanc de la montagne, de la base au sommet. La cime est couronnée par une grande bâtisse carrée flanquée de quatre tours : c'est le palais de la reine; à côté, une coupole avec deux tourelles qui ressemblent à des minarets indique le palais du premier ministre. Vue ainsi, dans le lointain, avec le fond des grandes montagnes de l'Ankaratra et au premier plan ses immenses rizières semées de petits mamelons, la capitale de l'Imerina apparaît très pittoresque et jusqu'à un certain point imposante.

Nous nous arrêtons, à 11 heures du matin, au point fixé pour notre campement. Devant nous, à 3 kilomètres au plus, se dresse une colline couverte d'une forêt de manguiers. Sous cette verdure se cache Ambohimanga, la ville sainte des Hovas, qui contient les restes du fondateur de la dynastie et de la reine Ranavalo Ire. Le Général en chef, qui a poussé jusque-là ses avant-postes, n'a pas voulu y laisser pénétrer les troupes; il a promis de respecter les coutumes et les croyances du pays, et il ne veut pas froisser le peuple hova en faisant fouler par des étrangers le sol sacré de la ville sainte. Il sait cependant qu'une garnison de six cents indigènes y est demeurée pour garder les tombeaux des rois, et c'est pour cela qu'une de nos batteries d'artillerie a pointé ses canons sur Ambohimanga et restera en place jusqu'à notre départ, prête à bombarder la ville au moindre mouvement de l'ennemi.

FUMEUR SAKALAVE (PAGE 104). — DESSIN D'OULEVAY.

NOTRE CONVOI ATTAQUÉ FAIT HALTE. — DESSIN DE SLOM.

CHAPITRE X

Perfidie des Hovas. — Marche prudente. — Les opérations contre Tananarive — Bombardement de la ville. — Un parlementaire. — Les troupes occupent la capitale. — Entrée solennelle du général Duchesne. — Installation à la Résidence de France.

FUYARD HOVA. — DESSIN DE RONJAT.

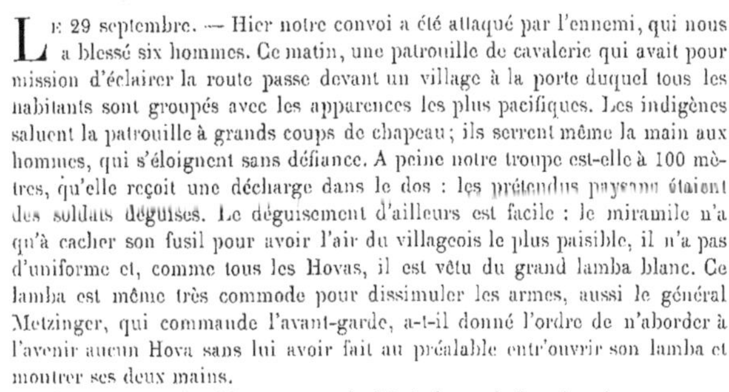

Le 29 septembre. — Hier notre convoi a été attaqué par l'ennemi, qui nous a blessé six hommes. Ce matin, une patrouille de cavalerie qui avait pour mission d'éclairer la route passe devant un village à la porte duquel tous les habitants sont groupés avec les apparences les plus pacifiques. Les indigènes saluent la patrouille à grands coups de chapeau; ils serrent même la main aux hommes, qui s'éloignent sans défiance. A peine notre troupe est-elle à 100 mètres, qu'elle reçoit une décharge dans le dos : les prétendus paysans étaient des soldats déguisés. Le déguisement d'ailleurs est facile : le miramile n'a qu'à cacher son fusil pour avoir l'air du villageois le plus paisible, il n'a pas d'uniforme et, comme tous les Hovas, il est vêtu du grand lamba blanc. Ce lamba est même très commode pour dissimuler les armes, aussi le général Metzinger, qui commande l'avant-garde, a-t-il donné l'ordre de n'aborder à l'avenir aucun Hova sans lui avoir fait au préalable entr'ouvrir son lamba et montrer ses deux mains.

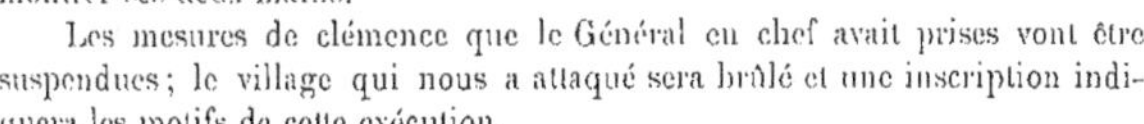

Les mesures de clémence que le Général en chef avait prises vont être suspendues; le village qui nous a attaqué sera brûlé et une inscription indiquera les motifs de cette exécution.

En présence de ces dispositions hostiles, la colonne n'avance plus qu'en bon ordre et en fouillant tous les environs: aussi avons-nous fait ce matin 9 kilomètres à peine. Pendant toute cette marche, nos troupes ont essuyé des coups de fusil. Au moment où ils débouchaient sur une petite crête, les tirailleurs algériens ont eu un officier et quatre hommes blessés.

A Ilafy, la patrie du premier ministre, où nous installons notre campement, il faut échanger des coups de feu tout l'après-midi avec l'ennemi pour placer les avant-postes. Nos communications avec l'arrière sont coupées : un tram envoyé pour porter des lettres à Andriba n'a pu passer; il est rentré à notre camp avec toute la correspondance.

Les espions annoncent que le parti de la résistance l'emporte à Tananarive; le premier ministre a fait mettre la ville en état de défense; sur plusieurs points, des batteries sont placées de façon à pouvoir balayer les rues à coups d'obus.

Les femmes et les enfants ont été renvoyés; la reine, dans un grand kabar solennel, a fait jurer aux habitants de se défendre jusqu'à la mort.

Nous sommes à 8 kilomètres de la capitale, que nous attaquerons demain.

30 septembre. — Nous devions nous mettre en route à 6 heures et demie du matin. Dès 6 heures, l'ennemi attaque notre convoi et notre arrière-garde avec deux pièces d'artillerie; les obus viennent tomber à 20 mètres de la tente du Général en chef. Deux compagnies de tirailleurs haoussas sont déployées vers l'arrière pour défendre la position que nous occupons et empêcher le mouvement tournant des Hovas.

Le général Metzinger est parti depuis 4 heures du matin pour contourner Tananarive par l'est avec sa brigade renforcée de deux batteries d'artillerie et du bataillon de tirailleurs malgaches. Il doit suivre une longue ligne de crêtes pour arriver à la colline de l'Observatoire, qu'il lui faut occuper à tout prix. De cette colline, qui domine Tananarive, il sera facile de bombarder la ville.

Le général Voyron attaquera de front par le nord avec l'infanterie de marine et une batterie de canons; il attendra, avant de commencer son mouvement, que la brigade Metzinger, dont le trajet est long et difficile, ait pu opérer sa jonction avec lui, dès l'arrivée à proximité de la dernière ligne de collines qui nous sépare encore de la capitale. D'après les ordres du Général en chef, la série des opérations doit comprendre deux phases distinctes: 1° attaque des collines qui, du côté nord, forment à la ville comme un rempart naturel; 2° bombardement et, s'il y a lieu, prise d'assaut de Tananarive.

L'état-major général accompagne la brigade Voyron. Nous partons à 7 heures du matin, au bruit des canons ennemis qui tirent sur notre arrière-garde. Pour mieux suivre les mouvements des brigades, le Général en chef va se placer sur une colline d'où l'on découvre tous les environs. Au pied de cette colline s'étendent de vastes rizières bordées de digues étroites; la route les traverse pour monter ensuite à flanc de coteau; à droite, dans la plaine, se trouve un grand village dans les rues duquel sont embusqués de nombreux soldats hovas. A gauche et un peu plus en arrière, tout notre convoi est rassemblé dans une sorte de cul-de-sac limité par les mamelons environnants.

Devant nous, trois collines, couronnées chacune par une batterie ennemie, se dressent sur une seule ligne comme un rempart, laissant voir plus en arrière, par une échancrure, la montagne de Tananarive avec la grappe de maisons accrochées à ses flancs et sa couronne de palais.

Le combat est déjà commencé; les batteries ennemies nous ont aperçus et tirent sur nous; un de leurs obus éclate à 30 mètres d'une batterie d'artillerie que le Général en chef vient de poster sur le mamelon où nous sommes. La troupe hova abritée dans le village de droite lance des tirailleurs qui s'avancent dans les rizières, profitant des inégalités de terrain, des pans de murs, pour se défiler et nous envoyer des balles, qui passent au-dessus de nous en sifflant.

Nos canons répondent à l'ennemi coup pour coup; au troisième obus, ils font taire la batterie installée sur la colline de droite; les artilleurs hovas, poursuivis par nos projectiles, dégringolent la pente opposée; ils reviennent cependant à la charge par trois fois. Nous n'avons pas encore rencontré une ténacité pareille.

Une compagnie d'infanterie de marine, bientôt suivie par une autre, chasse les tirailleurs ennemis des rizières, et monte à l'assaut des batteries, qui sont emportées une à une.

Nous voici installés sur les crêtes d'où l'ennemi nous canonnait, et de leur sommet nous découvrons tous les quartiers de la ville. A la lorgnette, nous voyons même les habitants parcourant en grand nombre les rues étroites. Dans les carrefours il y a des attroupements de lambas blancs; ils se pressent aussi fort nombreux sur les balcons suspendus aux étages des maisons qui nous font face. Le blanc est décidément la couleur adoptée universellement en Imerina pour le costume: soldats et civils, paysans et citadins, portent tous des lambas en cotonnade de cette couleur. Les Anglais qui vendent cette cotonnade doivent faire d'excellentes affaires, et l'on comprend qu'ils se résignent avec peine à nous laisser nous implanter dans le pays.

Le général Voyron a posté ses canons sur l'emplacement d'une batterie ennemie, derrière un vieux mur en terre. Les Sakalaves, qui viennent de prendre d'assaut le pic de l'Observatoire, ont tué les artilleurs ennemis sur leurs pièces; ils ont immédiatement retourné les canons et les ont braqués sur la ville; comme ils étaient tout chargés, ils ont eu le plaisir d'envoyer aux Hovas les projectiles que ceux-ci nous destinaient; ce sont les premiers obus qui sont arrivés dans la place.

Maintenant toute notre artillerie est en position: celle du général Metzinger à l'Observatoire, celle du général Voyron sur les crêtes nord; elles commencent à bombarder la ville. Une batterie hova, installée sur une des terrasses du palais de la reine, répond à nos canons; ses pièces sont pointées à merveille et ses obus passent à une très petite distance au-dessus de nos têtes. Le palais de la reine, qui couronne la crête de Tananarive et se détache tout entier sur le ciel, est une admirable cible pour nos artilleurs. Deux ou trois obus à mélinite tombent tout près de lui et font, en éclatant, une fumée épouvantable dans laquelle le palais tout entier disparaît pendant quelques instants.

Il est trois heures et demie: la batterie du palais semble réduite au silence; déjà les troupes qui doivent donner l'assaut sont formées en six colonnes prêtes à se mettre en route; tout à coup un officier, qui avait braqué sa lorgnette sur le palais de la reine, annonce que le grand pavillon hova, qui flottait un instant auparavant au sommet d'une des tourelles, vient de disparaître. A-t-il été abattu par un projectile? A-t-il été amené volontairement? Pour se renseigner, le Général en chef fait venir une des grosses lunettes des batteries d'artillerie. Plus de doute : le pavillon royal a bien été amené; à sa place flotte maintenant un grand drapeau blanc.

LE PARLEMENTAIRE PRENANT CONGÉ. — DESSIN DE J. LAVÉE.

Le feu de nos batteries cesse à l'instant, et, un quart d'heure après, un des officiers d'ordonnance du général Metzinger vient annoncer au général Duchesne qu'un parlementaire hova se présente aux avant-postes. C'est Marc Rabibissoa, le secrétaire du premier ministre. Il arrive en grand lamba blanc, chaussé de bottines vernies, tenant à la main l'inévitable chapeau de paille à larges bords. Il est porté en filanzane; devant lui marche un groupe d'hommes nu-pieds, en costume national; ils tiennent un drapeau blanc au bout d'une longue perche; derrière, un autre groupe a également arboré, en guise de pavillon, un immense lamba blanc au bout d'un grand bâton.

Le général en chef a fait déployer le drapeau du 200e de ligne; ses trois couleurs flottent fièrement au-dessus de la garde d'honneur qui s'est arrêtée à quelques pas. Le Général reçoit le parlementaire devant un petit mur en terre qui masque nos canons. L'emplacement est couvert de tombes; c'est, paraît-il, l'endroit où l'on exécutait les criminels; les tombeaux renferment les restes des suppliciés.

Marc Rabibissoa n'a aucun pouvoir pour traiter; il est envoyé par le premier ministre pour demander simplement de faire cesser le feu de nos batteries. La reine est encore au palais et Rainilaiarivony n'a pas quitté Tananarive.

Le Général en chef répond qu'il ne veut entrer en pourparlers qu'avec un personnage investi de tous les pouvoirs pour conclure la paix; il cessera les hostilités pendant une demi-heure; si, au bout de ce temps, le plénipotentiaire n'est pas arrivé, le bombardement de Tananarive recommencera et les colonnes donneront l'assaut.

Marc Rabibissoa se hâte de prendre congé et retourne vers le premier ministre de toute la vitesse de ses bourjanes. Pendant cette demi-heure, toutes les lunettes dont dispose la colonne légère sont braquées avec persistance sur la route qui conduit au palais.

Dix minutes avant le terme fixé, un nouvel ambassadeur arrive dans le même apparat. Cette fois, c'est Ratélifer, le propre fils du premier ministre, et il a reçu pleins pouvoirs de son père.

Le Général en chef exige l'entrée immédiate des troupes françaises à Tananarive, le désarmement de l'armée hova, la remise de tous les fusils, l'occupation le jour même de tous les postes de la capitale qui pourraient avoir un intérêt stratégique.

Le plénipotentiaire accepte tout et repart avec la même vitesse, non sans avoir vu, avant de remonter en palanquin, la première colonne de nos soldats s'ébranler sur la route qui mène à la ville. Il faut se hâter; il est près de 5 heures du soir; dans une heure le soleil aura disparu; c'est peu de soixante minutes de jour pour entrer la première fois en vainqueur dans une ville aussi peuplée, dont les rues tortueuses, accidentées, profondément encaissées, sont si faciles à défendre, dans laquelle se trouve une armée pourvue d'excellents fusils, de munitions nombreuses, et qui nous a tenu tête pendant deux jours.

Le Général en chef renonce à entrer aujourd'hui dans la capitale : le général Metzinger ira seul prendre le commandement des troupes qui camperont cette nuit dans Tananarive. Demain, le général Duchesne fera son entrée solennelle; pour ce soir, nous irons bivouaquer encore une fois sous nos tentes, près des collines de l'Observatoire, où nous serons ventilés plus que nous ne le voudrions.

Avant qu'il fasse tout à fait nuit, nous courons réquisitionner l'hôpital anglais d'Isoavinandriana, qui se trouve en dehors de la ville, à 500 mètres seulement de l'endroit où nous nous sommes arrêtés. Nos malades et nos blessés, qui nous suivent en cacolets depuis trois jours, auront, ce soir au moins, bonne nourriture et bon gîte.

1er octobre. — Une belle journée et un clair soleil. A 7 heures du matin, nous nous mettons en route derrière le Général en chef. Nous sommes tous en flanelle bleue; les plus favorisés ont des gants.

Deux cavaliers, la carabine sur la cuisse, ouvrent la marche; puis vient un peloton de chasseurs d'Afrique précédant le Général en chef, qui s'avance seul, à cheval; tout l'état-major est groupé derrière lui; un autre peloton de cavalerie ferme la marche.

Le cortège suit la route de Tamatave; c'est la moins commode; mais, d'après les indications fournies par M. Ranchot, c'est celle que prennent toujours les vainqueurs ou les grands personnages pour faire leur entrée officielle dans la capitale.

Une foule nombreuse se presse le long de la route pour nous voir passer. Très respectueusement, les hommes enlèvent leurs grands chapeaux lorsque nous arrivons devant eux. Ils nous examinent attentivement et en silence; la figure de tous ces gens trahit simplement un vif sentiment de curiosité.

Les rues, dont les pentes sont excessivement raides, sont pavées de grosses pierres mal taillées et inégales. Dans certains quartiers, le pavé manque; il est remplacé par de profondes ornières creusées par les pluies; on ne peut mieux comparer les rues de Tananarive qu'à des lits de torrents ou de cascades desséchés. Malgré le décorum, nous sommes obligés, souvent, de mettre pied à terre pour ne pas nous rompre le cou. Au palais de la reine, toutes les fenêtres sont fermées; il en est de même au palais du premier ministre; partout ailleurs, la foule se presse, examinant avec curiosité le général Duchesne.

La place d'Andohalo, le quartier le plus central et le plus aristocratique, est occupé par un bataillon de tirailleurs algériens, dont les clairons sonnent aux champs; le drapeau déployé salue au passage le Général en chef. Plus loin c'est le quartier indien, dont presque toutes les maisons ont arboré le pavillon anglais. Lors du bombardement, beaucoup de riches Malgaches avaient fait de même, comptant, à tort ou à raison, être à l'abri de nos canons sous ces couleurs.

Nous trouvons à gauche une ruelle étroite dans laquelle nous ne pouvons nous engager qu'à la file indienne. Nous passons sous une grande porte et nous nous arrêtons dans la cour intérieure de la Résidence de France. C'est un immense palais en pierre avec perron monumental surmonté d'une marquise; il a grand air. La cour d'honneur est flanquée, de chaque côté de la porte d'entrée, de deux grandes constructions en briques, qui servaient à loger les employés et les bureaux.

Derrière le palais, le terrain s'abaisse en gradins successifs formant terrasses et reliés par de beaux escaliers en pierre. Sur une des terrasses s'élève la caserne, très confortable, de l'escorte; plus bas, deux petits bâtiments servaient, l'un pour l'infirmerie, l'autre pour le logement des officiers. Plus bas encore, le terrain, planté en jardins et en bosquets, descend en pente douce jusqu'au lac Anosy.

Nous nous sommes tous rangés dans la cour d'honneur; le Général a fait mettre le sabre à la main aux cavaliers de l'escorte; la compagnie de piquet présente les armes pendant que les clairons sonnent aux champs et que tous, tête nue, le cœur plein d'une émotion profonde, nous voyons s'élever lentement le vieux pavillon aux trois couleurs qui flottait autrefois sur la Résidence de France et qui avait été amené un an auparavant au départ du résident général. Le général Duchesne va s'installer dans le palais même; nous nous partagerons les locaux accessoires. J'établis mon domicile dans une chambre de l'ancienne infirmerie, où je trouve une couchette toute montée. Avec quel bonheur je vais m'y étendre! il y a si longtemps que je ne me suis glissé entre des draps blancs!

BATTERIE BOMBARDANT TANANARIVE (PAGE 110). — DESSIN DE FAUCHER-GUDIN.

ARRIVÉE DU PARLEMENTAIRE HOVA (PAGE 111). — DESSIN DE GOTORBE.

* * *

Détails rétrospectifs : les causes de la reddition de Tananarive; effet d'un obus bien envoyé. — Le *zoma*. — Difficultés d'argent. — Le casernement des troupes. — Les hôpitaux. — Les livrées des bourjanes. — *Te Deum* à la cathédrale. — Réception au Palais. — Arrestation de Rainilaiarivony. — Le premier ministre Rainisimbazafy.

2 octobre. — Nous apprenons des détails rétrospectifs intéressants sur la prise de Tananarive : le mouvement tournant que la colonne légère a exécuté autour de la capitale a complètement dérouté les Hovas; nous voyant abandonner la route directe, ils ont cru que nous renoncions à attaquer la ville et que nous rétrogradions vers Tamatave. La reine et le premier ministre, qui devaient se retirer dans le Sud et qui avaient commencé leurs préparatifs de départ, les ont immédiatement suspendus. Les habitants répandus dans les rues se livraient à toutes sortes de manifestations joyeuses; les maisons ont été illuminées dans certains quartiers. Le 29 septembre, quand nous nous sommes arrêtés à Ilafy, le premier ministre et son gouvernement persistaient encore dans leur erreur; ce n'est que le 30, quand ils nous ont vus prendre position pour attaquer leurs batteries, que la vérité s'est fait jour dans leur esprit; mais le temps manquait pour fuir : le premier ministre et la reine ont dû se résigner à attendre les événements.

C'est ce départ manqué qui a amené la reddition de la place dès les premiers coups de canon : le palais de la reine contenait des munitions de toute sorte et de grandes quantités de poudre; un de nos premiers obus à la mélinite est venu effondrer un petit hangar voisin de la cour d'honneur et des appartements privés de la reine, tuant une trentaine de personnes rassemblées en ce point de l'enceinte royale, et enveloppant de fumée et de débris l'endroit même où se tenait Ranavalo; un second obus pouvait mettre le feu aux poudres et faire sauter le palais tout entier avec ceux qui l'habitaient. La reine et le premier ministre prirent peur : le drapeau blanc fut aussitôt hissé. C'est grâce à ce concours heureux de circonstances tout à fait imprévues qu'un assaut meurtrier n'a pas été donné et que le Général en chef a pu éviter l'effusion du sang français.

3 octobre. — La reine est toujours enfermée dans son palais; le premier ministre ne donne pas signe de vie; mais la ville a repris à peu près sa physionomie habituelle. Les marchands ont ouvert leurs boutiques; les passants affairés se pressent dans les rues; le long des maisons s'installent de petits étalages en plein vent où les indigènes vendent des légumes et des fruits : oignons, piments, ananas, bananes, des nèfles du Japon, des patates, des pommes de terre d'excellente qualité que le pays betsiléo envoie en quantité prodigieuse à Tananarive; tous ces produits sont d'un bon marché inouï.

Aujourd'hui vendredi, c'est jour de grand marché dans la capitale. La place où il se tient, le *zoma* comme on l'appelle, est située tout près de la résidence. Dès 7 heures du matin, toutes les rues qui y conduisent sont encombrées de citadins affairés, d'officiers en filanzanes, de troupiers allant aux emplettes, d'auxiliaires kabyles ou sénégalais conducteurs de mulets, de campagnards apportant leurs légumes, leurs volailles, des paquets de rabanes, des paniers, des lambas ou des chapeaux. La place du marché est remplie de petits hangars bas couverts de chaume sous lesquels les vendeurs tiennent boutique : ces hangars sont rangés sur plusieurs lignes très rapprochées les unes des autres, limitant dans leur intervalle d'étroites ruelles. Chacune de ces ruelles a sa spécialité : ici les bouchers, là les tailleurs, plus loin le marché aux cannes à sucre, aux nattes, à la volaille, les chapeliers, les merciers, etc. Les chapeaux de paille forment l'une des plus importantes branches de commerce; ils sont fabriqués dans le pays; les plus beaux, à très larges bords et à paille extrêmement fine, ne valent pas plus de 1 fr. 50 l'un. Un autre couvre-chef extrêmement apprécié des indigènes, c'est la calotte en velours ou en drap à broderies multicolores, du modèle de celles dont raffolent nos concierges. Elle coûte relativement très cher; les plus riches Hovas s'en parent avec orgueil. Les sœurs catholiques indigènes de la confrérie de Saint-Joseph de Cluny viennent d'en offrir une superbe au Général en chef.

Dans le quartier des merciers, les étalages sont très intéressants à examiner en détail. Les marchands, assis sur leurs talons, ont étalé devant eux sur une natte un assortiment d'objets variés : allumettes suédoises, aiguilles, boutons, du fil, des rubans, des pastilles de menthe, des bonbons anglais et même des drogues médicinales : sulfate de quinine, sulfate de cuivre, de l'iodure de potassium dont les Hovas font un si fréquent usage, et pour cause!

On trouve de tout dans cet immense caravansérail, qu'on appelle le zoma de Tananarive : des lambas pour ensevelir les morts ou pour parer les vivants aux fêtes solennelles, des *sampy*, petites idoles du foyer auxquelles le populaire assigne une puissance merveilleuse, et même des esclaves qui se vendent le long d'un petit mur en terre contre lequel les chalands les adossent pour les examiner plus à leur aise. Depuis notre arrivée, le marché aux esclaves est désert.

Avant l'occupation de Tananarive, les transactions se faisaient exclusivement à l'aide de la pièce de 5 francs en argent, coupée en morceaux plus ou moins menus; chaque marchand était muni d'une petite balance pour peser ces morceaux. On admettait que 27 grammes de monnaie coupée étaient l'équivalent d'une pièce de 5 francs entière. La différence de poids constituait le prix du change. D'ailleurs la valeur de la pièce entière variait suivant la beauté de la frappe et le millésime; les Malgaches n'acceptent pas volontiers les pièces de 5 francs antérieures au règne de Louis-Philippe; ils refusent également toutes les pièces qui ne sont pas françaises.

A cause de ces coutumes nous craignions, avant notre arrivée dans la capitale, que notre monnaie division-

LA LIGNE DES BATTERIES ENNEMIES (PAGE 110). — DESSIN DE BOUDIER.

REDDITION DE TANANARIVE, ARRIVÉE DU PARLEMENTAIRE HOVA (PAGE 111). — DESSIN DE J. LAVÉE.

naire ne fût pas acceptée sur le marché hova. Bien au contraire, elle a été prise très facilement par les paysans comme par les citadins. La monnaie de billon elle-même passe sans difficulté. Seules les pièces d'or, qui ne sont pas encore suffisamment connues, sont refusées par les indigènes. Elles sont au contraire très bien acceptées par les Indiens établis à Tananarive. Ceux-ci connaissent même la valeur de nos billets de banque et les prennent assez facilement en échange de leurs marchandises.

La colonne légère se trouve, au point de vue de l'argent, dans une situation assez précaire depuis son arrivée dans la capitale. Toujours à cause des difficultés de transport, le service de la Trésorerie n'a pu monter avec elle; comme nous n'avons pas encore les moyens de nous ravitailler par Andriba, il a fallu, dès l'arrivée, faire vivre les troupes avec les ressources locales, qui sont plus que suffisantes; les quelques milliers de francs que les officiers et les comptables ont emportés avec eux vont être vite épuisés par les achats sur place. Heureusement, M. Delhorbe, le directeur du Comptoir d'Escompte, qui est monté avec nous à Tananarive, a pu faire rentrer une partie des fonds prêtés avant la guerre à quelques Hovas. Il les a mis à la disposition du général Duchesne et ils nous permettront de vivre en attendant l'arrivée du Trésor, que le commandement a donné l'ordre de faire venir au plus vite.

LE GÉNÉRAL DUCHESNE (CLICHÉ PIERRE PETIT).

4 octobre. — Une partie des troupes est campée aux environs, où elle occupe les points stratégiques les plus importants; le reste est logé en ville dans les temples protestants, dans des écoles et dans de grandes maisons appartenant au premier ministre, à la reine ou aux grands personnages malgaches. Ici tout appartient à la famille de la reine, au premier ministre ou à ses favoris.

L'autorité militaire s'occupe de faire construire pour les hommes de troupes des lits malgaches, qui seront complétés avec des paillasses remplies de paille de riz. De la farine monte de Tamatave pour la fabrication du pain; en attendant, nos hommes mangent du pain de guerre ou de petits gâteaux de riz qu'ils achètent sur le marché; quand ils pourront se procurer du pain, ils vivront dans l'abondance, car la viande, les volailles, les légumes de toutes sortes, le lait frais, les œufs, abondent sur le marché et sont livrés à des prix extrêmement avantageux. Nos braves troupiers peuvent enfin se reposer de leurs grandes fatigues et ils en ont vraiment besoin. Ils sont arrivés ici à bout de forces, complètement épuisés par l'effort surhumain qu'ils avaient accompli. Ils ont tenu jusqu'au bout, surexcités par le désir de parvenir au but; mais, une fois ce but atteint, beaucoup ont vu leurs forces tomber tout d'un coup et il a fallu les faire entrer en masse dans les hôpitaux.

Le Général en chef a consacré sa première visite aux deux établissements hospitaliers organisés dès la première heure dans des locaux réquisitionnés et avec du matériel acheté un peu partout dans la ville. Il ne fallait pas songer à attendre que les couchettes et les approvisionnements hospitaliers réglementaires aient eu le temps de monter de Majunga ou de Tamatave. Dès le lendemain de l'entrée à Tananarive, nous avions plus de trois cents malades; ils ont été répartis dans deux établissements : l'hôpital anglais et l'ancienne école des sœurs.

Le Général en chef commence sa visite par l'hôpital anglais : dans de grandes salles aux murs peints à l'huile, où sont suspendues çà et là quelques chromolithographies représentant la reine Victoria en costume de gala ou des scènes de la Bible, sont disposées des couchettes en fer munies de draps blancs, où nos pauvres petits soldats malades, après les dures journées passées à cacolets ou à mulets, et les nuits de souffrance sous la tente mal close, peuvent enfin trouver un peu de confort. Partout règne la méticuleuse propreté anglaise : les planchers soigneusement cirés, les grandes fenêtres aux vitres immaculées, tendues de rideaux blancs qui tamisent les rayons du soleil, donnent l'illusion d'un hôpital européen bien tenu. Seuls les infirmiers malgaches qui circulent sans bruit grâce à leurs pieds nus et qui, eux aussi, ont une tenue d'une irréprochable propreté, montrent que nous sommes bien en pays hova.

L'autre hôpital est situé au centre de la ville, près de la place d'Andohalo, dans une série de bâtiments construits sur une succession de terrasses : c'est l'ancienne école des Sœurs de Saint-Joseph de Cluny. Aux murs des salles sont encore suspendus des cartes géographiques, des tableaux d'honneur où sont inscrits des noms bizarres, impossibles à retenir. Les tables des classes, les estrades des maîtresses ont été remplacées par des lits hovas faits comme nos lits de sangle avec une toile solidement tendue sur un cadre de bois monté sur quatre pieds. Il a fallu ici tout improviser en trois jours pour recevoir les 200 malades que contient actuellement l'hôpital. Les lits ont été réquisitionnés un peu partout : chez les sœurs, à l'hôpital norvégien, au collège des Pères Jésuites. Avec de la toile achetée au marché on a confectionné rapidement des draps, des enveloppes de paillasse, même des chemises de rechange pour les malades, qui arrivaient avec du linge en loques. Les Hovas sont très intelligents et infiniment plus habiles que les Sakalaves. Grâce à la division du travail, tout a été achevé en très peu de temps. Nous avons même trouvé des infirmiers indigènes qui au bout de quelques leçons nous ont rendu de très grands services. Il était temps, car nous n'avions plus d'infirmiers français. Des quarante emmenés au départ de Suberbieville, il en restait deux à peu près valides à l'arrivée à Tananarive. Les autres avaient été évacués pour maladie ou étaient morts à la peine.

LE GÉNÉRAL DE TORCY. — DESSIN DE RONJAT.

Il est impossible d'aller à cheval ou même à pied dans les rues de la capitale. Le cheval glisse sur les gros pavés inégaux; à pied, étant données la pente et les difficultés du terrain, on se fatigue trop vite. Les montées sont tellement raides, qu'en certains endroits il faut se hisser à l'aide des mains. De toute nécessité, les officiers ont dû se procurer des bourjanes et un filanzane. Ce n'a pas été commode au début : presque tous les porteurs de filanzanes sont des esclaves des Hovas de haute caste; leurs maîtres leur avaient défendu expressément de servir les Français. Heureusement le général Duchesne y a mis bon ordre.

Les porteurs de Tananarive diffèrent autant des bourjanes sakalaves que j'employais à Nossi-Comba qu'un cheval de selle diffère d'un gros cheval de ferme; ils forment une confrérie spéciale dont les adeptes s'entraînent dès l'enfance à ce rude métier. Sur leur dos, on glisse littéralement, sans secousse aucune, sans fatigue; on passe sans effort par des chemins impossibles, qui dans les commencements vous donnent le vertige. Ces porteurs ont le pied extrêmement sûr; longeant une profonde ornière, ils savent se cramponner à une petite pierre, à un tronc d'arbre sur lequel nous glisserions avec nos gros souliers ferrés.

Chacun de nous a maintenant pour aller à ses affaires une équipe de bourjanes auxquels, pour les reconnaître, il a donné une livrée spéciale. C'est facile et pas cher : quelques mètres de cotonnade pour le lamba et pour la chemise, un chapeau de paille à larges bords orné d'un ruban de la couleur préférée, et voilà les porteurs habillés. Coût, 10 francs en totalité pour les 6 bourjanes que je possède. J'en ai fait l'emplette hier au zoma. Il fallait voir leur joie au retour! Ils se pavanaient devant leurs camarades, fiers de leurs chapeaux et de leurs lambas neufs.

Le Général en chef a une livrée rose, le général de Torcy une livrée bouton-d'or. Le directeur du génie et moi, nous avons choisi un ruban blanc semé de petits dessins bleu foncé. C'est une joie pour nous de nous promener dans la ville en cet attirail, et nos bourjanes la partagent; ils sont même beaucoup plus bruyants que nous.

6 octobre. — C'est fête aujourd'hui dimanche pour la colonne expéditionnaire. L'aumônier de l'hôpital militaire, le seul prêtre catholique que possède Tananarive à l'heure actuelle, a demandé au Général en chef l'autorisation de chanter un *Te Deum* solennel en l'honneur de la paix dans la superbe cathédrale que les Jésuites ont

CATHÉDRALE DE TANANARIVE : LA SORTIE DU « TE DEUM ». — DESSIN DE BOUDIER.

édifiée place d'Andohalo, et qui doit ce même jour rouvrir ses portes, fermées depuis le commencement des hostilités. Nous allons tous y assister, les généraux en tête, et nous nous mettons en route à 8 heures du matin sur le dos de nos bourjanes équipés à neuf. Presque tous les officiers sont en filanzane; c'est dans la rue un défilé ininterrompu de ces chaises à porteurs lancées à toute vitesse Les piétons indigènes se rangent prudemment le long de la chaussée, conformément aux anciens usages de la police locale. Quand ils tardent trop à se garer, le porteur de tête leur lance un appel bref qui les fait immédiatement s'effacer.

Il y a foule sur le parvis de la cathédrale à l'arrivée du Général en chef; toute la garnison est là. La basilique a ouvert toutes grandes ses trois portes et lorsque le général Duchesne fait son entrée, les grandes orgues, maniées avec une maestria toute militaire par un officier du 200e de ligne, attaquent une marche triomphale.

Les Malgaches raffolent de musique; les orgues de la cathédrale sont pour eux un véritable régal; la veille, lorsqu'on a su en ville que l'église rouvrait ses portes, le public a demandé partout si l'orgue se ferait entendre. La réponse affirmative a attiré un concours énorme d'indigènes, protestants aussi bien que catholiques.

LES CURIEUX SUR LE PASSAGE DU GÉNÉRAL EN CHEF. — DESSIN DE PROFIT.

Cette vaste cathédrale aux vitraux de couleur tamisant la lumière, l'autel ruisselant d'or, la fumée de l'encens, la voix grave de l'orgue, produisent sur nous tous une impression extrêmement vive. Quel contraste avec ces petites messes basses dites chaque dimanche en colonne sous un pauvre gourbi d'herbe sèche! Il me semble, en fermant les yeux, que je suis en France, dans la belle église à l'ombre de laquelle j'ai grandi.

Les Hovas sont enchantés du traité imposé par la France. Ils ne comptaient pas qu'on leur ferait la part aussi belle. La reine a donné sa signature le lendemain même de notre arrivée; elle vient de recevoir en grande pompe le Général en chef dans son palais. Les officiers qui ont assisté à cette réception sont revenus complètement désillusionnés.

Vu du dehors et surtout d'un peu loin, le palais a grand air avec son énorme cube de maçonnerie percé de hautes fenêtres, et ses quatre tourelles d'angle où flotte le pavillon hova, qu'on a autorisé la reine à arborer de nouveau; mais, aussitôt qu'on est entré, la bonne impression s'efface. D'abord la reine n'habite pas le grand palais, mais une petite maison voisine qui n'a rien de majestueux. Sa Majesté Ranavalo III a, malgré son teint noir, assez bonne tournure dans son costume de gala : robe en velours rouge à grande traîne brodée d'or, diadème un peu théâtral rappelant celui que porte Sélika dans *l'Africaine*; mais quel cadre grotesque! Autour d'elle, une rangée de guenons toutes noires, en robe de soie ou de satin aux couleurs aveuglantes (rouge vif, jaune d'or, vert-pomme) taillées à la mode d'il y a deux ans. Presque pas de meubles. Aux murailles, des chromolithographies et un affreux papier représentant la prise de Malakoff avec des zouaves montant à l'assaut en brandissant leurs fusils.

16 octobre. — Le Général en chef vient de frapper un grand coup : Rainilaiarivony, le premier ministre, malgré ses protestations d'amitié, agissait en sous-main pour entraver nos projets. Le désarmement prescrit ne se faisait pas : conformément aux conventions, les Hovas nous apportaient bien des fusils et des cartouches, mais c'étaient de vieilles armes, d'un modèle suranné. Les sniders, les winchesters, les remingtons, restaient introuvables. De plus, fâcheux indice, les bourjanes que nous cherchions à engager avaient peur de passer contrat avec nous. Ces gens, presque tous esclaves des Hovas de haute caste, avaient reçu de leurs maîtres défense de nous servir. Les Indiens eux-mêmes, avec qui nous voulions conclure des marchés pour le ravitaillement des troupes, annonçaient tout bas qu'ils avaient bien en magasin les marchandises demandées, mais qu'ils avaient l'ordre formel de ne vendre à aucun prix aux Français. Il fallait en finir. M. Ranchot, le conseiller politique du Général en chef, accompagné de deux officiers de l'état-major, se rendit au palais de la reine, qui, depuis notre entrée dans Tananarive, est gardé par une compagnie d'infanterie installée dans la cour d'honneur. Il prit à part l'officier qui commandait cette troupe, lui apprit qu'il entrait dans le palais pour s'entretenir avec le premier ministre, et l'avertit que si dans un quart d'heure il n'avait pas reparu, la consigne donnée par le Général en chef était de faire pénétrer les soldats dans les appartements, où ils recevraient les instructions nécessaires.

1. LE PALAIS DE LA REINE ; 2. LA RÉSIDENCE DE FRANCE. — DESSIN DE BOUDIER.

M. Ranchot trouva Rainilaiarivony dans une des salles du palais, et le mit immédiatement au courant du but de sa visite. Il lui dit en substance que, puisqu'il ne pouvait plus faire exécuter le traité qu'il avait signé, c'est que son crédit avait diminué; dans ce cas il pouvait lui arriver malheur, car il avait beaucoup d'ennemis; on reprocherait alors aux Français de ne l'avoir pas suffisamment gardé; il valait donc mieux le mettre en lieu sûr au milieu de nous, avec une garde française. « Mais comme je ne veux pas que vous vous ennuyiez en notre compagnie, ajouta M. Ranchot, vos deux secrétaires Rassanjy et Marc Rabibissoa vous accompagneront. »

A la fin de cette conversation, la voix de notre représentant s'étant un peu élevée, l'officier de garde en profita pour se présenter dans la salle où avait lieu l'audience. Le premier ministre comprit aussitôt : il prit son chapeau et sortit suivi de ses deux secrétaires. La compagnie d'infanterie présenta les armes au passage, mais se rangea ensuite de chaque côté du filanzane de Rainilaiarivony, qui fut ainsi conduit jusqu'à la maison de son petit-fils, où il fut interné. Deux officiers d'état-major, se relayant entre eux, restèrent près de lui avec ordre de ne pas le perdre de vue un seul instant.

Le soir même, toute la ville commentait l'événement, qui eut un retentissement énorme. La reine commença par pleurer sur la captivité de son mari; elle se consola vite, attendu que ce mari était vieux, et que la raison d'État voulait qu'elle en eût un autre qui peut-être serait plus jeune; le Général en chef avait d'ailleurs à différentes reprises manifesté l'intention de s'appuyer sur le parti de la cour, qui gagnerait de cette façon tout ce que perdait en influence celui de l'ex-premier ministre. Le lendemain, les larmes étaient séchées; la reine faisait dire au général Duchesne qu'elle était satisfaite et elle s'informait de sa santé.

Le Général en chef s'empressa de profiter de ces bonnes dispositions pour faire arrêter dans l'entourage de la reine quatre hauts personnages de la cour, qui s'étaient compromis par leur violence et leurs exactions, et qui étaient exécrés par le peuple. Ils seront conduits sous bonne escorte à Majunga à la suite du général Metzinger et de la première brigade, qui partent après-demain pour gagner la côte par la route d'Andriba et rentrer en France. Les prisonniers seront internés à Nossi-Bé jusqu'à nouvel ordre; on les autorise à voyager en filanzane portés par leurs propres bourjanes.

Il n'est pas facile de remplacer Rainilaiarivony à la tête des affaires : à lui seul, il personnifiait le gouvernement malgache tout entier; c'était un autocrate absolu, et la reine entre ses mains n'était qu'un instrument docile. Le Général en chef a choisi pour remplir les fonctions de premier ministre Rainisimbazafy, 15e honneur, ancien ministre de l'intérieur. C'est un gros homme un peu épais, marchant difficilement et qui ne paie pas de mine. Ses nouvelles fonctions en font de droit le mari de la reine. Quand on l'a proposé à Ranavalo III, celle-ci a d'abord demandé avec une moue significative si le candidat jouirait de toutes les prérogatives attachées à la fonction. Le Général en chef s'est empressé de répondre qu'il était décidé en principe que le nouveau premier ministre n'habiterait pas le palais. Ranavalo rassurée fit immédiatement introduire Ranisimbazafy, qui attendait dans une pièce voisine. « Je te nomme premier ministre », lui dit-elle. Le gros homme porta la main à son front et s'inclina profondément. « Il a été décidé que tu n'habiterais pas au palais! » Nouvelle inclination plus profonde et plus soumise; et ce fut tout. Le lendemain, une affiche de couleur blanche (la couleur officielle), surmontée comme d'habitude de la couronne royale, était placardée dans toutes les rues de Tananarive; elle annonçait au peuple que, « en raison de son grand âge, Rainilaiarivony avait besoin de repos et que la reine avait désigné Rainisimbazafy pour le remplacer dans ses fonctions de premier ministre et de commandant en chef de l'armée malgache ».

OFFICIER EN FILANZANE. — DESSIN DE SLOM.

PLACE D'ANALAKÉLY A TANANARIVE (PAGE 123). — DESSIN DE PROFIT.

CHAPITRE XI

Kabar solennel. — Le discours de Ranavalo III. — Kabyles et Sénégalais. — Le palais de l'ex-premier ministre : une garde-robe bien montée. — Les archives des affaires étrangères.

FEMME DONNANT A BOIRE A UN PASSANT.
DESSIN DE RONJAT.

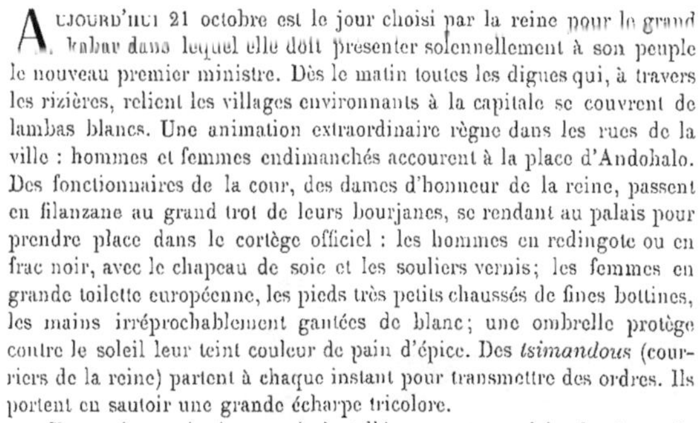

Aujourd'hui 21 octobre est le jour choisi par la reine pour le grand kabar dans lequel elle doit présenter solennellement à son peuple le nouveau premier ministre. Dès le matin toutes les digues qui, à travers les rizières, relient les villages environnants à la capitale se couvrent de lambas blancs. Une animation extraordinaire règne dans les rues de la ville : hommes et femmes endimanchés accourent à la place d'Andohalo. Des fonctionnaires de la cour, des dames d'honneur de la reine, passent en filanzane au grand trot de leurs bourjanes, se rendant au palais pour prendre place dans le cortège officiel : les hommes en redingote ou en frac noir, avec le chapeau de soie et les souliers vernis; les femmes en grande toilette européenne, les pieds très petits chaussés de fines bottines, les mains irréprochablement gantées de blanc; une ombrelle protège contre le soleil leur teint couleur de pain d'épice. Des *tsimandous* (courriers de la reine) partent à chaque instant pour transmettre des ordres. Ils portent en sautoir une grande écharpe tricolore.

Pour mieux voir, je me suis installé sur un terre-plein dominant le chemin par où doit arriver la reine : la place, les terrasses voisines, les balcons des maisons environnantes regorgent de monde; les lambas blancs sont tellement pressés que, vue d'où je suis, la place paraît comme saupoudrée de neige. Dans tous les coins s'installent de petits marchands en plein vent qui vendent du riz, des cannes à sucre, des comestibles de toute sorte placés bien en évidence sous de grands parapluies en étoffe blanche. Le Général en chef, qui ne veut à aucun prix que la

UN COIN DE RUE À TANANARIVE. — D'APRÈS UNE PHOTOGRAPHIE.

cérémonie soit troublée, a consigné la troupe dans ses casernes et défendu aux officiers de se promener dans les rues pendant la durée du kabar. Les postes français que la reine rencontrera sur son passage doivent prendre les armes et lui rendre les honneurs. Une des casernes des tirailleurs algériens donne justement sur le petit chemin que va suivre la cour pour se rendre à Andohalo.

A 10 heures et demie précises, un clairon annonce l'arrivée du cortège; une poussée se produit dans la foule; le poste des tirailleurs prend les armes.

Voici d'abord un héraut armé d'une longue canne, qui fait ranger la foule; puis des fonctionnaires du palais qui commandent du haut de leurs filanzanes à une escouade d'agents de police malgaches. Ils précèdent des soldats de la garde royale marchant sur quatre rangs, armés de lances, vêtus de blanc et coiffés d'une petite toque assez gracieuse. Vient ensuite la longue théorie des dames d'honneur et des parentes de la reine portées par leurs bourjanes; ces dernières se reconnaissent à leurs robes rouges; le rouge est la couleur royale, et la famille seule de la reine a droit de la porter dans les cérémonies officielles. Un groupe de redingotes noires et de chapeaux de soie représente le gouvernement malgache; un parent de Ranavalo porte en sautoir le grand cordon de Radama II.

La reine paraît enfin, précédée de sa musique qui joue l'air national hova et d'une troupe de femmes qui chantent en battant des mains. Portée en palanquin sous un grand parasol rouge, elle est vêtue d'une robe en velours de même couleur, brodée d'or.

Aussitôt que la reine a pris place sur une sorte d'estrade recouverte d'un dais en étoffe rouge et verte, la musique du palais reprend l'air national, bientôt suivi de *la Marseillaise*, que l'entourage de la reine écoute debout. Puis Ranavalo se lève et un grand silence se fait tout à coup dans la foule, pendant que d'une voix ferme la reine lit au peuple une adresse dont elle tient le texte dans sa main gantée de blanc : « La guerre est finie, dit-elle; tous les habitants des campagnes doivent rentrer dans leurs maisons et cultiver leurs champs; aux quatre points cardinaux, les routes doivent s'ouvrir. Les Français sont les frères des Hovas; il faut que ceux-ci les traitent comme tels. On a répandu partout des bruits mensongers. On a dit que les Vazahas faisaient la conquête des peuples pour les entraîner ensuite à la guerre comme mercenaires; on a dit aussi que les soldats noirs, qu'ils ont amenés en Imerina, prenaient les petits enfants pour manger leur cœur et boire leur sang. C'est faux! Les Vazahas sont bons et justes; ils rendront les Malgaches heureux. »

Après la présentation du premier ministre au peuple et un discours de Rainisimbazafy, Ranavalo regagne son palais, précédée de sa musique et des dames d'honneur, avec le même apparat qu'à l'arrivée.

22 octobre. — La légion étrangère et le 200e de ligne repartent aujourd'hui pour la côte, refaisant en sens inverse la route que nous avons parcourue avec tant de peines et de fatigues. Du bataillon du 200e il reste 120 hommes au plus; les autres sont morts, rapatriés ou malades dans les hôpitaux.

Les conducteurs kabyles, qui n'avaient été engagés que pour la durée de la guerre, vont aussi partir; ce sera une grande joie pour eux et un soulagement pour le Corps d'occupation. Ces malheureux, dont la plupart sont minés par la fièvre et dont beaucoup sont dévorés par de larges ulcères, ont perdu toute énergie et toute gaieté; ils n'aspirent plus qu'à rentrer dans leur pays. Les auxiliaires sénégalais, au contraire, ont gardé leur bonne humeur et leur bonne santé. Gais, toujours riants, prêts à tout, même à faire le coup de feu s'il en était besoin, ce sont de précieux serviteurs. Ils se plaisent beaucoup à Madagascar et font très bon ménage (trop bon peut-être) avec les Hovas : chaque Sénégalais a pris pension et même logement chez un propriétaire indigène, qui le reçoit dans sa case, après le service fait à la caserne, et qui lui donne une hospitalité des plus écossaises. Tous les soirs on voit notre homme faire sa promenade entre le Hova et sa femme, à laquelle il donne la main; cet accord parfait est sanctionné par une foule de petits présents : des bijoux à la femme, des vêtements au mari, etc., etc. La solde de la semaine y passe tout entière. L'autre soir, en me promenant sur la place de

LE MARCHÉ AUX CHAPEAUX. — D'APRÈS UNE PHOTOGRAPHIE.

Mahamasine, j'observais curieusement plusieurs de ces groupes sympathiques arrêtés devant un chanteur populaire autour duquel ils faisaient cercle en riant aux éclats : l'artiste dansait d'une façon grotesque et chantait en s'accompagnant de cet étrange violon malgache dont la caisse de résonance est faite d'une courge creusée : « Bonnes gens, disait-il, il y a ici près une grosse rivière qui s'appelle l'Ikopa et un gué où les eaux sont tellement profondes qu'il est difficile de le traverser sans encombre. Quand vous passerez sur l'autre bord, ne permettez pas qu'un voisin se charge de votre femme. Si vous devez tomber, il vaut mieux choir avec elle que de la laisser fuir devant avec un ami. »

Pour remplacer les Kabyles, le général en chef a décidé de recruter des conducteurs hovas. Un bureau de recrutement fonctionne en permanence place d'Analakély, sous la direction d'un officier du train des équipages. Les enrôlements marchent assez bien; nous avons déjà plus de deux cents volontaires. Comme signe distinctif, on leur a donné une petite calotte rouge; on les voit conduisant les mulets dans la ville sous la direction de quelques Sénégalais tout fiers d'avoir un commandement. Les Hovas sont disciplinés; ils ont un grand respect de la hiérarchie. Ce sont des qualités précieuses que nous pourrons utiliser plus tard lorsqu'il faudra créer des milices et des bataillons indigènes.

4 novembre. — Au sommet de la montagne de Tananarive, tout près du palais de la reine, s'élève le palais du premier ministre, grand bâtiment carré flanqué de quatre tours. Ranilaiarivony n'habitait jamais sa demeure officielle, pas plus que la reine ne réside dans la sienne. Il était très méfiant, avait une peur extrême des guets-apens, et couchait tantôt dans un endroit, tantôt dans un autre.

CHANTEUR AMBULANT. — DESSIN D'OULEVAY.

Vu de l'extérieur, son palais paraît être à deux étages; mais, en y pénétrant, on s'aperçoit qu'il est presque entièrement occupé par une immense salle allant du sol à la toiture et garnie à mi-hauteur d'une galerie intérieure qui en fait tout le tour. L'ornementation de cette salle est restée inachevée; des échafaudages sont encore plantés dans la muraille, tapissée d'un papier doré du plus mauvais goût. Dans la pensée de l'architecte, ce hall aux vastes proportions devait servir à tenir les kabars solennels. En fait, il est, comme les petites chambres qui occupent les tourelles d'angles, entièrement rempli d'objets de toute sorte et de toute provenance qui lui donnent l'aspect d'un immense bazar : vingt tonneaux remplis de sulfate de soude à côté de paniers contenant du poisson sec; sur un billard, rangé le long de la muraille, des chaises et des fauteuils en bois doré, recouverts de velours frappé ou de jolie soie brochée; un lustre en cristal de Baccarat au fond d'une immense marmite.

Parmi tous ces objets disparates, beaucoup proviennent des douanes que le gouvernement percevait autrefois en nature, d'autres de confiscations prononcées d'une façon plus ou moins arbitraire, d'autres d'achats faits par le premier ministre soit pour son compte, soit pour celui de la reine. En réalité, le trésor royal était enfermé dans les propres coffres de Rainilaiarivony, qui y puisait à pleines mains; n'ayant pas à compter, il achetait, dit-on, tout ce qui lui faisait momentanément envie.

Aujourd'hui que l'ex-premier ministre est en disgrâce, le gouvernement malgache réclame sa part des marchandises accumulées dans son palais. Cela est juste, puisque la plupart de ces marchandises ont été achetées avec son argent. Le Général en chef a décidé qu'une commission composée d'un officier chargé de le représenter, d'un fondé de pouvoirs de la reine et d'un membre de la famille de Rainilaiarivony procéderait à un inventaire minutieux, rendrait à l'ex-premier ministre ce qui lui appartient, remettrait à la reine tout ce qui vient de la couronne et vendrait le reste au profit du trésor malgache, qui est à sec. Une fois débarrassé de son contenu, le palais sera transformé en caserne.

Je suis allé ce matin voir fonctionner la commission : au moment de mon arrivée, elle faisait ouvrir une série de grosses malles qui contenaient la garde-robe de Rainilaiarivony : plus de deux cents paires de chaussettes de soie, une grosse de chemises empesées venant du Bon Marché et du Louvre, des centaines de cravates d'un rouge ou d'un bleu invraisemblables, des uniformes de généraux anglais couverts de passementeries d'or.

En vidant plusieurs vieilles caisses remplies de chiffons et reléguées dans un coin, les commissaires ont trouvé tout au fond 50 000 pièces de 5 francs en argent de notre monnaie, plus une douzaine de bouteilles de Saint-Galmier remplies de poudre d'or et une énorme chaîne d'argent qui pesait plusieurs kilos.

Dans un autre coin du palais, on a découvert, gisant au milieu de vieilles ferrailles et éparpillés pêle-mêle sur le plancher, les textes authentiques des conventions et traités passés par le gouvernement hova avec différents États d'Europe : la France, l'Allemagne, etc. Ces textes, enfermés dans de jolis étuis de velours ou de maroquin rehaussés d'or et d'argent, et scellés avec de larges sceaux en cire vierge, ont été remis au Général en chef, qui les a fait déposer provisoirement dans les archives de la Résidence de France.

* * *

Une audience privée au palais. — Les fêtes du Bain. — Visites et cadeaux. — Sorcier et fanatiques. — Les débuts de la saison des pluies. — Arrivée des troupes de relève. — Rappel du général Duchesne. — En route pour Tamatave. — Débarquement de M. Laroche.

20 novembre 1895. — Un aide de camp de la reine apporte au Général en chef des cartes d'invitation pour la cérémonie du Fandroana ou fête du Bain, qui doit avoir lieu au palais le 22 novembre. Cette fête inaugure la nouvelle année malgache et coïncide avec l'anniversaire de la naissance de la reine.

Les cartes d'invitation, imprimées sur bristol crème timbré de la couronne royale, sont ainsi libellées :

Cérémonie du Fandroana en souvenir de la naissance de Ranavalomanjaka III
Reine de Madagascar, etc., etc., 22 *novembre* 1895.

Le 22 *novembre, le vendredi, à* 7 *heures du soir, on célébrera la fête au palais de Manjakamiadana.*

Carte d'entrée pour M.

A l'occasion du Fandroana, le Général en chef vient de rendre à la reine sa garde d'honneur. Depuis notre entrée à Tananarive, Ranavalo était gardée dans son palais par une compagnie d'infanterie de marine qui logeait à proximité. A partir d'aujourd'hui, le service du palais sera fait par 300 soldats hovas auxquels le

UNE FAMILLE HOVA. — DESSIN D'OULEVAY.

LE KABAR DE LA REINE (PAGE 122). — DESSIN DE PROFIT.

général Duchesne a fait rendre leurs fusils, sans les cartouches, bien entendu. La reine n'a pas fait grands frais pour leur uniforme : elle leur a donné une longue chemise de calicot blanc, serrée autour des reins par le ceinturon du sabre-baïonnette, et un vieux shako de facteur dont on a trouvé un gros approvisionnement au palais de l'ex-premier ministre. Ainsi accoutrés, ils sont grotesques. J'aime bien mieux l'uniforme de la police indigène qui vient d'être créée par le chef d'escadron de gendarmerie Gandelette : casque blanc du modèle de nos troupes, pantalon blanc et blouse de même couleur à parements rouges. Les agents de police sont armés du sabre-baïonnette, mais n'ont pas de fusil. On les rencontre partout, se promenant deux par deux dans les rues avec un air grave qui en impose aux indigènes.

21 novembre. — Nous accompagnons ce matin le Général en chef qui va au palais présenter ses compliments à la reine, à l'occasion de la nouvelle année malgache. Départ à 9 heures en filanzane; le Général en chef, qui porte tous ses ordres, est salué respectueusement par la population indigène. Nous suivons en grande tenue de flanelle bleue; nos vareuses, qui ont fait 600 kilomètres dans la poussière du Boéni, et qui bien souvent ont pris des bains forcés dans les arroyos ou dans les rivières, ont passé successivement par des nuances peu réglementaires : les unes sont devenues grises, d'autres noires; quelques-unes ont pris une teinte violette tout à fait extraordinaire. Et les gants! Nous avons acheté chez les marchands malgaches, moyennant soixante centimes la paire, des moufles de fil blanc larges comme des chaussettes.

Une rangée de soldats hovas, placés devant la porte du Palais d'Argent, où doit avoir lieu l'audience, présentent tant bien que mal les armes sur le passage du Général. Ils sont commandés d'une voix brève et rauque par un officier de la cour, revêtu d'un uniforme anglais, chaussé de grandes bottes molles en cuir jaune qui montent jusqu'au-dessus des genoux.

Le Palais d'Argent est une grande case en bois toute noircie par le temps, occupée tout entière par une immense salle dans laquelle la reine nous attend.

Ranavalo, assise dans un fauteuil en velours rouge placé sur une estrade, a revêtu la fameuse robe rouge brodée d'or des grands kabars; elle est coiffée d'une sorte de diadème surmonté de plumes d'autruche blanches, et est gantée de blanc. En sautoir, le grand cordon de la Légion d'honneur.

Le premier ministre Rainisimbazafy est debout au pied de l'estrade, assisté du premier interprète de la cour,

Paul Ratsimahaka, en habit noir très correct. Ce Paul a séjourné deux ou trois années en France, où il a suivi les cours de Saint-Maixent; il a fait un stage dans un de nos régiments d'infanterie; il passe pour avoir les faveurs de la reine.

L'audience est privée; à part une vingtaine d'officiers qui composent la suite du Général en chef, la reine n'a admis que sa propre famille : sa tante, très grosse et très laide personne qui accuse quarante ans bien sonnés, une petite nièce assez jolie et une douzaine de parentes et de dames d'honneur rangées en brochette sur un grand canapé et sur des chaises disposées à gauche du trône. La partie masculine, debout à droite de l'estrade, comprend le premier ministre, énorme, sanglé à en perdre la respiration dans une redingote noire, les deux oncles de la reine, deux vieux au teint très foncé, aux pommettes saillantes et au regard faux.

Devant le trône, des fauteuils ont été placés pour le général Duchesne et les généraux de Torcy et Voyron; nous nous asseyons derrière eux sur des chaises en bois doré qui viennent du palais de l'ex-premier ministre; elles ont été envoyées à la reine le matin même.

Pendant que le Général en chef offre à Sa Majesté Ranavalo ses souhaits de prospérité pour elle et pour son pays dans un discours que traduit au fur et à mesure, à haute voix et mot à mot, l'interprète de la Résidence debout en grand uniforme à côté du Général, j'examine la salle extrêmement spacieuse et à plafond très haut où nous sommes reçus. Les murs sont ornés de grandes glaces avec de larges bordures dorées. Au-dessus des deux portes à double battant, des tableaux superbement encadrés : celui qui me fait face représente deux femmes peintes jusqu'à mi-corps dans un paysage extraordinaire, entre deux petits arbres semblables à des sapins de Norvège droits et raides comme des cierges. Pour composer ce chef-d'œuvre, le peintre a employé les couleurs les plus violentes de sa palette : des jaunes aveuglants, des verts et des rouges invraisemblables. A droite du trône, sur le mur, je découvre la fameuse scène de bataille dont on m'a tant parlé : des zouaves peints à la façon des images d'Épinal montent baïonnette en avant à l'assaut de retranchements surmontés d'une tour.

Cette reine à la peau noire, au costume européen, produit sur ce fond de peinture bizarre le plus singulier effet. Ajoutez à cela les nègres en habit et en redingote, les négresses de la cour revêtues de toilettes européennes aux couleurs vives et prétentieuses, les chapeaux à plumes, les éventails agités avec des gestes maniérés, et vous comprendrez le fou rire qui nous saisissait à la gorge et que nous avions grand'peine à réprimer.

22 novembre. — A 5 heures et demie du matin, je suis réveillé en sursaut par des pétards et des coups de canon partant de tous côtés : les Malgaches annoncent ainsi le commencement de la fête. Le Général en chef leur a fait délivrer pour la circonstance un assez grand nombre de charges de poudre; les salves dureront jusqu'à ce qu'ils aient tout épuisé.

Depuis hier soir, de grands troupeaux de bœufs appartenant à la reine sont parqués sur la place d'An-

LA TANTE DE LA REINE. — DESSIN DE J. LAVÉE.

CORTÈGE DE LA REINE SE RENDANT AU KABAR (PAGE 122). — DESSIN DE GOTORBE

UN PUITS GARDÉ (PAGE 131). — DESSIN D'OULEVAY.

dohalo. Pendant toute la journée, ces animaux seront lancés un à un par les rues, en liberté; la population les excitera de la voix et du bâton; les bourjanes chercheront à les capturer à la course; il y aura rixes, disputes, et les gens de police devront se multiplier pour mettre tout le monde d'accord.

Les bœufs ainsi lâchés par la ville sont des cadeaux que la reine fait au peuple à l'occasion du Fandroana; le passant qui réussit à les saisir et à s'en emparer les garde en toute propriété; mais cette capture n'est pas facile : le bœuf, excité par les coups qu'on lui distribue de tous côtés et par les vociférations des gens qui le poursuivent, devient quelquefois furieux et charge ses agresseurs : alors c'est un sauve-qui-peut général. Les gens paisibles évitent de sortir à certaines heures de la journée pendant les fêtes du Fandroana, et le Général en chef a sagement agi en consignant ces jours-là les troupes dans leurs casernes.

Nous dînons de bonne heure pour pouvoir assister à la fête du Bain au palais. La cérémonie commence à 7 heures, et dès 6 heures trois quarts nous sommes réunis au pied de l'escalier d'honneur de Manjakamiadana, où un grand nombre d'officiers et de fonctionnaires attendent l'arrivée du Général en chef pour lui faire cortège. Passent quelques membres de la colonie anglaise et norvégienne, les uns en habit, les autres en frac noir et gilet blanc, presque tous coiffés de petites casquettes de voyage.

Les dames d'honneur de la reine, qui arrivent en filanzane, mettent pied à terre avant de monter l'escalier : personne ne pénètre en chaise à porteurs dans la grande cour du palais, par respect pour Sa Majesté. Ces dames sont en grande toilette européenne avec corsage montant, mais sans chapeau : elles ont jeté par-dessus leur robe le lamba national, grande pièce d'étoffe de soie de forme rectangulaire, brodée de larges raies teintes de couleurs brillantes. Voilà les fonctionnaires et les invités indigènes également drapés dans le lamba : c'est le costume de cour.

Arrive alors une musique hova, puis deux, puis trois, formant chacune un groupe de 20 à 30 exécutants qui viennent se masser près de nous entre les deux rangées de soldats de la garde royale, échelonnés de chaque côté de l'avenue conduisant au palais. Tous les artistes portent de petites vestes de calicot blanc et une culotte de même étoffe : on dirait un rassemblement de marmitons.

Le Général en chef paraît à 7 heures 10 minutes. Immédiatement les trois musiques, qui le guettaient, se mettent à jouer à la fois, pendant que les deux lignes de soldats présentent les armes. Chaque musicien attaque l'air qui lui plaît sans se préoccuper de son voisin : notre cortège se forme et se met en route au milieu d'une cacophonie épouvantable.

Dans la grande cour se presse une foule énorme de populaire, au milieu de laquelle un étroit passage a été ménagé pour nous permettre d'avancer jusqu'à la varangue du palais. Il fait nuit noire; à l'entrée de la cour, deux grands lampadaires munis chacun d'une vingtaine de bougies éclairent le chemin. De distance en distance, dans la foule, une lanterne portée par un esclave nous permet de nous orienter et de suivre l'officier de service qui guide le Général en chef.

DISPUTE POUR LA CAPTURE D'UN BŒUF. — DESSIN D'OULEVAY.

La varangue du palais est encombrée de nombreux fonctionnaires qui vont et viennent affairés; deux soldats armés de sagaies d'argent gardent la porte à double battant par laquelle on pénètre dans la salle où doit avoir lieu la cérémonie. Cette salle est immense; elle occupe toute la surface du palais. Au centre, une énorme colonne en bois soutient tout l'édifice. Autour de cette colonne, des tables recouvertes de tapis, sur lesquelles des serviteurs de la cour ont disposé toutes sortes d'objets précieux, entre autres de très grands vases en argent massif exécutés par des artistes malgaches sur des modèles européens.

Les murs de la salle sont recouverts d'un papier à fond blanc et à grands dessins dorés du plus désastreux effet. Aux fenêtres, des rideaux de peluche rouge drapés à l'européenne avec assez peu de goût. Dans un des coins opposé à la porte d'entrée s'élève une estrade de plusieurs marches garnie d'un tapis et surmontée d'un dais en velours rouge orné de franges d'or. Sous ce dais, un grand fauteuil en bois doré. A droite de l'estrade, dans un des angles de la salle, des draperies rouges limitent une sorte de compartiment qu'elles masquent à tous les yeux : ce compartiment est éclairé par deux appliques garnies de bougies; il contient une baignoire dans laquelle la reine se plongera tout à l'heure. La souveraine attend en ce moment, cachée derrière les draperies.

A gauche de l'estrade, un vaste espace a été limité par une série de cordes dont les extrémités sont tenues par des officiers de la garde royale en brillants uniformes anglais : haut casque blanc, tunique ornée de parements rouges et de galons d'or, pantalon de drap sombre. Une partie du compartiment limité par les cordes est occupée par les familles des fonctionnaires de la cour; dans l'autre partie, des groupes de trois pierres formant foyers : c'est sur ces pierres qu'on posera tout à l'heure les marmites destinées à cuire le riz et la viande pour le repas de la nouvelle année.

Le Général en chef, le général de Torcy et le général Voyron prennent place sur des fauteuils en face du trône; nous, nous sommes assis derrière eux sur des chaises disposées en rangées parallèles : c'est une innovation tout à fait révolutionnaire que ces fauteuils et ces chaises. Jusqu'à ce jour, nul n'avait le droit de s'asseoir devant la reine. L'année dernière, au Fandroana qui a précédé celui-ci, tout le monde était debout; seul le résident de France avait obtenu, depuis quelques années, le privilège inouï d'avoir un siège bas, et il lui avait fallu batailler pendant longtemps pour arriver à ce résultat. Aujourd'hui tous les assistants de marque sont assis : les parentes de la reine sur un vieux canapé rouge, au pied du trône; ses deux oncles, dont l'un est revêtu d'une longue robe en satin vert tendre, sur des chaises adossées à la muraille, à gauche de l'estrade. Les dames d'honneur, les femmes des fonctionnaires du palais, et jusqu'au chapelain de la reine, un vieux Malgache protestant qui se prépare à faire entendre la maîtrise du temple royal, ont leur chaise ou leur tabouret.

POURSUITE DES BŒUFS LE JOUR DU FANDROANA. — DESSIN D'OULEVAY.

En attendant l'apparition de Sa Majesté, les musiques font assaut d'harmonie, alternant avec des chœurs de femmes indigènes placées dans la cour. Rainisimbazafy, le premier ministre, rouge, suant, soufflant, s'agite comme la mouche du coche, suivi respectueusement dans toutes ses allées et venues par Raniamanpandry, le ministre de l'intérieur. Rainisimbazafy, sanglé dans un uniforme gris-souris brodé d'or sur toutes les coutures, ne me paraît guère distingué, avec son gros ventre surplombant le ceinturon et son crâne en pain de sucre, poli comme du vieil ivoire. Je préfère de beaucoup le ministre de l'intérieur, dont la longue face pâle encadrée de favoris noirs, les yeux intelligents, contrastent avec ceux de son chef.

Mais soudain les draperies du petit réduit qui avoisine le trône s'agitent et s'entr'ouvrent : le premier ministre s'élance jusqu'au pied de l'estrade et crie à haute voix : « Voici la reine de Madagascar! » Les musiques entonnent toutes ensemble l'air national malgache, les officiers hovas de garde aux barrières saluent à l'européenne, la main droite au casque, et Ranavalo paraît, enveloppée de la tête aux pieds dans un grand lamba en soie rouge vif. Elle gravit majestueusement les marches de son trône, et, après qu'elle s'est assise, le défilé des esclaves chargés des détails de la cérémonie commence. Les uns portent sur leur tête de grandes jarres pleines d'eau; d'autres des paquets de bois sec, des paniers de riz, des marmites à couvercle contenant des conserves de

L'AUTEUR. — DESSIN DE RONJAT.

viande de bœuf provenant d'animaux tués l'année précédente, au moment du dernier Fandroana. Une vieille femme tient une immense corne de buffle remplie de miel.

Tous ces gens, revêtus de grandes chemises roses d'une propreté irréprochable, s'installent dans l'espace qu'on leur a réservé et s'accroupissent en cercle autour des pierres préparées pour servir de foyer. Bientôt le feu pétille sous les marmites, un feu de bois très sec qui ne laisse échapper aucune fumée.

L'eau ne tarde pas à bouillir dans l'un des vases; un esclave au torse d'athlète l'emporte derrière les draperies du petit réduit pour préparer le bain de la reine. Celle-ci vient de disparaître derrière les rideaux, qui sont soigneusement refermés sur elle; le premier ministre se promène de long en large devant la draperie, sans doute pour empêcher une main indiscrète de la soulever.

Une demi-heure se passe; le bain de la reine est décidément trop long : dans l'assistance, chacun fait la conversation avec son voisin, comme à l'entr'acte, au théâtre. Enfin Ranavalo reparaît; elle a revêtu la fameuse robe rouge et ceint le diadème royal. La musique joue l'hymne hova, pendant que des coups de canon tirés à intervalles égaux dans la cour du palais annoncent à tous les habitants de Tananarive la fin du bain de la reine.

Sa Majesté tient à la main une sorte d'aiguière supportée par un long manche et contenant de l'eau de sa baignoire fortement parfumée à l'eau de Cologne; elle en asperge tous les assistants en passant devant les fauteuils; elle s'arrête un moment devant le Général en chef, qu'elle arrose libéralement sans pouvoir retenir un sourire.

Après qu'elle s'est replacée sur son trône, les hauts fonctionnaires de la cour et les chefs de castes, successivement, par ordre de préséance, défilent devant elle, en débitant à haute voix les compliments et les souhaits d'usage. C'est d'abord le premier ministre, Rainisimbazafy; le pauvre homme a dû apprendre par cœur un très beau compliment; mais la mémoire lui fait défaut; il s'arrête à chaque phrase, et son aide de camp, qu'il a placé derrière lui, est obligé de lui souffler les mots les uns après les autres. Le chef de la caste noire ne peut s'avancer jusqu'au trône; il reste à mi-route, débitant son discours de fort loin pour bien montrer son infériorité par rapport aux autres dignitaires hovas. Chaque orateur dépose, après avoir parlé, une offrande dans la main d'une parente de la reine, qui se tient accroupie au pied du trône; cette offrande annuelle n'est jamais bien considérable : une piastre, deux piastres au plus.

Aussitôt le défilé terminé, Ranavalo prononce quelques paroles d'une voix lente, en traînant la dernière syllabe de ses phrases : elle annonce l'année nouvelle, souhaite des jours de prospérité à ses sujets et leur recommande de respecter la France, « cette grande nation qui aime le peuple malgache et dont la protection rendra la patrie prospère ».

30 novembre. — Le jour du Fandroana, au moment même où la reine et le premier ministre hova accablaient de leurs protestations d'amitié les représentants de la France, des paysans ligués contre les étrangers assassinaient, à 40 kilomètres au plus de la capitale, un missionnaire anglais, sa femme et sa fille, et, sous la conduite d'un sorcier qui prétendait rétablir le culte des anciennes idoles, se répandaient partout dans la campagne, prêchant la guerre sainte, incendiant et pillant les villages qui leur résistaient. La reine, conseillée par le Général en chef, avait envoyé une troupe de soldats indigènes, sous la conduite d'un officier du palais, pour rétablir l'ordre et arrêter les principaux meneurs; l'envoyé royal et ses soldats ont été massacrés par les rebelles, déjà au nombre de deux ou trois mille. Ranavalo a lancé aussitôt une proclamation qu'on affiche sur tous les murs de la ville : les insurgés sont déclarés traîtres à la patrie; la reine conjure les bons citoyens de s'opposer par tous les moyens en leur pouvoir au développement de l'insurrection; elle cite les noms des principaux meneurs, dont elle annonce la dégradation et dont elle met la tête à prix.

Non contente de ce manifeste, Ranavalo a désigné deux de ses officiers pour accompagner et guider les compagnies de tirailleurs haoussas et sakalaves que le Général en chef a envoyées, dès les premières nouvelles, sur le théâtre de l'insurrection.

Le sorcier qui dirige les rebelles les a complètement fanatisés. Il a réussi à leur persuader que ses idoles les ont rendus invulnérables; ces fous furieux s'avancent jusque sur nos baïonnettes, tendant leurs lambas pour recevoir les projectiles, convaincus que les balles seront arrêtées par leurs vêtements. Le jour où ils ont pris le contact de nos soldats, ils sont revenus sept fois à la charge. Depuis, les nombreux cadavres qu'ils ont laissés dans les rizières ont refroidi leur ardeur.

Tandis qu'on se bat à quelques kilomètres de la capitale, les hauts dignitaires de la cour hova continuent à nous accabler, à l'occasion du jour de l'an, de leurs visites et de leurs cadeaux. Les fonctionnaires de tout rang envoient des quartiers de viande, des dindons, des bœufs, des œufs, du riz, etc., etc. Il faut rendre en pourboire aux porteurs beaucoup plus que la valeur de ce qu'on reçoit en nature; et toutes ces politesses finiraient, si l'on n'y prenait garde, par mettre notre bourse à sec. Tous les soirs, la musique de la reine vient donner une aubade dans la cour de la résidence. Invariablement le concert commence par *la Marseillaise*, qui est écorchée de main de maître. Chaque instrumentiste veut à toute force se faire entendre; c'est à qui soufflera le plus fort et couvrira le bruit des instruments voisins.

L'ARRIVÉE DE M. LAROCHE : PRÉSENTATION DES PÈRES JÉSUITES.

DÉBARQUEMENT DE M. LAROCHE : PRÉSENTATION DU GOUVERNEUR HOVA (PAGE 132). DESSIN DE PROFIT.

Les visites se succèdent tout le long du jour : chaque dignitaire avec sa famille au grand complet : la femme, les filles, les petits enfants, tout le monde veut être reçu. On fait queue dans l'antichambre du général Duchesne et jusque dans la cour d'honneur. Il a fallu recevoir les déléguées de la société de tempérance, une vingtaine de femmes en lambas d'un blanc immaculé. Leur présidente a prononcé un discours en malgache que l'interprète a déclaré fort bien tourné. Il est même venu une députation de Sakalaves, qui ont fait sensation dans la capitale, avec leurs sagaies et leurs cheveux tressés en cordelettes : mon boy malgache prétend qu'ils ont été envoyés par leurs villages pour savoir si ce qu'on leur a dit est réel et si les Français occupent bien Tananarive. Arrivés le matin, après avoir fait en trois jours 150 ou 200 kilomètres, ils sont repartis le soir même pour leur pays.

15 décembre. — La saison des pluies s'annonce. Chaque soir, depuis une semaine, nous essuyons un orage épouvantable avec de fulgurants éclairs et des coups de tonnerre qui éclatent comme un pétard de dynamite. La pluie tombe en douche et, en un clin d'œil, la petite rue qui longe ma maison se transforme en un torrent qu'il est impossible de traverser sans se mouiller jusqu'à mi-jambes. Ce torrent entraîne dans ses eaux boueuses toutes sortes d'immondices. Quand on songe que les sources où les bourjanes vont puiser sont toutes situées au bord des chemins creux, et que tous ces détritus passent au-dessus d'elles et s'y mêlent, on se demande combien de milliers de microbes innommables les habitants de Tananarive boivent à chaque repas. En fait, les bas quartiers de la ville fournissent toujours, en cette saison, de nombreux cas de fièvre typhoïde. L'autorité militaire a bien fait de réserver pour la garnison les meilleurs puits de la ville, de placer auprès d'eux des sentinelles permanentes, et de prescrire, pour plus de précaution, qu'on fasse bouillir l'eau destinée aux troupes.

20 décembre. — Les contingents d'infanterie de marine venus de France pour combler les vides laissés par la maladie dans le Corps d'occupation, et partis il y a un mois de Tamatave par la route que les bourjanes mettent sept jours en moyenne à franchir, sont arrivés à Tananarive. Ils ont laissé 90 hommes environ, sur 300, dans les ambulances échelonnées le long du parcours. Beaucoup de ceux que j'ai vus entrer dans la capitale ont des accès de fièvre. Cependant le commandement leur avait donné, au départ de Tamatave, un couli par homme pour porter le sac, plus vingt filanzanes avec leurs porteurs, qui devaient charger les soldats les plus fatigués. Cet exemple paraîtra-t-il convaincant aux tacticiens d'occasion qui récemment encore, dans les journaux politiques français, demandaient pourquoi le Général en chef n'avait pas conduit ses troupes par la route de Tamatave?

Le dernier courrier de France apporte, en même temps que les lettres de rappel du général Duchesne, la nouvelle de la nomination du résident général de Madagascar, M. Laroche. Ce dernier doit arriver incessamment. La période de guerre semble terminée; l'organisation politique du pays va commencer, et le Général en chef se hâte d'expédier vers la côte le reliquat des officiers et des troupes qui ne sont pas compris dans les cadres du Corps d'occupation. J'ai reçu l'ordre de rentrer en France par la voie de Tamatave et la permission de partir avant que les pluies diluviennes, qui ne vont pas tarder à tomber sans interruption pendant trois mois, aient transformé les ruisseaux en fleuves et les chemins en torrents.

La route de Tananarive à Tamatave a été si souvent décrite qu'il est inutile de raconter à nouveau l'odyssée de cette descente fantastique à dos de bourjanes, à travers les fondrières, les marais, les forêts vierges et les torrents. En six jours, sept jours au plus, les 290 kilomètres qui séparent la capitale du port d'embarquement sont franchis par les porteurs trottant, riant, jacassant tout le long du parcours sans paraître le moins du monde fatigués par leur lourd fardeau. On s'arrête une heure dans le milieu du jour pour déjeuner et souffler un peu, et l'on repart allègrement pour aller coucher le soir dans quelque pauvre village où, moyennant cinquante centimes, les indigènes sont enchantés d'abandonner pour la nuit leur case aux voyageurs. Mais quels chemins! les mulets eux-mêmes ne peuvent y passer. Pendant notre deuxième jour de route, nous avons rencontré un convoi de Sénégalais en détresse sur les pentes d'une descente presque à pic. Chose à peine croyable, les noirs ont été obligés, en certains endroits, de porter leurs animaux pour les faire arriver jusque-là. Les mulets devaient descendre jusqu'à Beforona ; il a fallu y renoncer et les laisser là où ils étaient, dans un poste intermédiaire : les malheureuses bêtes ne pouvaient plus ni avancer ni retourner sur leurs pas; elles seraient mortes à la peine.

Le jour de notre arrivée à Tamatave, le 6 janvier, la charmante petite ville qui me donne déjà un avant-goût de France, est sens dessus dessous; les rues sont sillonnées par des officiers en uniforme, par des fonctionnaires affairés, par des soldats en armes. L'arrivée du nouveau résident général est annoncée pour le lendemain, et Tamatave se prépare à le bien recevoir.

Dès 6 heures du matin, les Betsimisaraka, les créoles de la Réunion et de Maurice, qui forment la population indigène de Tamatave, encombrent l'avenue n° 1, l'artère principale de la ville. Les troupes sous les armes font la haie de la Résidence à la plage. L'amiral Bienaimé, les notables, les officiers, les Pères jésuites, le gouverneur hova en habit noir portant au cou la croix de Radama, se réunissent devant le débarcadère. Vers 8 heures, le canot amenant M. Laroche accoste au bruit du canon et au son de *la Marseillaise* jouée par la musique des Pères. Les troupes présentent les armes, et l'amiral, en tenue blanche, nomme successivement officiers et notables au nouveau Résident général, qui a un mot aimable pour tous.

Puissent ceux qui arrivent trouver la grande île malgache plus clémente et plus hospitalière! Puissent-ils ne pas connaître les angoisses et les tristesses qui s'effacent de mon souvenir comme un mauvais rêve, au fur et à mesure que je me rapproche du cher pays de France que tant d'autres ne reverront plus!

ÉDOUARD HOCQUARD.

TOMBEAU DE RAINILAIARIVONY À TANANARIVE. — DESSIN DE BARCLAY.

Paris. — Imprimerie LAHURE, 9, rue de Fleurus

TABLE DES MATIÈRES

TABLE DES MATIÈRES

36036. — PARIS, IMPRIMERIE LAHURE
9, rue de Fleurus, 9

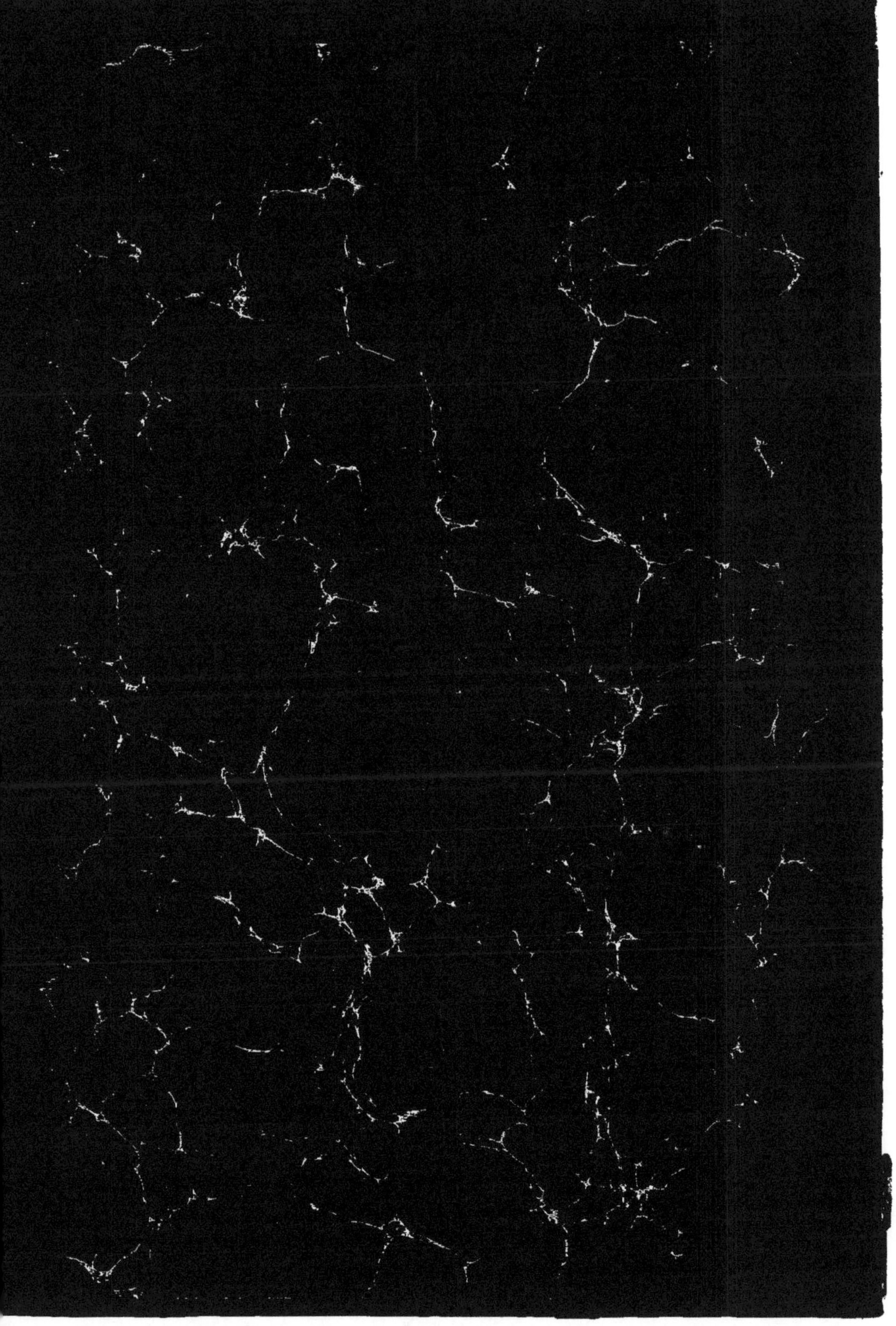

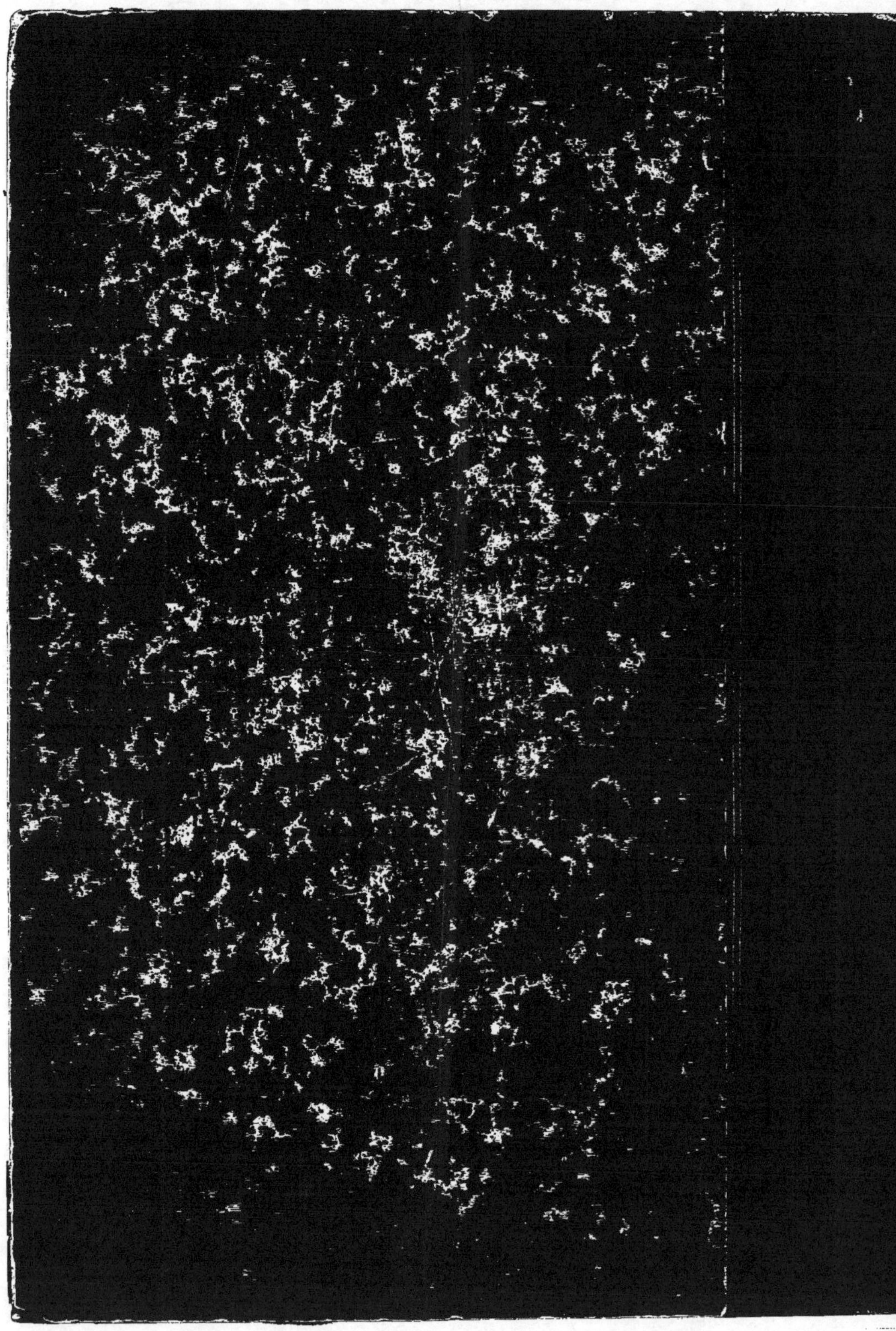

www.ingramcontent.com/pod-product-compliance
Ingram Content Group UK Ltd.
Pitfield, Milton Keynes, MK11 3LW, UK
UKHW021906260726
13966UKWH00006B/942

9 782011 913524